谨以此书献给

在读和即将读大学的中国青年朋友！

中国大学生读本
Zhongguo Daxuesheng Duben

夏中义 主编

图书在版编目(CIP)数据

中国大学生读本/夏中义主编. —北京：北京大学出版社,2008.1
ISBN 978-7-301-13131-2

Ⅰ.中… Ⅱ.夏… Ⅲ.素质教育－青年读物 Ⅳ.G641

中国版本图书馆 CIP 数据核字(2007)第 178900 号

书　　　名：	中国大学生读本
著作责任者：	夏中义　主编
策 划 编 辑：	杨书澜
责 任 编 辑：	闵艳芸
标 准 书 号：	ISBN 978-7-301-13131-2/G · 2254
出 版 发 行：	北京大学出版社
地　　　址：	北京市海淀区成府路 205 号　100871
网　　　址：	http://www.pup.cn　电子信箱：minyanyun@163.com
电　　　话：	邮购部 62752015　发行部 62750672　编辑部 62752824
	出版部 62754962
印 刷 者：	北京宏伟双华印刷有限公司
经 销 者：	新华书店
	730 毫米×980 毫米　16 开本　21.5 印张　370 千字
	2008 年 1 月第 1 版　2017 年 6 月第 5 次印刷
定　　价：	35.00 元

未经许可，不得以任何方式复制或抄袭本书之部分或全部内容。
版权所有，侵权必究
举报电话：(010)62752024　电子信箱：fd@pup.pku.edu.cn

目 录

1	序	夏中义

大学之魂

3	·雾里的剑桥	金耀基
9	·兼容并包,英华荟萃——回忆北京大学	冯友兰
12	·金岳霖先生	汪曾祺
17	·编者的话	尤西林

青春在呼号

23	·十八岁出门远行	余 华
29	·发现	莫拉维亚
34	·编者的话	方克强

仁爱,天地最美

39	·《论语》二则	
39	·三年之丧	孔 子
40	·敬妻	孔 子
41	·兼爱	墨 子
43	·蓼莪(节选)	《诗经》

44	• 杜甫诗二首		
44	• 月夜	杜 甫	
45	• 春夜喜雨	杜 甫	
46	• 李白诗二首		
46	• 宿五松山下荀媪家	李 白	
47	• 子夜吴歌	李 白	
48	• 你来看此花时	王守仁	
51	• 编者的话	胡晓明	

爱是难的

57	• 安妮日记	安妮·弗兰克
66	• 我愿是一条急流	裴多菲
68	• 脚手架	谢默斯·希尼
69	• 有赠	曾 卓
71	• 当你老了	威廉·叶芝
72	• 古代情诗六首	
72	• 蒹葭	《诗经》
73	• 绸缪	《诗经》
74	• 上邪	《汉乐府》
75	• 有所思	《汉乐府》
76	• 曲玉管	柳 永
76	• 一丛花令	张 先
78	• 编者的话	武跃速

向往自由

83	• 我领悟了海,我领悟了音乐,我想跳舞	艾伦·金斯伯格
85	• 黑马	布罗茨基
87	• 在群星之间	圣埃克苏佩里
90	• 海鸥乔纳森	理查德·巴赫
98	• 编者的话	崔卫平

寻找良知

103	• 中国,我的钥匙丢了	梁小斌

105	夜行孔雀睛	黑 塞
111	孟子四则	孟 子
114	童心说	李 贽
117	编者的话	夏中义

星空让人敬畏

121	在哈尔盖仰望星空	西 川
123	远处的青山	高尔斯华绥
126	母亲的诗	加夫列拉·密斯特拉尔
132	爱城故事	欣 林
138	编者的话	王东成

乡愁与家园

143	我爱这土地	艾 青
144	祖国土	阿赫玛托娃
145	俄罗斯	勃洛克
147	住多久才算是家	刘亮程
152	听听那冷雨	余光中
157	思乡词四首	
157	• 苏幕遮（碧云天）	范仲淹
158	• 苏幕遮（燎沉香）	周邦彦
158	• 前调	郑光祖
159	• 长相思	纳兰性德
161	编者的话	王东成

为了忘却的记忆

167	活着的伤疤	牛 汉
169	吃相凶恶	莫 言
173	小狗包弟	巴 金
176	结局或开始——献给遇罗克	北 岛
181	编者的话	夏中义

英雄不仅是神话

185	报任安书（节选）	司马迁

191	• 西铭	张载
193	• 光荣的荆棘路	安徒生
198	• 西西弗的神话	加缪
203	• 编者的话	尤西林

坚忍的山峦

207	• 火光	弗·柯罗连科
209	• 阳光中的向日葵	芒克
211	• 帕斯捷尔纳克	王家新
213	• 山峦	筱敏
217	• 编者的话	王东成

希望的红帆

221	• 圣诞老人真的存在吗？	
	——回答孩子提出的问题	弗朗斯·比·恰奇
224	• 红帆（节译）	亚·格林
229	• 相会在林阴大道上	海因里希·伯尔
236	• 希望·过客	鲁迅
243	• 编者的话	武跃速

审视自我

247	• 自画像	蒙田
250	• 勿自欺欺人	帕斯卡尔
253	• 众生世相	克尔凯郭尔
258	• 说郁闷	佩索阿
261	• 忧郁的乐趣	杰罗姆
267	• 编者的话	崔卫平

反讽与幽默

271	• 帅克被当作装病逃避兵役的	雅·哈谢克
277	• 幽默滑稽	林语堂
282	• 文明与反讽	王小波
286	• 编者的话	崔卫平

诗意地栖居

- 291 ・艺文小品八则
  - 291 ・广陵散   无名氏
  - 292 ・圣画   张　读
  - 293 ・绝唱   洪　迈
  - 293 ・练熟还生   张　岱
  - 294 ・看戏   梁章钜
  - 294 ・櫂歌   戴延年
  - 295 ・兴趣   严　羽
  - 295 ・诗兴   马一浮
- 296 ・月雪印象九章
  - 296 ・访戴   刘义庆
  - 296 ・吴兴印渚   刘义庆
  - 297 ・华亭船子和尚偈   德　诚
  - 297 ・山中与裴秀才迪书   王　维
  - 298 ・记承天寺夜游   苏　轼
  - 298 ・月能移世界   张大复
  - 299 ・湖心亭看雪   张　岱
  - 299 ・走月亮   顾　禄
  - 300 ・汉上琴台之铭并序   汪　中
- 303 ・桃花诗文七篇
  - 303 ・春夜宴游从弟桃花园序   李　白
  - 304 ・元和十一年自朗州承召至京戏赠看花诸君子   刘禹锡
  - 304 ・再游玄都观绝句并引   刘禹锡
  - 305 ・大林寺桃花   白居易
  - 305 ・人面桃花   孟　棨
  - 306 ・桃花   欧阳修
  - 306 ・西湖八绝句（之一）   柳如是
- 309 ・编者的话   胡晓明

回归大自然

- 313 ・知北游（节选）   庄　子
- 316 ・智者乐水，仁者乐山   刘　向

318	林中水滴（节选）	米·普里什文
323	山水·田园诗七首	
323	·和郭主簿（之一）	陶渊明
324	·游南亭	谢灵运
325	·上浔阳还都道中作	鲍　照
326	·观朝雨	谢　朓
327	·裴司士、员司户见寻	孟浩然
327	·终南别业	王　维
328	·牧童词	储光羲
330	·编者的话	刘锋杰

序

夏中义

十八岁,读"大一"的年龄,也是一株青青小树梦想着开花的时节。

人呵,本就是一棵生命树。树的生长有季节性,春天不开花,秋天就不结果。人的心灵发育也有季节性,一个大学生若不在18—22岁期间(在校本科四年)真诚地体认做人的道理,等他毕业、就业后,便很难从正面去自觉且持续地思索"如何做人",因为他将被更现实而琐屑的世务俗趣,诸如职位、薪水乃至油米柴盐所纠缠、所压倒。

这就是说,大学校园对莘莘学子来说,不仅是放牧青春爱意的田园,也不仅是求知授业的课堂,它更是激励同学尝试践行"精神成人"的祭坛。

大学所以要圈起一堵围墙,不是为了拒坊间于门外,而将自己幽闭成象牙塔。它是在提醒同学,一旦跨过这道门槛,你应该被逐渐换了心情、心境乃至心性。中国古籍曾将"大学"定义为迥异于音韵、训诂等工具性"小学"的"大人之学"——即让人格变得博大且崇高的学问,这倒与欧美很早就将大学尊为"精神城堡"想到一块去了。这叫"异曲同工"。

大学生"精神成人"亟需优质营养。这一优质营养作为"人所以为人"的精神底子,源自一切引导人类走向高度文明的普世价值谱系,而这一价值谱系又是在传世经典中保存得最好,亦最纯粹。于是,有选择地多读、细读经典,使经典所蕴结的人文价值能内化为大学生的品性,这用英国近代教育思想家纽曼的话说,是让同学品性臻于"博雅";若用中华先哲孟子的箴言来说,则是养"浩然之气"。

经典对普世价值的演绎形态大体有二:有的是用概念、逻辑来陈述,比如哲学、伦理学、知识学、心理学、经济学、法学……它们委实简洁、缜密、透彻却艰涩,逼迫你须屏息沉潜到巨子的脑海深处,才能惊叹其深邃或浩瀚;但也有用弥满情态想象的语象造型来言说的,比如小说、散文、随笔、诗词、自传……其间有性灵,有格调,有境界,有气象,它们确乎有此神奇功能,可在诱发你的再造想象之同时,又将其蕴涵在美文中的忧思与深情,细雨般地湿润你的眼帘,直至你原先生涩的心灵的某一块悄悄地变软,柔得像海绵一样有弹性,极富吸吮力。

假如说,特地为大学生而编撰的《大学人文读本》(广西师大出版社2002年版)走第一条路,它重在展示颇具人类精神视野的、跨学科的思想宽银幕,以期系统应对学子在当代语境所生发的"成长的烦恼";那么,本书《中国大学生读本》则走第二条路,它期盼能为青春心灵的自由呼吸开拓诗意空间。它希望自己是这么一卷好书,好到你爱不释手,夜不能寐,直到东方欲晓,你才书卷掩面,恬然入梦。此刻的你,虽然还是身份证上的那个你,但醒来后你重新打量人生、历史、世界的眼光可能就变了。

本书何以自期如此?因为有特点。

一是"崇尚经典"——经典所以成为经典,这不仅是指该作品在文学史暨文化史上传播的空间宽度和时间长度,远远超出相应作者的行为限度和生年限度,更重要的缘由在于,该作品在给定历史时空所呈现的文学想象,可能蕴藏着美学家所说的"感情的型"。这"感情的型"既是特指某一能长久迷人的艺术造型,更是泛指一切赋予普世性情思范式以不朽魅力的诗哲符号。无怪,当芝加哥大学校长赫钦斯倡导师生投身"名著阅读"运动时,他会特别敏感于文学名著对人类存在的意义。

何谓"文学名著的人类意义"?它是指,每一敬畏生命且又想活出意义的读者,只须他愿意,他是可以在文学名著中眺望或走近其安身立命的精神家园的。

本书就想化为这样一块铺路石,放在同学寻找精神家园的路上。跨过这块铺路石,你不仅可以拜谒中华文化陵,那儿至今活着孔子、庄子、墨子、陶潜、司马迁、李白、杜甫、苏轼、张载、李贽等圣祖的英灵;你还可以徜徉在欧美文豪回廊,从法国的帕斯卡尔、蒙田、罗兰·巴特,到俄国的柯罗连科、阿赫玛托娃、布罗茨基,还有丹麦的克尔凯郭尔、德国的黑塞、英国的高尔斯华绥、爱尔兰的叶芝等,那儿沉积着数世纪的西方哲思与诗情;或许,更别具意味的是,你在这条路上,还将幸逢那群在晚近卅年来参与创造了当代中国文学史,其名字迟早将入史册的文学精英。

二是"体恤读者"——本书可谓是对当代学子的精神境况的"量体定制",是一往情深地贴着同学的心去选编的。并不是一般文学史暨思想史上的经典文字皆能有效地应对学子"成长的烦恼"。如何让本书成为大学生愿来与普世价值相逢且相约的"人文廊桥"?本书的做法是:紧扣普世价值与大学生"精神成人"的关系,不惮淘洗,精心寻觅这么一串能立章成书的结构性主题词,使其蕴有双重含义,即它既是契合同学的青春境况、能启迪其灵魂发育的"精神主题",同时也是可从古今中外的相应典籍中提炼出来的"文本母题"(且又文辞优美、文气沛沛、文体别致,能在情感、情怀或情操层面,令学子不读则已,一读惊喜而亲切),合二而一。结果便有了如下编纂程序:从"大学"→"青春"→"仁爱"→"情恋"→"自由"→"良知"→"敬畏"→"乡愁"→"记忆"→"英雄"→"坚忍"→"希望"→"自审"→"反讽"→"诗意"→"自然",再由编委分工,围绕各主题词累月搜集,定期集体筛选,反复斟酌,互补充实,巧手编排,独立成章,最后百川归海,整合成书。

三是"文化自觉"——据说费孝通先生在晚年想得最多的便是"文化自觉"。首先是用今天的眼光到传统中去寻找有生命力的遗产。这是一种文化学意义上的"释古":既要弄清该传统在当时语境中的本意,又要搞懂该传统流传至今,哪些有生命力的成分亟待后人去提取。本书想做的就是此事,即主张把包括中华瑰宝在内的人类文化的优秀遗产拿来做大学生"精神成人"的营养。"文化自觉"的另层意思,是应探讨全球化时代的人文素质教育的资源从何而来?就是从人类的普世价值谱系里来。这也是本书很想做的。

诚然,"文化自觉"的终端显示,当是健全人格的个体生成,他们既能自由思想,又能独立担当一个公民对自我、对国家、对世界的道义责任。所谓"精神成人",其内涵全在于此。所以有人感慨,一个人若能堂堂正正地走过其沧桑尘世数十年,不降志,不辱身,不苟且,做自己爱做的事,同时也裨益社会,这需要读多少好书呵,才可能撑起"独立、自由"的志士脊梁。

但有意思的是,当这群志士还不是志士,只是一伙青涩小子,却又仰慕"行万里路,读万卷书"的先哲时,他其实并没有多少专业知识,可能连"什么叫诗"、"什么叫小说"都说不上,但这并不妨碍他依然能从经典里读出一种莫名的乃至深入骨髓的感动——这份感动有的甚至能伴随他的生命全程。正是在这个意义上,完全可以说,一个人的心灵史就是他的阅读史。也正是在这个意义上,本书所孜孜以求的,是想把曾感动过编委(作为父辈)生命的经典文字,像火种一样传递给青年学子。

一个人,一辈子,将遇着多少人呵!但真正叫你终生牵记的,恐没几个。

一个人,一生,将读多少书呵!但确实让你刻骨铭心的,怕没几本。

平心想来,那个曾感动你的人也许并非绝代英豪,那卷曾启示你的书,你当初未必便懂得它是经典。但耐人寻味的是,只要你的心灵真被感动过,你的心智真被启示过,那人的面影,那书的神韵,便会像年轮长在你的心头,一圈圈地缠绕,若不慎被触及,则它又像涟漪,在你脑海一圈圈地荡漾……

甚至有这样的事:有一句话,一句撩人回味的话,一句愈嚼愈有芬芳溢出的话,它明明印在你心上,却偏偏忘了是谁,是哪本书于何时何地对你说的……其实没关系,只要这话真有价值,只要你真的信,这就够了。

记得《圣经》说过,一粒麦子掉在大地,它若不死,便长不出麦穗。

本书的最大奢望,便是想成为这样一个口袋,装满了用人类良知与聪慧所凝成的"上帝的麦粒",让它们滑到无数大学生的心灵缝隙,祈愿他们一路走好。

十八岁,读"大一",多么美好珍贵的"成人"季节!对绝大多数同学而言,这与其说是踏上专业深造的第一台阶,毋宁说是漫漫人生之旅的首次出门远行。肩头鼓鼓的行囊,塞满了父母的希冀、师长的叮咛、情侣的眷念……能否再挤一道空隙,捎一册《中国大学生读本》,做成年礼的礼品呢?它不昂贵,却高贵。日后,当你的心路历程弥漫幽暗,它会让你抬头看星空的北斗;当你陷入精神低谷忍受"饥饿",它就是"面包和盐"。

谨以此书献给在读与即将读大学的中国青年朋友。

2007年酷暑于沪上学僧西渡轩

大学之魂

雾里的剑桥*

金耀基

十月下旬,剑桥的秋叶就飞舞在家的门口了。

剑桥的秋特别多风、多雨。在萧萧风雨的窗前,少不得多添几分旅次的惆怅。但,在天晴的日子里,这个中古大学城的秋光艳色不只使你目不暇接,并且几乎完完全全地占据了你的心灵。站在举世著名的 Backs(剑大许多古老学院的后园)上,看一树树、一树树的金黄,在阳光下闪烁,在微风中跃动,把原来已经碧绿的草地衬得更绿,把原有王者气象的王家学院礼拜堂烘托得更加庄严堂皇,而三一学院的古雅淳朴的"雷恩图书馆",圣约翰学院"太息桥"头的紫红牵藤,也越发显得凝定与活泼了。至于徐志摩所说"最有灵性"的剑河,不论是夏绿或秋黄,总是那样徐徐自得,清逸出尘,总有那份特有的女性的柔情与秀致。噢!这是一幅多么醉人的图画!我相信,任何贪婪的眼睛都该已满足,任何不餍的心灵都会喊出:"好个剑桥的秋!"

剑桥的秋太美,美得太玲珑,太脆弱,美得不能久驻,不到十二月,叶已落,枝已枯,金黄色的,紫红色的全被厚厚的灰色取代了。剑桥的残秋或冬天大概是比较不受人喜欢的,它阴暗、刺骨得叫人不敢去亲近。不过,这个

---

* 金耀基(1935—),当代学者,曾任香港中文大学副校长。本文选自《剑桥与海德堡——欧游语丝》,沈阳:辽宁教育出版社1995年版。

小城的残秋初冬有一个特色,就是多雾。雾,是我从小就喜欢的。雾给你更多的空白去涂抹,更多的空间去想象。

雾里,在剑河桥头倚凭;在三一巷中踯躅;或是在克莱亚学院的庭前小站,所见到的垂柳残枝,楼台榭阁,若隐若现,都在虚无缥缈之间,尤其是雾里摇曳的灯光、雾中飘来的钟声,真会使人有天上人间之感。

雾里的剑桥,也许不真,却是美的神秘。

剑桥的科学精神是求真,剑桥的艺术精神是求美。剑大的史学家编写过几部巨大史书,处处显出"打破砂锅问到底"的精神,但剑桥人写的不少剑桥往事却尽多历史与神话间的传奇。传奇是七分真三分假,或是三分事实七分渲染,传奇是雾里的历史。剑桥人所骄傲的是自己的传统,而其最动人的传统中常带有一些代以继代、百口传诵的传奇。这些传奇,言者津津,听者眉舞,也造成了剑桥最富吸引力及最富神秘之美的原因之一。

剑桥"最伟大"的传奇应该是关于剑桥诞生的传奇了。这是剑大的"创世纪"式的故事。剑桥人说,剑大是纪元前三五三八年前一个叫Cantaber的西班牙王子创建的。有名有姓,有时间,言之凿凿,似乎不能太假,但是剑桥人这一招法雾放得太多,反而弄巧成拙,把传记变成了神话,浪漫则浪漫矣,却无半丝征信可言。剑桥这一神话在世界大学史上只有牛津的"盘古开天"式的神话可以竞美。牛津人说,牛津是Mempricius(或说Alfred the Great)在古得不能确定的那年创立的。牛、剑二校的吹牛比赛向来是各擅胜场,而这个神话比赛则如史家Maitland所说是"最古老的校际运动"。说真话,剑桥、牛津之可以骄人处,不全在于它们的古老(在英语世界则以它们为最老,在非英语世界则不然),而毋宁在于它们的悠久,在于它们基本上几百年未变的格局,尤在于它们特殊的教育制度与学术性格。

剑桥有许多独特的、古老的制度与习惯,如Collegiate System(学院制:剑桥是大学与学院并立的双元体,教师在大学与学院各拿一份薪水。学生在大学上课考试,在学院则接受导师指导等)、Tripos Examination(三脚凳试:这是指修读学士荣誉学位的考试,多数三脚凳试分为两个部门,三年读完,相当有弹性)、High Table(高脚台:指院士的餐台,与学生的分开,菜肴不一样,服侍亦不同,但都要着学袍,饭前学生全体肃立,恭候院士入位,待念完一段拉丁文,然后就坐开动)、Don(导师:指所有院士,甚或包括学校行政人员)、Supervision(导修:学院对学生之学业有专人指点、切磋),以及Bedder(指替学生整理床单的女士)等等,这些都不是哪个人刻意设计的,而都是从来就有的传统。但传统何来? 此则虽是往迹"斑斑可考",大半却不脱"想当然"的猜度。剑大带雾的历史最有趣的不在制度、习惯,而在人物;

最有趣的人物传奇不在大学,而在各个学院。

在残秋的寒雾里,从一个学院的回廊,转到另一个学院的庭园,再进入另一个学院的礼拜堂,就好像在似真若幻的古典世界里打转。来剑桥已几个月,闲中看了不少有关剑桥的书,也曾被邀去过好几个学院的高脚台、Combination Room(院士休息室)吃过饭、喝过酒、饮过咖啡、聊过天,对好些学院的历史人物都有了某种程度的"背景知识"。也因此每进一个学院,都觉似曾相识。当你想起这些回廊、这些庭园,都曾经培根、牛顿、米尔顿①、达尔文等前人走过,它们就变得亲切、人格化起来,在这种历史与现实接合的地方,现代人的"疏离感"或"一度空间感"是不会存在的。而这些剑桥的古人,透过了传奇化的形象,仍然活泼地活在剑桥的各个学院里。剑桥的传奇太丰富,我亦孤陋寡闻,但就所读所闻,聊记数则,以供读者清赏。

皇后学院不是剑桥最响亮的学院。它最有名的建筑是跨过剑河的一座木桥,这座木桥又称"数学桥",这是因为它系利用实用数学的原理造成,由于它的精巧神奇,便相传是牛顿的杰作。可恨哪位仁兄指出牛顿死于一七二七年,而此桥最早建于一七四九年,戳破了这个传说,不过,也有人说这可能是牛顿的幽灵暗中助力造成的。皇后学院最可傲人的是它在一五一〇——一五一三年曾经有文艺复兴最伟大的人文学大师伊鲁斯玛士(Erasmus)在此讲学。伊鲁斯玛士把希腊文带进剑桥,并在此播下了宗教改革的种子:他受知于当时剑大校长费雪(Fisher,后因反对英王的婚事被处死),改革剑大教育,开设希腊文,使剑大首次成为学术中心,凌驾于当时牛津之上。但这位人文大师在剑桥时,镇日抱怨。他嫌薪水太少,生活费太高;又嫌学生不交学费、不上课。而他最不能容忍的是剑桥啤酒太差,甜酒太糟。他曾求函友人寄一桶上佳希腊酒给他。酒寄来了,但他嫌桶太小,喝不过瘾,他说他只靠酒桶余香来解渴。他要友人寄桶大的来。这次桶是大了,但不巧运酒工人也是杜康之徒,偷喝了半桶,补上了半桶清水。伊鲁斯玛士是品酒名家,喝了这种"水酒",焉能不知个中情由。他气是气极了,但看来他还是喝完了那桶水酒的。要不,他不会责怪他的尿沙症是由那桶"水酒"引致的!当然,喝"水酒"会导致尿沙症恐只是这位人文大师的独见了。伊鲁斯玛士为剑桥开了新学风,而他之好饮佳酿,也怕是剑桥数百年喝酒传统的渊源吧!

圣彼得学院是剑大最古老的学院,成立于一二八四年。这个学院的精

---

① 米尔顿:今译为弥尔顿。

彩故事是关于大诗人葛莱(Thomas Gray)①的(A. Lang 把他列为剑桥十一位大诗人之一)。Dr. Johns 说他是木然无趣的人,而他自称是被困的红雀(a captive linnet)。葛莱性情懒散,胆小如鼠,有点"神经质"。传说他"从不开口"。据考他是开过口的,他说过房子太闹、太脏,学生哥在他楼梯口堆满了酒罐。他担心这些学生哥有一天会不小心把学院烧掉。因为担心过度(或胆小过度),他在自己的窗口装了一根铁棒(另加绳梯),作为"逃火梯"。也许这位诗人的逃火棒触引了学生哥的灵机。他们在夜半时分,假闹火警,这位平时懒散的诗人,早有戒备,一骨碌翻身下床,迅速从逃火棒滑下。正在暗庆自己先见之明,不想扑通一声滑进了一个大水槽里。原来大水槽是学生哥为这位诗人准备的。这位诗人一气一惊之下,跑到对街潘波罗克学院去避难了。学生哥这种恶作剧自然是谑而又虐,不足为训,不过这位诗人自设"逃火棒",也未免对火的幻想力太强,以致逃得了假火,逃不了真水。信不信由你,那根"逃火棒"至今犹在呢!

  诗人避难的潘波罗克学院也一样有多彩多姿的故事。它是另一位诗人史宾塞(Spenser)及大政治家璧德(Pitt)的母校。刚谈过诗人,不妨谈谈政治家吧!璧德是贵族之后,上剑桥时必然仍是乳臭未干的小孩,因为他是带着保姆上学的。他立志要成政治家,苦读希腊罗马的经典著作,以备演讲、辩论之用。他在校时年纪虽小,却是一副"小大人"味道,一本正经,不苟言笑。游戏只限于骑马、剑术与射击。他在剑桥留下的光荣一页是他参加林肯客栈的晚餐中与牛津吉朋(Gibbon,《罗马衰亡史》作者)的一番唇枪舌战。他是小孩子,而吉朋已是声望如日中天的中年大史家。看来这次口舌之战是璧德挑起的,吉朋初则轻视,继则不敢掉以轻心,终则全力应付,颇思把璧德的论点一举粉碎。但璧德却步步为营,无懈可击。吉朋最后愤怒离席而去。吉朋的友人求他返席,吉朋说:"绝不,我毫不怀疑,那位年轻小绅士是极端有天分的,并且也是很可亲的。不过,我必须说他的辩论方式不是我所习惯的。所以,你应该原谅我!"当然,这个故事究竟有多少真实,还得听听牛津人怎样说法的。

  三一学院毫无疑问是剑桥(也包括牛津)最大也是最著名的学院。这是远者出过牛顿、培根,近者出过怀海德②、罗素、维根斯坦③的学院。因它人才辈出,所以带雾的历史也最浓。在三一的大门左边草坪上,有一棵矮小的苹

---

① 葛莱:今译为格雷。
② 怀海德:英国著名数学家、哲学家和教育家,今译为怀特海。
③ 维根斯坦:奥地利哲学家、语言学派代表人物,今译为维特根斯坦。

果树,它就是牛顿悟"道"的"菩提"。你不信？那是你自己的损失！在雾气袅袅中,这棵树看来是有些不同凡响的灵气！走进三一门,便是走进传奇之乡了。我们不能不听说这儿出过二位"战斗格"的院长。一位是大数学家巴罗(Barrow,牛顿的老师),他从小就勇猛善斗,在一次航行中且曾力挫海盗。在他院长任内,一次遭到一头大猛犬的袭击,巴罗镇定如山,一侧身,让过,再一个箭步逼上,以赤手握住大猛犬的脖子,又一使劲,便把那个巨物掀倒在地,继而饱以如雨老拳,巴罗的威武状使人想起景阳冈武松打虎的神威。另一位是经典学者班得来(Bentley),他院长一做做了四十余年,打破三一的记录〔剑桥其他书院则有更长记录：圣彼得学院的 Francis Barner 做了五十年(一七八八——八三八)。克莱亚学院的 Dr. E. Atkinson 做了五十九年零两个月,九十岁还在做〕。这位院长的好斗性格不输巴罗。不过,巴罗斗的是海盗,他斗的是院士；巴罗善于用拳,他则精通法律,在他四十年院长任内,讼事连连,战云密布。此君之好辩喜争,可说与生俱来。他曾力辩"尼布加尼撒"(纪元前五百年前的巴比伦王)的金像记载是错的,该记载说金像高六十腕尺、宽六腕尺。他则说金像的宽度至少是十腕尺。为这件事他与未婚妻搞得瞪眼吹须,几乎使婚事告吹。往事已矣！这位"武士"虽然在学院礼拜堂北首的墓碑上连院长的头衔都未被刻上,但这位好战院长的"妙"事流传至今,引为谈资。

三一是科学家的王国,也是诗人的天地。丁尼生进校做学生时,院长汤姆生一眼望见这位器宇特出的少年就说："那个人一定是诗人！"不错,"那个人"可以"看"到夜莺眼中的月光；"那个人"的一首十四行诗就被认为值得"康可达"(印度古都)的全城财富。在剑桥,"那个人"在诗的竞赛中就已崭露头角了。丁尼生在上课的时候,想必常常神游物外,飞入白云绿水之间。据说有一次导师魏怀尔把他从梦乡中唤醒,问他："从耶稣时代起到今日为止,一个便士的复息是多少？"

拜伦也是三一之子,但他不是最受宠爱的一个。他在校时,风流偶傥,热衷于拳斗、骑射、豪饮、赌博、游泳(他常游泳的地方在格兰赛斯德原野的剑河上端,现称"拜伦池")。他讨厌学校不准养狗的规定,既然不准养狗,他便去养了一头小熊。他在给一位女士的信中说："我有了一位新朋友,是世界上最好的,它是一只小熊。当我带它来这里时,他们问我准备怎样处理它,我的答复是：'它应该参加院士的选举。'这个答复使他们不顶高兴。"这位诗人大半生浪迹欧陆,死于希腊。雕刻家 Thorwaldsen 为他刻了一巨大的大理石全身像,送给伦敦的西敏寺教堂展放(英人死后进此寺是最大荣誉),但西敏寺却基于不道德的理由,拒绝接受。这石雕惨惨地在地窖的尘灰中躺了几年,后来还是三一学院念"子"情深,把他运回,摆在雷恩图书馆最醒目的位置。当你凝视拜伦丰神俊貌之余,联想到他生前养熊的故事,就不会觉得他冷冰冰地不发一语了。

讲剑桥的传奇不能不讲基督学院。这是《物种始原》①的作者达尔文的学院,也是《失乐园》的作者米尔顿的母校。达尔文在基督学院时就狂热于收集昆虫了。他抓甲虫是又贯注,又在行。有一次他一眼看见好几只精彩的,双手一扑,就抓到了一只,说时迟,那时快,他把抓到的放在口里,再去抓一只,不想口里的一只发了威,刺了他舌头,他一痛只好张口让它眼巴巴飞去,而手边的一只又因分神而被溜掉。我们可以想见这位小博物学者的懊丧。达尔文在剑桥并不出名,不过,由于他常跟植物学教授汉斯劳一起散步,为此人家都称他为"那个跟汉斯劳一起散步的人"。而今,说起汉斯劳时,恐怕要说是"那个跟达尔文一起散步的教授了"。

科学家的传奇在剑桥总是没有诗人的多,也没有诗人的有浪漫情调。我觉得最富传奇性的该是米尔顿的故事了。最引起好奇与争论的不是基督学院庭园中那棵亭亭桑树是不是米尔顿所手植,而是究竟米尔顿在校时有否遭过导师查沛尔的体罚。牛津文豪约翰笙(Samuel Johnson)在他的 *The Lives of English Poets* 书中,则一口咬定确有其事。剑桥人则说约翰笙无中生有,并指出米尔顿终其身都对母校保有深挚的感情。这些争论对研究米尔顿的人或许是重要的,但在我们看,真正有意思的是下面的传奇:话说一位风姿绰约的外国少女,在一个晚春初夏的日子访游剑桥,她被一位睡在树下的少男的美色所震惊,在频频凝视之余,情不自禁地用意大利文写下了几行爱慕的诗句,轻柔地放在睡者的手中。当米尔顿醒来时,读了留下的诗句,问了附近目睹的同学,认为是"天赐良缘",从此在脑海中浮现了一位才貌双绝的仙子,对这位未谋一面的佳人朝思暮想,产生了狂热的爱情。后来,他买棹远去意大利寻芳,真是"升天入地求之遍,上穷碧落下黄泉",无奈音容茫茫,仙子无踪。米尔顿想她、思她,直到临终一刻,长恨以殁,这真正成为了他的"失乐园"!

雾里的剑桥,也许不真,却是美得神秘!

---

① 《物种始原》:今译作《物种起源》。

兼容并包,英华荟萃

——回忆北京大学*

冯友兰

我在北京大学的时候,没有听过蔡元培的讲话,也没有看见他和哪个学生有私人接触。他所以得到学生们的爱戴,完全是人格的感召。道学家们讲究"气象",譬如说周敦颐的气象如"光风霁月"。又如程颐为程颢写的《行状》,说程颢"纯粹如精金,温润如良玉,宽而有制,和而不流。……视其色,其接物也如春阳之温;听其言,其入人也如时雨之润。胸怀洞然,彻视无间,测其蕴,则浩乎若沧溟之无际;极其德,美言盖不足以形容"。(《河南程氏文集》卷十一)这几句话,对于蔡元培完全适用。这绝不是夸张。我在第一次进到北大校长室的时候,觉得满屋子都是这种气象。

我有一个北大同学,在开封当了几十年中学校长。他对我说:"别人都说中学难办,学生不讲理,最难对付。这话不对。其实学生是最通情达理的。当校长的只要能请来好教师,能够满足学生求知识的欲望,他们就满意了。什么问题都不会有。"他的这番话,确实是经验之谈。学校的任务,基本上是传授知识,大学尤其是如此。一个大学应该是各种学术权威集中的地方,只要是世界上已有的学问,不管它什么科,一个大学里面都应该有些权

---

* 冯友兰(1895—1990),现代哲学家,著有《中国哲学史新编》等。本文选自《三松堂自序》第八章,见《三松堂全集》第一卷,冯友兰著,郑州:河南人民出版社1984年版。

威学者,能够解答这种学科的问题。大学应该是国家的知识库,民族的智囊团。学校是一个"尚贤"的地方,谁有知识,谁就在某一范围内有发言权,他就应该受到尊重。《礼记·学记》说:"师严然后道尊",所尊的是他讲的那门学问,并不是哪一个人。……谁讲得好,谁就应该受尊重。再重复一句,所尊的是道,并不是人。在"十年动乱"时期,人们把这句话误说为"师道尊严",其实应该是说"师严道尊"。

张百熙、蔡元培深懂得办教育的这个基本原则,他们接受了校长职务以后,第一件事情,就是为学生选择名师。他们也知道,当时的学术界中,谁是有代表性的人物。先把这些人物请来,他们会把别的人物都召集来。张百熙选中了吴汝纶。蔡元培选中了陈独秀。吴汝纶死得早了,没有表现出来他可能有的成绩。而陈独秀则是充分表现了的。

陈独秀到北大,专当学长,没有开课,也没有开过什么会,发表过什么演说,可以说没有和学生们正式见过面。只有一个故事,算是我们这一班同他有过接触。在我们毕业的时候,师生在一起照了一个相,老师们坐在前一排,学生们站在后边。陈独秀恰好和梁漱溟坐在一起。梁漱溟很谨慎,把脚收在椅子下面;陈独秀很豪放,把脚一直伸到梁漱溟的前面。相片出来以后,我们的班长孙本文给他送去了一张,他一看,说:"照得很好,就是梁先生的脚伸得太远一点。"孙本文说:"这是你的脚。"这可以说明陈独秀的气象是豪放。

附带再说两点。陈独秀的旧诗做得不错。邓以蛰(叔存)跟他是世交,曾经对我说,陈独秀作过几首游仙诗,其中有一联是:

九天珠玉盈怀袖,
万里仙音响佩环。

抗日战争时期,我在重庆碰见沈尹默,谈起书法。沈尹默说,还是在五四运动以前,陈独秀在他的一个朋友家里,看见沈尹默写的字,批评说:"这个人的字,其俗在骨,是无可救药的了。"沈尹默说,他听了这个批评以后,就更加发愤写字。从"其俗在骨"这四个字,可以看出陈独秀对于书法评论的标准,不在于用笔、用墨、布局等技术问题,而在于气韵的雅俗。如果气韵雅,虽然技术方面还有些问题,那是可以救药的。如果气韵俗,即使在技术方面没有问题,也不是好书法,而且这些弊病是不可救药的。书法的好坏,主要是在于气韵的雅俗。从"在骨"两个字,可以看出陈独秀评论书法,也不注意书法的形态,而注重形态所表现的那些东西。这是他对于书法理论的根本思想,也是他对于一切文艺理论的根本思想。这是他的美学思想。

教授之所以为教授，在于他在学术上有所贡献，在他本行中是个权威，并不在于他在政治上有什么主张。譬如辜鸿铭在民国已经成立了几年之后，还是带着辫子，穿着清朝衣冠，公开主张帝制，但是他的英文在当时说是水平很高的，他可以教英文，北大就请他教英文，在蔡元培到校以前就是事实。蔡元培到校，也没有改变这个事实，他还又加聘了一个反动人物，那就是刘师培（申叔）。刘师培出身于一个讲汉学的旧家，在清朝末年他在日本留学，说是留学，实际上是在东京讲中国学问。那时候，在东京这样的人不少，章太炎也是其中的一个。当时在东京，这样的人中，比较年轻的都以章太炎为师，刘师培却是独立讲学的。这样的人也都受孙中山的影响，大多数赞成同盟会。刘师培也是如此。袁世凯在计划篡国称帝的时候，为了制造舆论，办了一个"筹安会"，宣传只有实行帝制才可以使中国转危为安。筹安会有六个发起人，当时被讥讽地称为"六君子"。在六人之中，学术界有两个知名人士，一个是严复，一个是刘师培。在袁世凯被推翻以后，这六个人都成了大反动派。就是在这个时候，蔡元培聘请刘师培为中国文学教授，开的课是中国中古文学史。我也去听过一次讲，当时觉得他的水平确实高，像个老教授的样子，虽然他当时还是中年。他上课既不带书，也不带卡片，随便谈起来，就头头是道。援引资料，都是随口背诵。当时学生都很佩服。他没有上几课，就病逝了。这就是所谓"兼容并包"。

金岳霖先生[*]

汪曾祺

西南联大有许多很有趣的教授,金岳霖先生是其中的一位。金先生是我的老师沈从文先生的好朋友。沈先生当面和背后都称他为"老金"。大概时常来往的熟朋友都这样称呼他。关于金先生的事,有一些是沈先生告诉我的。我在《沈从文先生在西南联大》一文中提到过金先生。有些事情在那篇文章里没有写进去,觉得还应该写一写。

金先生的样子有点怪。他常年戴着一顶呢帽,进教室也不脱下。每一学年开始,给新的一班学生上课,他的第一句话总是:"我的眼睛有毛病,不能摘帽子,并不是对你们不尊重,请原谅。"他的眼睛有什么病,我不知道,只知道怕阳光。因此他的呢帽的前檐压得比较低,脑袋总是微微地仰着。他后来配了一副眼镜。这副眼镜一只的镜片是白的,一只是黑的。这就更怪了。后来在美国讲学期间把眼睛治好了,——好一些了,眼镜也换了,但那微微仰着脑袋的姿态一直还没有改变。他的身材相当高大,经常穿一件烟草黄色的鹿皮夹克,天冷了就在里面围一条很长的驼色的羊绒围巾。联大的教授穿衣服是各色各样的。闻一多先生有一阵穿一件式样过时的灰色旧

---

[*] 汪曾祺(1920—1997),当代作家,著有小说《受戒》等。本文选自《中国当代散文检阅》(名家卷),西安:陕西人民出版社1997年版。

夹袍,是一个亲戚送给他的,领子很高,袖口极窄。联大有一次在龙云的长子、蒋介石的干儿子龙绳武家里开校友会,——龙云的长媳是清华校友,闻先生在会上大骂:"蒋介石,王八蛋!混蛋!"那天穿的就是这件高领窄袖的旧夹袍。朱自清先生有一阵披着一件云南赶马人穿的蓝色毡子的一口钟。除了体育教员,教授里穿夹克的,好像只有金先生一个人。他的眼神即使是到美国治了后也还是不大好,走起路来有点深一脚浅一脚。他就这样穿着黄夹克,微仰着脑袋,深一脚浅一脚地在联大新校舍的一条土路上走着。

金先生教逻辑。逻辑是西南联大规定文学院一年级学生的必修课,班上学生很多,上课在大教室,坐得满满的。在中学里没有听说有逻辑这门学问,大一的学生对这课很有兴趣。金先生上课有时要提问,那么多的学生,他不能都叫得上名字来,——联大是没有点名册的,他有时一上课就宣布:"今天,穿红毛衣的女同学就回答问题。"于是所有穿红毛衣的女同学就都有点紧张,又有点兴奋。那时联大女生在蓝阴丹士林旗袍外面套一件红毛衣成了一种风气。——穿蓝毛衣、黄毛衣的极少。问题回答得流利清楚,也是件出风头的事。金先生很注意地听着,完了,说:"Yes!请坐。"

学生也可以提出问题,请金先生解答。学生提的问题深浅不一,金先生有问必答,很耐心。有一个华侨同学叫林国达,操广东普通话,最爱提问题,问题大都奇奇怪怪。他大概觉得逻辑这门学问是挺"玄"的,应该提点怪问题。有一次他又站起来提了一个怪问题,金先生想了一想,说:"林国达同学,我问你一个问题:'Mr. 林国达 is perpendicular to the blackboard(林国达君垂直于黑板)'这是什么意思?"林国达傻了。林国达当然无法垂直于黑板,但这句话在逻辑上没有错误。

林国达游泳淹死了。金先生上课,说:"林国达死了,很不幸。"这一堂课,金先生一直没有笑容。

有一个同学,大概是陈蕴珍,即萧珊,曾问过金先生:"您为什么要搞逻辑?"逻辑课的前一半讲三段论,大前提、小前提、结论、周延、不周延、归纳、演绎……还比较有意思。后半部全是符号,简直像高等数学。她的意思是:这种学问多么枯燥!金先生的回答是:"我觉得它很好玩。"

除了文学院大一学生必修课逻辑,金先生还开了一门"符号逻辑",是选修课。这门学问对我来说简直是天书。选这门课的人很少,教室里只有几个人。学生里最突出的是王浩。金先生讲着讲着,有时会停下来,问:"王浩,你以为如何?"这堂课就成了他们师生二人的对话。王浩现在在美国。前些年写了一篇关于金先生的较长的文章,大概是论金先生之学的,我没有见到。

王浩和我是相当熟的。他有个要好的朋友王景鹤,和我同在昆明黄土坡一个中学教书,王浩常来玩。来了,常打篮球。大都是吃了午饭就打。王浩管吃了饭就打球叫"练盲肠"。王浩的相貌颇"土",脑袋很大,剪了一个光头,——联大同学剪光头的很少,说话带山东口音。他现在成了洋人——美籍华人,国际知名的学者,我实在想象不出他现在是什么样子。前年他回国讲学,托一个同学要我给他画一张画。我给他画了几个青头菌、牛肝菌,一根大葱、两头蒜,还有一块很大的宣威火腿。——火腿是很少入画的。我在画上题了几句话,有一句是"以慰王浩异国乡情"。王浩的学问,原来是师承金先生的。一个人一生哪怕只教出一个好学生,也值得了。当然,金先生的好学生不止一个人。

金先生是研究哲学的,但是他看了很多小说。从普鲁斯特到福尔摩斯,都看。听说他很爱看平江不肖生的《江湖奇侠传》。有几个联大同学住在金鸡巷:陈蕴珍、王树藏、刘北汜、施载宣(萧荻)。楼上有一间小客厅。沈先生有时拉一个熟人去给少数爱好文学、写写东西的同学讲一点什么。金先生有一次也被拉了去。他讲的题目是《小说和哲学》。题目是沈先生给他出的。大家以为金先生一定会讲出一番道理。不料金先生讲了半天,结论却是:小说和哲学没有关系。有人问:那么《红楼梦》呢?金先生说:"红楼梦里的哲学不是哲学。"他讲着讲着,忽然停下来:"对不起,我这里有个小动物。"他把右手伸进后脖领,捉出了一个跳蚤,捏在手指里看看,甚为得意。

金先生是个单身汉(联大教授里不少光棍,杨振声先生曾写过一篇游戏文章《释鳏》,在教授间传阅),无儿无女,但是过得自得其乐。他养了一只很大的斗鸡(云南出斗鸡)。这只斗鸡能把脖子伸上来,和金先生一个桌子吃饭。他到处搜罗大梨、大石榴,拿去和别的教授的孩子比赛。比输了,就把梨或石榴送给他的小朋友,他再去买。

金先生朋友很多,除了哲学家的教授外,时常来往的,据我所知,有梁思成、林徽因夫妇,沈从文,张奚若……君子之交淡如水,坐定之后,清茶一杯,闲话片刻而已。金先生对林徽因的谈吐才华,十分欣赏。现在的年轻人多不知道林徽因。她是学建筑的,但对文学的趣味极高,精于鉴赏,所写的诗和小说如《窗子以外》、《九十九度中》风格清新,一时无二。林徽因死后,有一年,金先生在北京饭店请了一次客,老朋友收到通知,都纳闷:老金为什么请客?到了之后,金先生才宣布:"今天是徽因的生日。"

金先生晚年深居简出。毛主席曾经对他说:"你要接触接触社会。"金先生已经八十岁了,怎么接触社会呢?他就和一个蹬平板三轮车的约好,每天蹬着他到王府井一带转一大圈。我想象金先生坐在平板三轮车上东张西望,那情景一定非常有趣。王府井人挤人,熙熙攘攘,谁也不会知道这位东张西望的老人是一位一肚子学问、为人天真、热爱生活的大哲学家。

金先生治学精深,而著作不多。除了一本大学丛书里的《逻辑》,我所知道的,还有一本《论道》。其余还有什么,我不清楚,须问王浩。

我对金先生所知甚少。希望熟知金先生的人把金先生好好写一写。

联大的许多教授都应该有人好好地写一写。

本章词语

1. **大学**：实施高等学历教育的学校，却又不时被人类视作文化高地上的精神堡垒。北京大学的校史，最早可追溯到 1898 年京师大学堂的设立。欧洲大学则始于 12 世纪，最早的有意大利波伦亚大学、法国巴黎大学、英国牛津大学等。

2. **气象**：这不是对暑寒阴晴、风云雾霜等大气物理现象的统称，而是对蔡元培、金岳霖等大师的精神襟怀的一种命名，它似介于无形与有形之间，它内敛，无意张扬，却更诱人从这静穆中读出"大音希声"。

链　　接

1. 刘琅、桂岑主编：《大学的精神》，北京：中国友谊出版公司 2004 年版。

2. 林毓生：《中国传统的创造性转化》，北京：三联书店 1988 年版。

3. 蔡元培：《就任北京大学校长之演说》；胡适：《中国公学 18 年级毕业赠言》，见《不朽的声音——世界经典演讲》，北京：京华出版社 2000 年版。

编者的话

近现代大学起源于基督教修道院与城市行业公会的结合。"大学"(英文 university)作为"行会"(拉丁文 universitas),即传授知识技艺的联合体。但与渔业、瓷器等行会所传授的捕鱼、制瓷类技艺不同的是,"大学"传授的是超出各个专业技艺的公共知识,在当时主要是神学(有关信仰)、法学(有关普遍交往)等。大学自始所特有的国际性、自治性、超世俗性即基于此普遍公共性。修道院则为这种公共性"大行会"提供了教育机构。宗教信仰经由近现代世俗化而转化为大学人文精神。

只有从人文精神的高度,才能更深刻地理解与把握现代大学的功能与精神。

1. 大学知识及其研修的特性

(1) 大学所研修的知识,其主干并非实用的技术规则,而是技术的原理,即"知识的知识"。原理性知识为各类职业技术所依凭、遵循,但并非其认知与传授的对象("百姓日用而不知"),唯有大学将各行业技术所根据的原理作为知识研讨并传授为学术传统。这是大学与职业学校乃至专才学院的根本区别之一。知识体系本身的重要性超过了所研究的特定对象及其应用价值。大学精神之理念在此体现为"为知识而知识",即"爱智"。此即古希腊最高科学的"哲学"(philosophia)本性,它在近代以后的科学领域中体现为区别于特定具体科学技术的科学精神。科学精神是科学及技术的原动力。科学精神构成大学精神之一。

(2) 大学知识超越实用技术的精神同时体现为对技术分工专业知识的综合整合。"meta"(超、元)"physics"(物理科学)之"metaphysics"汉译名"形而上学",表明此"学"乃道体(本体)之大学问;而"爱智"之"智",亦并非仅指近代科学意义的规律认知,而是真善美统一的人生最高智慧。因而,大学知识的整合性不仅指各科分支知识的系统化,而且更是指知识、意志、情感及相应各类学问与价值的有机统一。这种有机统一系于人格的全面发展与完善,由此而指向大学人文教化的最高目的。

正是这种有机整合性与完整人性的教化目标,使大学的系科与古典人文学科密切关联。以培养优秀自由民为目标的古希腊罗马的"七艺"与塑造士君子的中国先秦"六艺",在现代大学人文精神背景下转化为大学人文(素质)教育的重要资源。

大学人文精神的人文价值整合统一性是大学完整统一性的内在保证。大学文理工商诸专业相隔系科之所以聚于一校而不落于外在空间聚合,端赖此大学精神纽带维系。大学精神因而是超专业的。承载大学人文精神的不仅是大学的专业知识,而且有那代代相传的学术传统风气与社会个人观念,还有大学社团活动、卓越教授的个人魅力、同学的聚合,乃至那古老的校园建筑与林木古藤……大学是一个活的生命体,而且是个性化的生命体。"大学校园"成为上述因素的统一体。因而将大学简化为知识传授,就抽去了大学的人文精神而不复为大学。电脑时代的信息网络教育或诸种远程教育的"大学校"(multiversity)之所以不可能取代大学,根本限定之一亦在于此。

2. 大学知识分子含义

大学所培养的本源意义的知识分子,应是以人文关怀为理念的人文知识分子。这一意义的知识分子特别应注意与技术专家角色区别开来:

(1) 就其系统的专业知识与深厚的超专业知识基础而言,大学所培养的知识分子作为博学之士不等于专家,但又是专家与职业技师的母体源泉。这不仅指知识分子优秀的专业素质,而且指在专业技能与知识结构更新日趋加速的知识经济时代,大学知识分子深广的基础知识亦即原理性知识结构更新专业技术的"迁移"(transfer)能力与自我教育能力。激光照排技术的问世可令印刷行业铅字排版技术工人一夕失业,但拥有高等数学与电子学原理知识结构的知识分子却可以很快掌握新技术,而且开拓更新技术。此即原理创生(迁移)知识与技术。

(2) 大学原理性思维培养了知识分子追根究源的精神品格。但如前所述,原理性思维与追根究源的"本体论"思维习性乃植根于终极性信仰。因而,大学知识分子理性究问的深层气质乃是对真善美终极价值的执著向往。这一境界也是大学教育最深层亦即最高的培养目标。领略此一境界的大学知识分子从而可能超越一己利益与各类特定利益的狭隘限定,而得以以区别于民族国家的"社会"最高、最长远的公共性视野思想行事。大学则不仅作为科学原理创新的基地，也成为社会道义的策源地。

中国著名启蒙思想家黄宗羲已指出："学校，所以养士也。然古之圣王，其意不仅此也，必使治天下之具皆出于学校，而后设学校之意始备。"这不仅指有形之规章制度礼仪以学校为原型，而且"使朝廷之上，间阎之细，渐摩濡染，莫不有诗书宽大之气。天子之所是未必是，天子之所非未必非，天子亦遂不敢自为非是，而公其非是于学校"①。现代民主法制社会的最终根据不仅是理性的，而且是价值意义（significance）的，它们以教育机制为依托统一于大学。大学作为知识科学、理性与自由、公共精神的教化——策源中心，成为现代社会统一性的终极保证。因而，"大学教育乃是一个社会的心脏"（耶鲁大学"Giamatti 座椅"铭文）。

追溯大学的渊源，有助于获得一种历史视野，以使人们更深刻地领悟历史赋予大学包容并超出经济技术之上的信仰教化使命。一个成熟的社会与民族，应当理解那近乎精神隐修的大学人文精神支撑现代社会——不只是科学技术，而且是终极价值——的信仰意义。艾伦·布鲁姆（Allon Bloom）如此描写他的母校芝加哥大学："组成芝加哥大学的是一群仿哥特式的建筑物……它们指向一条路，这条路通向伟人会面的地方……这是一个最沉溺于实际生活的民族向沉思生活表达的敬意……由于这些殿堂被赋予了先知与圣人的精神，因而有别于其他处所。如果不计其精神的话，这些殿堂具有与普通房舍相同的许多功能，然而由于信仰之故，它们至今还是圣殿。一旦信仰消逝，先哲与圣人传播的经典成为无稽之谈时，即使房舍中活动不断，圣殿也不再成其为殿堂了。它会因此而走向死亡，至多成为一种纪念碑，悠闲的游客将永远不会领略它的内在生命。也许这个比较并非恰当，但是大学的讲坛的确也受到一种类同的精神的熏陶，这就是已故的先哲的精神，只有为数不多的人分享着这种体验。先哲的精神几乎可以包容一切人，然而只有人们尊敬并且认识到它的尊严之时，才可能如此。"②

但愿 21 世纪的人们还能够对那些保存着中古神圣气质的老楼旧屋怀持敬仰与想象，大学从而还会是一种理念，社会从而还会有一处理想源泉。

（尤西林）

---

① 黄宗羲：《明夷待访录·学校》。
② A. 布鲁姆：《走向封闭的美国精神》，缪青译，北京：中国社会科学出版社 1994 年版，第 291 页。

青春在呼号

十八岁出门远行*

余 华

柏油马路起伏不止,马路像是贴在海浪上。我走在这条山区公路上,我像一条船。这年我十八岁,我下巴上那几根黄色的胡须迎风飘飘,那是第一批来这里定居的胡须,所以我格外珍重它们。我在这条路上走了整整一天,已经看了很多山和很多云。所有的山所有的云,都让我联想起了熟悉的人。我就朝着它们呼唤他们的绰号。所以尽管走了一天,可我一点也不累。我就这样从早晨里穿过,现在走进了下午的尾声,而且还看到了黄昏的头发。但是我还没走进一家旅店。

我在路上遇到不少人,可他们都不知道前面是何处,前面是否有旅店。他们都这样告诉我:"你走过去看吧。"我觉得他们说得太好了,我确实是在走过去看。可是我还没走进一家旅店。我觉得自己应该为旅店操心。

我奇怪自己走了一天竟只遇到一次汽车。那时是中午,那时我刚刚想搭车,但那时仅仅只是想搭车,那时我还没为旅店操心,那时我只是觉得搭一下车非常了不起。我站在路旁朝那辆汽车挥手,我努力挥得很潇洒。可那个司机看也没看我,汽车和司机一样,也是看也没看,在我眼前一闪就他

---

* 余华(1960—),当代作家,著有小说《活着》等。本文选自其小说集《十八岁出门远行》,北京:作家出版社1989年版。

妈的过去了。我就在汽车后面拼命地追了一阵,我这样做只是为了高兴,因为那时我还没有为旅店操心。我一直追到汽车消失之后,然后我对着自己哈哈大笑,但是我马上发现笑得太厉害会影响呼吸,于是我立刻不笑。接着我就兴致勃勃地继续走路,但心里却开始后悔起来,后悔刚才没在潇洒地挥着的手里放一块大石子。

现在我真想搭车,因为黄昏就要来了,可旅店还在他妈肚子里。但是整个下午竟没再看到一辆汽车。要是现在再拦车,我想我准能拦住。我会躺到公路中央去,我敢肯定所有的汽车都会在我耳边来个急刹车。然而现在连汽车的马达声都听不到。现在我只能走过去看了。这话不错,走过去看。

公路高低起伏,那高处总在诱惑我,诱惑我没命奔上去看旅店,可每次都只看到另一个高处,中间是一个叫人沮丧的弧度。尽管这样我还是一次一次地往高处奔,次次都是没命地奔。眼下我又往高处奔去。这一次我看到了,看到的不是旅店而是汽车。汽车是朝我这个方向停着的,停在公路的低处。我看到那个司机高高翘起的屁股,屁股上有晚霞。司机的脑袋我看不见,他的脑袋正塞在车头里。那车头的盖子斜斜翘起,像是翻起的嘴唇。车厢里高高堆着箩筐,我想着箩筐里装的肯定是水果。当然最好是香蕉。我想他的驾驶室里应该也有,那么我一坐进去就可以拿起来吃了。虽然汽车将要朝我走来的方面开去,但我已经不在乎方向。我现在需要旅店,旅店没有就需要汽车,汽车就在眼前。

我兴致勃勃地跑了过去,向司机打招呼:"老乡,你好。"

司机好像没有听到,仍在拨弄着什么。

"老乡,抽烟。"

这时他才使了使劲,将头从里面拔出来,并伸过来一只黑糊糊的手,夹住我递过去的烟。我赶紧给他点火,他将烟叼在嘴上吸了几口后,又把头塞了进去。

于是我心安理得了,他只要接过我的烟,他就得让我坐他的车。我就绕着汽车转悠起来,转悠是为了侦察箩筐的内容。可是我看不清,便去使用鼻子闻,闻到了苹果味。苹果也不错,我这样想。

不一会他修好了车,就盖上车盖跳了下来。我赶紧走上去说:"老乡,我想搭车。"不料他用黑糊糊的手推了我一把,粗暴地说:"滚开。"

我气得无话可说,他却慢悠悠地打开车门钻了进去,然后发动机响了起来。我知道要是错过这次机会,将不再有机会。我知道现在应该豁出去了。于是我跑到另一侧,也拉开车门钻了进去。我准备与他在驾驶室里大打一场。我进去时首先是冲着他吼了一声:"你嘴里还叼着我的烟。"这时汽车已经活动了。

然而他却笑嘻嘻地十分友好地看起我来,这让我大感不解。他问:"你上哪?"

我说:"随便上哪。"

他又亲切地问:"想吃苹果吗?"他仍然看着我。

"那还用问。"

"到后面去拿吧。"

他把汽车开得那么快,我敢爬出驾驶室爬到后面去吗?于是我就说:"算了吧。"

他说:"去拿吧。"他的眼睛还在看着我。

我说:"别看了,我脸上没公路。"

他这才扭过头去看公路了。

汽车朝我来时的方向驰着,我舒服地坐在座椅上,看着窗外,和司机聊着天。现在我和他已经成为朋友了。我已经知道他是在个体贩运。这汽车是他自己的,苹果也是他的。我还听到了他口袋里面钱儿丁当响。我问他:"你到什么地方去?"

他说:"开过去看吧。"

这话简直像是我兄弟说的,这话可多亲切。我觉得自己与他更亲近了。车窗外的一切应该是我熟悉的,那些山那些云都让我联想起来了另一帮熟悉人来了,于是我又叫唤起另一批绰号来了。

现在我根本不在乎什么旅店,这汽车这司机这座椅让我心安而理得。我不知道汽车要到什么地方去,他也不知道。反正前面是什么地方对我们来说无关紧要,我们只要汽车在驰着,那就驰过去看吧。

可是这汽车抛锚了。那个时候我们已经是好得不能再好的朋友了。我把手搭在他肩上,他把手搭在我肩上。他正在把他的恋爱说给我听,正要说第一次拥抱女性的感觉时,这汽车抛锚了。汽车是在上坡时抛锚的,那个时候汽车突然不叫唤了,像死猪那样突然不动了。于是他又爬到车头上去了,又把那上嘴唇翻了起来,脑袋又塞了进去。我坐在驾驶室里,我知道他的屁股此刻肯定又高高翘起,但上嘴唇挡住了我的视线,我看不到他的屁股。可我听得到他修车的声音。

过了一会他把脑袋拔了出来,把车盖盖上。他那时的手更黑了,他的脏手在衣服上擦了又擦,然后跳到地上走了过来。

"修好了?"我问。

"完了,没法修了。"他说。

我想完了,"那怎么办呢?"我问。

"等着瞧吧。"他漫不经心地说。

我仍在汽车里坐着,不知该怎么办。眼下我又想起什么旅店来了。那个时候太阳要落山了,晚霞则像蒸气似的在升腾。旅店就这样重又来到了我脑中,并且逐渐膨胀,不一会便把我的脑袋塞满了。那时我的脑袋没有了,脑袋的地方长出了一个旅店。

司机这时在公路中央做起了广播操,他从第一节做到最后一节,做得很认真。做完又绕着汽车小跑起来。司机也许是在驾驶室里呆得太久,现在他需要锻炼身体了。看着他在外面活动,我在里面也坐不住,于是打开车门也跳了下去。但我没做广播操也没小跑。我在想着旅店和旅店。

这个时候我看到坡上有五个人骑着自行车下来,每辆自行车后座上都用一根扁担绑着两只很大的箩筐,我想他们大概是附近的农民,大概是卖菜回来。看到有人下来,我心里十分高兴,便迎上去喊道:"老乡,你们好。"

那五个人骑到我跟前时跳下了车,我很高兴地迎了上去,问:"附近有旅店吗?"

他们没有回答,而是问我:"车上装的是什么?"

我说:"是苹果。"

他们五人推着自行车走到汽车旁,有两个人爬到了汽车上,接着就翻下来十筐苹果,下面三个人把筐盖掀开往他们自己的筐里倒。我一时间还不知道发生了什么,那情景让我目瞪口呆。我明白过来就冲了上去,责问:"你们要干什么?"

他们谁也没理睬我,继续倒苹果。我上去抓住其中一个人的手喊道:"有人抢苹果啦!"这时有一只拳头朝我鼻子下狠狠地揍来了,我被打出几米远。爬起来用手一摸,鼻子软塌塌地不是贴着而是挂在脸上了,鲜血像是伤心的眼泪一样流。可当我看清打我的那个身强力壮的大汉时,他们五人已经跨上自行车骑走了。

司机此刻正在慢慢地散步,嘴唇翻着大口大口喘气,他刚才大概跑累了。他好像一点也不知道刚才的事。我朝他喊:"你的苹果被抢走了!"可他根本没注意我在喊什么,仍在慢慢地散步。我真想上去揍他一拳,也让他的鼻子挂起来。我跑过去对着他的耳朵大喊:"你的苹果被抢走了。"他这才转身看了我起来,我发现他的表情越来越高兴,我发现他是在看我的鼻子。

这时候,坡上又有很多人骑着自行车下来了,每辆车后都有两只大筐,骑车的人里面有一些孩子。他们蜂拥而来,又立刻将汽车包围。好些人跳到汽车上面,于是装苹果的箩筐纷纷而下,苹果从一些摔破的筐中像我的鼻血一样流了出来。他们都发疯般往自己筐中装苹果。才一瞬间工夫,车上的苹果全到了地下。那时有几辆手扶拖拉机从坡上隆隆而下,拖拉机也停在汽车旁,跳下一帮大汉开始往拖拉机上装苹果,那些空了的箩筐一只一只被扔了出去。那时的苹果已经满地滚了,所有人都像蛤蟆似的蹲着捡苹果。

我是在这个时候奋不顾身扑上去的,我大声骂着:"强盗!"扑了上去。于是有无数拳脚前来迎接,我全身每个地方几乎同时挨了揍。我支撑着从地上爬起来时,几个孩子朝我击来苹果,苹果撞在脑袋上碎了,但脑袋没碎。我正要扑过去揍那些孩子,有一只脚狠狠地踢在我腰部。我想叫唤一声,可嘴巴一张却没有声音。我跌坐在地上,我再也爬不起来了,只能看着他们乱抢苹果。我开始用眼睛去寻找那司机,这家伙此刻正站在远处朝我哈哈大笑,我便知道现在自己的模样一定比刚才的鼻子更精彩了。

那个时候我连愤怒的力气都没有了。我只能用眼睛看着这些使我愤怒极顶的一切。我最愤怒的是那个司机。

坡上又下来了一些手扶拖拉机和自行车,它们也投入到这场浩劫中去。我看到地上的苹果越来越少,看着一些人离去和一些人来到。来迟的人开始在汽车上动手,我看着他们将车窗玻璃卸了下来,将轮胎卸了下来,又将木板撬了下来。轮胎被卸去后的汽车显得特别垂头丧气,它趴在地上。一些孩子则去捡那些刚才被扔出去的箩筐。我看着地上越来越干净,人也越来越少。可我那时只能看着了,因为我连愤怒的力气都没有了。我坐在地上爬不起来,我只能让目光走来走去。

现在四周空荡荡了,只有一辆手扶拖拉机还停在趴着的汽车旁。有个人在汽车旁东瞧西望,是在看看还有什么东西可以拿走。看了一阵后才一个一个爬到拖拉机上,于是拖拉机开动了。

这时我看到那个司机也跳到拖拉机上去了,他在车斗里坐下来后还在朝我哈哈大笑。我看到他手里抱着的是我那个红色的背包。他把我的背包抢走了。背包里有我的衣服和我的钱,还有食品和书。可他把我的背包抢走了。

我看着拖拉机爬上了坡,然后就消失了,但仍能听到它的声音,可不一会连声音都没有了。四周一下子寂静下来,天也开始黑下来。我仍在地上坐着,我这时又饥又冷,可我现在什么都没有了。

我在那里坐了很久,然后才慢慢爬起来。我爬起来时很艰难,因为每动一下全身就剧烈地疼痛,但我还是爬了起来。我一拐一拐地走到汽车旁边。那汽车的模样真是惨极了,它遍体鳞伤地趴在那里,我知道自己也是遍体鳞伤了。

天色完全黑了，四周什么都没有，只有遍体鳞伤的汽车和遍体鳞伤的我。我无限悲伤地看着汽车，汽车也无限悲伤地看着我。我伸出手去抚摸了它。它浑身冰凉。那时候开始起风了，风很大，山上树叶摇动时的声音像是海涛的声音，这声音使我恐惧，使我也像汽车一样浑身冰凉。

我打开车门钻了进去，座椅没被他们撬去，这让我心里稍稍有了安慰。我就在驾驶室里躺了下来。我闻到了一股漏出来的汽油味，那气味像是我身内流出的血液的气味。外面风越来越大，但我躺在座椅上开始感到暖和一点了。我感到这汽车虽然遍体鳞伤，可它心窝还是健全的，还是暖和的。我知道自己的心窝也是暖和的。我一直在寻找旅店，没想到旅店你竟在这里。

我躺在汽车的心窝里，想起了那么一个晴朗温和的中午，那时的阳光非常美丽。我记得自己在外面高高兴兴地玩了半天，然后我回家了，在窗外看到父亲正在屋内整理一个红色的背包，我扑在窗口问："爸爸，你要出门？"

父亲转过身来温和地说："不，是让你出门。"

"让我出门？"

"是的，你已经十八了，你应该去认识一下外面的世界了。"

后来我就背起了那个漂亮的红背包，父亲在我脑后拍了一下，就像在马屁股上拍了一下。于是我欢快地冲出了家门，像一匹兴高采烈的马一样欢快地奔跑了起来。

（1986年11月16日）

发现[*]

莫拉维亚

我今年刚满十八岁,是高级中学的女学生,正在准备毕业考试。我的父亲在一家半国营的企业当差,家境贫寒。平时,我是这样品行端方,一本正经,所以我甚至都不晓得自己相貌出众,是个美人儿。

当我在街上走路的时候,男人们都转过身子来,把眼睛死死地盯住我瞧。我也时常转过身子去,不过我的目光不是投向那些男子汉,而是打量过往妇女身上的衣着打扮,把她们的装束跟我的衣服比较,研究她们的服装的花色、图案、剪裁,心里盘算着它们的价钱。经济条件不许我打扮自己,所以我在穿着上从来没有称心如意过。天长日久,我便害了一种迷恋时髦服装的相思病。举个例子来说吧,一件上衣,或者一条长裤,在我眼里不再是一件普普通通的衣服,而竟然成为自由和幸福的象征,就好像关在牢狱里的囚犯,透过铁窗向远处眺望,把一片蔚蓝色的天空当作自由和幸福的象征一样。

有一天,我在一片时装商店的橱窗跟前停住脚步。橱窗里展览着一种早就引起我注意和羡慕的裙子。就在这个时候,一个男子汉在我的身后边

---

[*] 莫拉维亚(1907—1990),意大利作家,著有长篇小说《内心的生活》等。本文选自《莫拉维亚短篇小说选》,北京:外国文学出版社 1983 年版。

站住,他用像我火辣辣地贪求那条裙子一样的神情,死死地盯住我瞧。于是,他追求我的欲念,和我追求裙子的愿望,好像两根裸露的电线发生接触,突然走电了,刹那间迸发的火花照亮了我的思路。突然间,一个连我自己都大吃一惊的念头在我的脑子里出现了:"我喜欢那条裙子,他喜欢我。那么,他应当把我买下,这样我随之也就能够买下这条裙子。"

我正这么暗自思忖,那男子贴近我的身边,不动声色地对我说:

"真漂亮!——不,是那条裙子真漂亮!如果你愿意,我们到里面去,我把它买下来送给你。"

两个站在那里的行人听到这番话,扭过身子来瞧我们。我把他上下打量了一番;站在我面前的是一个年轻的男子,身躯有点儿肥胖臃肿,神情矫揉造作,但从容不迫。我不假思索地回答他,嗓门扯得很高,故意让站在那里的行人能够听得见:

"一言为定;咱们进去吧。"

我们走进了时装店,我向女售货员指点了那条裙子。女售货员把裙子放在盒子里,细心包扎好;他就像一个善良的父亲或者体贴的丈夫,到交款处付了钱。

他办公的地方就在时装店附近。在电梯里,后来在他的办公室里,他的举止行动仍然像一个邂逅相遇,多少有点儿漫不经心的老朋友。我把装裙子的盒子放在写字桌上,毫不迟疑地开始脱衣服;他却显出一种不可捉摸的神情,从容不迫地走来走去,忙着做各种各样的事情。末了,他把一条红绿格子的苏格兰毛毯扔到黑皮沙发上,朝我扑过来,一把搂住了我。后来,隔壁房间里传来一连串急促的电话铃声,他顾不得穿上衣服,赤身裸体急急忙忙走出去,把我独个儿撇在办公室里。

我感到一阵激动的,同时又是慌乱的,几乎是不可置信的战栗,通常只是做出了重大发现的人才能体味到这种感觉。请你们不要发笑,也不要挖苦我:我从来不曾想到,我方年满十八岁,天真未泯,尚未走完以家庭和学校为全部内容的人生道路,却发现了一件极其古老、普通,而又众所周知的东西——卖淫。是的,我发现,我掌握了某种东西,它对于我来说,纵然是毫无价值的,而男人们却甘心情愿为它支付应有的代价。不过,我尤其注意到,这种行为——也无妨把它称作买卖——的全过程,完全可以像履行合同似的平心静气地进行,因此我可以绝对无忧无虑地从事这一活动。这个想法使我欣喜不已。我只穿了一件衬裙,情不自禁地在房间里跳起舞来,嘴里像咏唱歌曲的叠句似的不断重复:"一切称心如意,一切称心如意,果真如此吗?——一切称心如意?"

这时,我的主顾——他是我的裙子的买主?还是我身子的买主呢?或者,是这两者的买主?——走了进来,他瞧见我这副兴高采烈的样子,不禁吃了一惊,莫名其妙。我向他解释,这是身心愉快的表现,他信以为真。我穿好了衣服,好像两个老相识似的跟他热烈吻别,离开了他。

你们不要问我,在我初次委身于这世界上最古老的职业之后,我是怎样行事的。你们只要知道这样一点就够了:在约摸两年的时间里,我以这种方式或者那种方式,像第一次那样直截了当地或者通过别人远非大公无私的牵线,我终于把我喜爱的时髦服饰统统都买到了手。请注意,我这样行事只不过是为了我的装束打扮;除此以外,我仍然像以往那样生活,在大学里勤奋而颇有收获地学习,在家庭里跟我的父母亲和三个兄弟和睦相处。顺便说,我已经订了婚,我的未婚夫跟我在大学的同一个系念书。我很爱他,他也很爱我;不过我始终没有放弃以原先的方式来获得那些时装。当然,如果我不再迷恋摩登服装了,我会停止卖淫的。可是,好像我家庭里的妇女世世代代都是穿着破衣烂衫似的,时装仍然使我心醉神迷。

我所说的"一切都称心如意"持续了约摸两年的光景。后来,出乎我的意料,我发现,我怀孕了。于是,我的未婚夫和我决定提前结婚,当初我们曾经同意把婚礼推迟到他的处境改善的时候举行。眼看举行婚礼的日子临近了,我却迷恋上了市中心一家商店橱窗里展出的一件纯毛的,口袋挺大,金属纽扣的外衣。其实这是件挺普通的衣服,可是,像往常一样,我无力把它弄到手,于是它成了我崇拜的偶像。我大白天想它,夜里做梦也想它。我忽然害怕起来,如果我不把它弄到手,将来我的孩子出生的时候,肯定会在身上的某个部位或脸颊上打上这件纯毛外衣的印记。我没有别的法子可想,只好决定重操卖淫旧业。

就在这当儿,一个通常被称作体面的问题——由于它们的暧昧和微妙——开始折磨着我。事情是这样:我已经向自己信誓旦旦地保证,结婚以后坚决不再卖淫。不过,买毛外衣的钱我虽说可以在结婚"以前"挣到手,但这件衣服要等到结婚"以后"跟我的未婚夫到他的家乡南方地区作蜜月旅行的时候,我才正式穿它。干吗要赌咒发誓呢?归根到底,也说不出是什么道理。或许,因为我觉得,一旦有了需要我操心的丈夫、孩子和家庭,追求时髦衣饰的癖好便会一劳永逸地从我的脑子里消失了。那么,结婚以后,居然还穿上那件毛衣是不是违背我的誓言呢?这个微妙的问题摆在我的面前。

有一天,我到首饰店去选购两只结婚戒指,那是为了我的未婚夫和我在教堂里举行婚礼的时候交换用的。这爿小小的首饰店,大约是一个小家庭经营的;我走进去的时候,柜台里站着一名中年妇女,还有一名跟我年纪相近的姑娘,相貌很像那个中年女子,看来是她的女儿。

那姑娘脸上流露出很不耐烦的神色,正打开一个珠宝盒,给一个女顾客挑选;珠宝盒里的黑天鹅绒上缀满了各色各样的珠宝:蓝宝石、红宝石、翠玉、钻石。我请那母亲拿几只结婚戒指给我挑选,同时却又冷冷地瞟着那珠宝盒,我不由得暗暗盘算,我只要得到盒子中的一枚宝石,哪怕是处理品,也足以立即解决现在令我苦恼的问题,甚至连其他诸如此类的麻烦也就迎刃而解了。

你们知道我发生了什么事情吗?刹那间,我又一次感受到一阵激动的,同时又是莫可名状地慌乱的(几乎是不可置信的)战栗;两年以前,我出乎意料地揭开了明目张胆的、堕落的卖淫的秘密时,就曾经体验过这种情绪。而这一次,我发现了另一样极其古老、普通而众所周知的东西——盗窃;不过,对于我而言,它仍然散发着异常新奇诱人的色彩和气息。真奇怪,在此以前我怎么会没有想到它呢?这么说来,最隐蔽的东西,恰恰是那些最引人注目,甚至可以说是摆在鼻子尖底下的东西啰。

现在,女顾客什么也没有买,朝外面走去,那女儿送她到店门口。恰恰在这当儿,那母亲转过身去,不晓得开一个什么抽屉。我敏捷地从首饰盒里拿了一枚带红宝石的戒指,把我原先试戴在手指上的一枚毫无价值的结婚戒指脱下来,放到首饰盒里。我戴上了红宝石戒指,又重新戴上手套。然后,我对母女俩说,我没有选到合适的戒指,便径自走了。

我走到大街上,立即折入一幢楼房的门廊里,脱下宝石戒指,把它放进贴肉的紧身衣里。宝石戒指多少有点儿分量,从我的胸口直往下滑溜,滑到我的肚皮上,一直滑到我的孩子将来要从那里降临人世的地方才停住。我自信这一切都做得干净利落;于是我一面继续朝前走,一面狂喜地不断重复:"一切称心如意,一切称心如意,果真如此吗?——一切称心如意?"

突然,我觉得我的一条胳膊猛地被人揪住了;我转过身来,是珠宝店里那上年纪的女人。她的脸急得扭曲了,灰白的头发被风吹得乱蓬蓬的,气喘吁吁地对我说:

"戒指,少了一枚戒指,红宝石戒指!"

我冷冷地不动声色,跟她一起回到珠宝店。走进店里,我摊开没有戴任何戒指的双手,把我随身带的手提包里的东西一股脑儿倾倒在柜台上,扯高嗓门大声抗议。中年妇女心慌意乱、气急败坏地不断重复:

"我什么也不知道,我只知道,首饰盒里这只戒指,是您方才拿去试戴的,这是一只便宜戒指,宝石是假造的,首饰盒里本来没有,现在却放在原先那只红宝石戒指的位置上。"

女儿站在她身边，一声不吭，只是用那异样的、锐利的目光，死死地盯着我。然后，终于下了决心，对她母亲说：

"我想跟这位小姐单独地谈谈。您愿意跟我到那边去吗？"

她向我做了个手势，我便随着她走进了珠宝店的后房。

她关上房门，然后很温柔地对我说：

"我瞧见你拿了红宝石戒指。我把女顾客送到门口，转过身来，正好瞧见你伸手拿那只宝石戒指。可我没有对妈妈说，我本来在任何情况下都不愿意揭穿这件事的，是她发现了宝石戒指不翼而飞了。"

我惊诧不已，问她道：

"你为什么在任何情况下都不愿意揭发呢？"

她微微一笑，对我说：

"这么说吧，我跟我的母亲关系失和。我是迫不得已才在这爿店里当营业员的。还有，我发现，生活当中有价值的东西并不是那些宝石戒指。"

"是你发现了这一点？"

"是的，是我发现的，这有什么奇怪呢？在我们这种年龄，常常会做出类似的发现，你不这么认为吗？不过，现在你把戒指还给我吧。你把它从藏着的地方拿出来，还给我。我可以在我母亲面前替你找个瞒骗她的理由。"

我再也无法固执己见。我把手伸进紧身衣，一直伸到因为快要做母亲而略略隆起的肚皮底下。她取过戒指，打开房门，做了一个仿佛捡什么东西的姿势，高声喊起来：

"啊，你瞧，妈妈，宝石戒指我找到了，掉在地板上啦。"

我乘母亲兴高采烈的时机，悄悄地溜出了珠宝店。

在大街上，我又一次感觉到，我做出了一个新发现。不过，这一回，却是一个关于发现的发现。我做出了一个发现，珠宝店的姑娘做出了另外一个截然不同的发现，尽管同样是极其古老、普通、尽人皆知的发现。是啊，在短短的一天，竟有那么多的发现。

编者的话

青春是人生必经的一个时段。对儿童来说,它是"将来时";对青年来说,它是"现在进行时";对中年与老年来说,它是"过去时"。"时态"不同,凝聚起的共识便会殊异。一般来说,青春已过的人追怀青春,青春愈见其美好,因为失去的永远是珍贵的。此外,否定自己的青春无异于否定生命、否定自我,这是为人性的本能情感所排斥的。苏雪林写《青春》时已经四十多岁了,她才能喊出:"青年是世界上的王"。一些"文革"中当过红卫兵、当过上山下乡的知青而后又成为作家的人伸张"青春无悔",其实他们并非拥护那个时代,而只是表明他们无心在精神上虐杀自己生命中的那段美好时光。

是的,青春"过去时"意味着一种远距离的审美观照,它已无关乎现实的痛痒。当诗人普希金在《假如生活欺骗了你》中说:"而那逝去的将变为可爱",阐释的正是这道理。然而,要让青春"现在进行时"的青年忘掉眼下的困惑、苦闷、忧伤、愤懑却不容易。曹雪芹笔下的林黛玉的诗、许广平给鲁迅的信、艾芜的小说、余华的小说,都诉说或宣泄着青春期"负面"的情感元素。说是"负面",其实"正常",无非是对个人遭际与现实境遇的不满。究其原因,实在是因为青春期天然地、本能地怀有太强烈的梦想或憧憬,理想与现实注定是要摩擦的、冲撞的。所以,青春期的种种苦闷是无论何时何地何人都会碰到的人生课题。或曰,这是个体生命发展时必然会碰到的"精神成人"问题。

也许,原始成年礼仪式能给我们一些启示。世界上各民族史前时期都普遍存在过成年礼的习俗,其核心内容便是体力、智力、文化、技能等各方面的严酷考验,仪式参加者从中经历了一次象征性的"死亡"和"再生",暗示他童稚期的终结与成人资格的获得。明白了"严酷考验"乃成人的必经之关,我们就不会对青春期的种种苦痛抱过于惊讶与恐慌的态度了。其实,今天的青年仍在经历"严酷考验"的仪式内容,比如一场接一场的"考试"。但上古仪式化、群体化的成年礼现今已演变为个人化、心灵化的事件,而成为自我的一种内心体验与确认。总之,青春期苦痛源于进入成人世界的考验,它通往人格成熟和精神成人。

这里有一个价值观取向问题。从某种意义上说,"精神成人"本就意味着人格与心理成熟有赖于其价值根基。什么是有价值的?什么不值得追求?如何评判世界万物与社会人生?这是人文学科所寻求的"意义",也是个人安身立命、处世为人所需的根本标尺。一位作家在给她儿子的信中担忧:"你们这一代'定锚'的价值会是什么?终极的关怀会是什么?"鲁迅在《两地书》中坦诚:"可惜我连自己也没有指南针,到现在还是乱闯。"他们谈的都是价值观问题,似乎前者自信,后者彷徨,但他们都关注社会人生,都怀疑或反对"为自己而活"的极端个人主义倾向。莫拉维亚小说《发现》则聚焦在物欲与道德精神之间的二元对立,通过青春期的发现与再发现,批评了金钱至上与物欲第一的观念。当然,社会与个人、精神与物质,本是人生钟摆的两端,可兼顾而不可独专。但偏重社会、倾斜精神是否是一种更具感召力、更值得追求的人类普世价值呢?让我们在青春的路上作答。

当我们在谈论"青春"时,事实上已预设或隐含着一个"代沟"的前提。上一代与下一代,过去时与现在进行时,老年与青年,他们对青春的理解,对价值的认同,对现实的评判,往往不同,尤其在社会急剧变化的转型时期。培根《论青年与老年》分析了他们各自的长处与不足,主张:"把两种人合而用之是好的"。四百年后,他的观点仍有启迪意义。美国文化人类学家玛格丽特·米德曾提出著名的三种文化传递模式,即"后喻文化"、"同喻文化"和"前喻文化"。后喻文化是指社会文化由前辈向后辈传递,同喻文化是指社会文化主要在同辈人之间传递,前喻文化是指社会文化由后辈向前辈传递。我们正处在现代信息社会和急速变革的时代,已经出现了"前喻文化"的征兆。青年人因掌握外语和电脑技术而获得了比老年人更多更新的知识信息,老年人变得需要向青年人学习,这就是所谓"文化反哺"现象。在这情况下,"青春"是否呈现了传统社会和超稳定文化结构所没有赋予的新意了呢?穆旦《玫瑰之歌》是一首青春之歌:一个青年站在现实和梦的桥梁上,怀着一颗充满着熔岩的心,搭乘时代的列车开向最炽热的生活的熔炉。也许我们能够从中找到关于青春意义的新答案。

(方克强)

本章词语

1. **青春**：指人生的青年时期，已经蕴含着青年是人生的春天之比喻，或者令人联想到植物繁茂生长的绿色与梦幻般的蓝色。"青春"词意之美，是颜色与季节感性的混和。

2. **代沟**：美国文化人类学家玛格丽特·米德首创的概念，意指同一社会中不同代（不同年龄阶段）的人群之间产生的文化与价值观方面的差异和冲突。

3. **人生哲学**：探讨人生意义的学问。通俗地讲，是指做人的道理。明确了人生的意义何在，才能确定自己个人的为人处事的原则。

链　　接

1. 米兰·昆德拉：《生活在别处》，上海：上海译文出版社2004年版。
2. 残雪：《山上的小屋》，见《人民文学》1985年第8期。
3. 玛格丽特·米德：《代沟》，北京：光明日报出版社1988年版。
4. 穆旦：《玫瑰之歌》，见《穆旦诗全集》，北京：中国文学出版社1996年版。
5. 苏雪林：《青春》，见《屠龙集》，北京：商务印书馆1941年版。
6. 培根：《论青年与老年》，见《培根论说文集》，北京：商务印书馆1983年版。

仁爱,天地最美

《论语》二则*

孔　子

三　年　之　丧

宰我问："三年之丧，期已久矣①。君子三年不为礼，礼必坏；三年不为乐，乐必崩②。旧谷既没，新谷既升③，钻燧改火④，期可已矣。"

子曰："食夫稻，衣夫锦，于女安乎⑤？"

曰："安。"

"女安则为之！夫君子之居丧，食旨不甘，闻乐不乐，居处不安，故不为也。今女安，则为之！"

宰我出。子曰："予之不仁也⑥！子生三年，然后免于父母之怀。夫三年之丧，天下之通丧也。予也，有三年之爱于其父母乎？"

---

* 孔子（公元前551—前479），名丘，字仲尼。鲁国陬邑（今山东曲阜）人。春秋时期的教育家、思想家，儒家学派的创始人。《论语》是孔子及其弟子的对话、言论汇编。

《三年之丧》选自孔子《论语·阳货》，《十三经注疏》，北京：中华书局1984年版。

《敬妻》选自《礼记·哀公问》，《十三经注疏》，北京：中华书局1984年版。

〔注释〕

① 期(jī)：周年。意谓一年的守丧已经很长久了。

② "君子"两句：意谓君子习礼乐不离身；守丧三年，不习礼乐，则礼乐修习之功夫必流失。

③ "旧谷"两句：旧谷已吃完，新谷刚收上来，意谓一年过后，该过去的就该过去，该来的正在来到，人应顺自然的节律，因而一年守丧即可。

④ 钻燧：即钻木取火。旧木用完，新木相接，谓之"传薪"。也是说丧期一年即可。

⑤ "食夫稻"三句：古人以稻为贵，居丧者不食；锦衣为文采之衣，居丧者服素衣。孔子问宰我，父母之丧，美食而锦衣，内心安不安？

⑥ 予：即宰我。

敬　　妻

孔子遂言曰：昔三代明王之政，必敬其妻子也，有道①。妻也者，亲之主也②，敢不敬与！子也者，亲之后也③，敢不敬与！君子无不敬也。敬身为大，身也者，亲之枝也④，敢不敬与！不能敬其身，是伤其亲。伤其亲，是伤其本。伤其本，枝从而亡。三者，百姓之象也⑤。身以及身，子以及子，妃以及妃⑥。君行此三者，则忾乎天下矣⑦。大王之道也如此，则国家顺矣⑧。

〔注释〕

① 有道：三代的圣王，都敬爱妻子，这是有很深的道理的。

② 亲之主：与国君一样，同是祭祀亡亲的主人。这表明，妻与夫在家庭价值根源意义上的平等。

③ 亲之后：同是亡亲的后人。这表明，孩子与大人在家庭根本价值意义上的平等。

④ 亲之枝：个人的身体，原是双亲的分枝。这表明，个人在家庭家族大生命的意义。

⑤ 百姓之象：身体、妻、子，正是普通百姓日常生活的基本图景。

⑥ "身以及身"三句：以自己的身体推及百姓的身体，以自己的孩子推及百姓的孩子，以自己的配偶推及百姓的配偶。

⑦ 忾(xì)：通"迄"。国君能行三敬，则普天之下，莫非王土。

⑧ 虽然谈到国家，但并不是将仁爱只作为手段。古时的国家，与家庭家族不可分。所以，国家与家庭、家族，其实是互为目的。其次，能够有普遍的道德影响力的，是国君。

兼　爱*

墨　子

圣人以治天下为事者也，必知乱之所自起，焉能治之①；不知乱之所自起，则不能治。譬之如医之攻人之疾者②，然必知疾之所自起，焉能攻之；不知疾之所自起，则弗能攻。治乱者，何独不然。必知乱之所自起，焉能治之；不知乱之所自起，则弗能治。圣人以治天下为事者也，不可不察乱之所自起。

当察乱何自起③，起不相爱。臣子之不孝君父，所谓乱也。子自爱不爱父，故亏父而自利；弟自爱不爱兄，故亏兄而自利；臣自爱不爱君，故亏君而自利。此所谓乱也。虽父之不慈子，兄之不慈弟，君之不慈臣，此亦天下之所谓乱也。父自爱也，不爱子，故亏子而自利。兄自爱也，不爱弟，故亏弟而自利。君自爱也，不爱臣，故亏臣而自利。是何也？皆起不相爱。

虽至天下之为盗贼者，亦然。盗爱其室，不爱异室，故窃异室以利其室。贼爱其身，不爱人身，故贼人身以利其身。此何也？皆起不相爱。

虽至大夫之相乱家、诸侯之相攻国者，亦然。大夫各爱其家，不爱异家，故乱异家以利其家。诸侯各爱其国，不爱异国，故攻异国以利其国。天下之

---

* 墨子（约公元前 468—前 376），名翟。战国时期的思想家、散文家，墨家的创始人，著有《墨子》。本文选自《墨子》第十四，据孙诒让《墨子闲诂》本。

乱物,具此而已矣。察此何自起,皆起不相爱。

若使天下兼相爱,爱人若爱其身,犹有不孝者乎?视父兄与君若其身,恶施不孝④?犹有不慈者乎?视子弟与臣若其身,恶施不慈?不慈不孝亡,犹有盗贼乎?故视人之室若其室,谁窃?视人身若其身,谁贼?故盗贼亡有。犹有大夫之相乱家、诸侯之相攻国者乎?视人家若其家,谁乱?视人国若其国,谁攻?故大夫之相乱家、诸侯之相攻国者亡有。若使天下兼相爱,国与国不相攻、家与家不相乱、盗贼无有、君臣父子皆能孝慈,若此则天下治。

故圣人以治天下为事者,恶得不禁恶而劝爱⑤!故天下兼相爱则治,交相恶则乱。故子墨子曰⑥:"不可以不劝爱人"者,此也。

〔注释〕

① 焉:作乃解,下同。

② 攻:治。

③ 当:借作尝,作尝试解。

④ 恶(wū):作何解。怎会作出不孝的事呢?

⑤ "恶得"句:前一"恶"字作"何"解,后一"恶"(读乌)字作"仇恨"解。

⑥ 子墨子:前一"子"字,是弟子尊其师的称谓,犹言夫子。可证这篇为墨子弟子或后学者所记录。

蓼　　莪(节选)①

《诗经》

父兮生我,母兮鞠我②。拊我畜我③,长我育我,顾我复我④,出入腹我⑤。欲报之德,昊天罔极⑥。

〔注释〕

① 蓼莪:蓼蓼,长大的样子。莪:即莪蒿,植物,生水边,嫩叶可食。诗以"蓼蓼者莪"起兴,喻家贫亲老,服役在外,不能养父母。

② 鞠:孕育。

③ 拊:抚养。畜:慈爱。

④ 顾:回视,即离开时不放心,常回头看。复:离开是时又回来,即父母常在身边。

⑤ 腹:抱。

⑥ 昊天罔极:父母之恩德无边无底,而儿女思念父母之情,以及常存报答之愿,也是无边无尽的。

* 本文选自《诗经·小雅·蓼莪》,《十三经注疏》,北京:中华书局1984年版。

杜甫诗二首

杜 甫

月 夜

今夜鄜州月①,闺中只独看②。遥怜小儿女,未解忆长安。香雾云鬟湿③,清辉玉臂寒④。何时倚虚幌⑤,双照泪痕干?

〔注释〕

① 鄜州:今陕西富县。公元759年,杜甫自鄜州离家,只身北行,打算投奔肃宗,途中被安禄山叛军俘获,送往长安。此诗写于困居长安之时。

② 独看:诗人想到妻子独自看月相思,身边的小儿女不能思。又与诗末的"双照",形成对比。

③ 香雾:夜雾本无香,香气从妻的鬟发的膏沐中流溢而生。

④ 玉臂:看月之久。月愈好而苦愈增,语愈丽而情愈悲。

⑤ 虚幌:轻柔透明的帷帘。幌:帷幔。

---

* 杜甫(712—770),字子美。唐代诗人,与李白并称为"李杜"。著有《杜工部集》二十卷。本文选自《杜甫诗集》,北京:中华书局1989年版。

春 夜 喜 雨

好雨知时节,当春乃发生。随风潜入夜,润物细无声①。野径云俱黑,江船火独明②。晓看红湿处,花重锦官城③。

〔注释〕

① "随风"两句:春雨之细柔。写雨也是写人,喻仁爱之心。

② "野径"两句:在阴云密布,没有星光,上下黑成一团的世界,唯有江边小船上一灯荧然。这也是象征诗人的仁爱之心,在黑暗世界里如不灭的灯火。

③ "花重"两句:花枝饱含雨水,故曰重。锦官城,成都的别称。

李白诗二首*

李　白

宿五松山下荀媪家

我宿五松下①，寂寥无所欢。田家秋作苦②，邻女夜舂寒③。跪进雕胡饭④，月光明素盘⑤。令人惭漂母⑥，三谢不能餐。

〔注释〕

① 五松山，今安徽铜陵县南。公元761年，诗人游五松山，投宿农家时所作。

② 秋作：秋日的劳作。

③ 舂：捣去谷壳。

④ 雕胡：即菰米，生水中，秋结实，色白而滑，可做饭。

⑤ "月光"句：意谓一幅月光，照着满盛饭菜的白盘，月光又象征温暖淳朴真挚的人情。

---

* 李白(701—762)，字太白，号青莲居士。唐代诗人，后世称"诗仙"，与杜甫并称为"李杜"。著有《李太白集》三十卷。

《宿五松山下荀媪家》选自《李太白集校注》，瞿蜕园、朱金城校注，上海：上海古籍出版社1980年版。

《子夜吴歌》选自《李太白集校注》，瞿蜕园、朱金城校注，上海：上海古籍出版社1980年版。四首选一，原第三首。

⑥ 漂母：洗衣老妇。《史记·淮阴侯列传》：汉代韩信少时穷困，饥饿时，有一漂母赠其饭。后韩信封楚王，报以千金。

子夜吴歌①

长安一片月，万户捣衣声②。秋风吹不尽，总是玉关情③。何日平胡虏，良人罢远征④。

〔注释〕

① 六朝乐府有《子夜四时歌》等曲。因属吴声曲，故又称《子夜吴歌》。内容多写女子思念情人的哀怨之情。李白此题承四时歌而来。

② 捣衣声：古代妇女将衣帛放在砧上，用杵捶击，捣洗柔软后，便于制衣。秋天正是备制寒衣的时节，这时家家户户的捣衣声，最能引起思妇对远方亲人的怀念。

③ 玉关情：对远戍玉门关外的丈夫的思念之情。

④ 良人：妻子对丈夫的称呼。

你来看此花时*

王守仁

先生游南镇。一友指岩中花树问曰:"天下无心外之物。如此花树,在深山中自开自落,于我心亦何相关?"先生曰:"你未看此花时,此花与汝心同归于寂;你来看此花时,则此花颜色一时明白起来。便知此花不在你的心外。"

---

* 王守仁(1472—1529),字伯安,自号阳明子。明代思想家,阳明学派的创始人。著有《王文成全书》三十八卷。本文选自《王阳明全集》卷三《语录》三《传习录》下,吴光等编校,上海:上海古籍出版社1992年版。

本章词语

1. **安**:"安"是中国文化的基本价值。《论语》有 16 个"安"字,《孟子》有 22 个"安"字。《周易》、《诗》、《书》三礼,共有 200 多处"安"字。这些充分表明了在经典中,"安"具有丰富的价值内涵与崇高的义理位置。从语文的角度来说,"安"除了作为语气词和地名外,还指:(1)大地安静贞正无疆的品质;(2)现世生命的安顿之处;(3)人民的安全(免于痛苦与威胁的途径);(4)人心的放平(免除不宁、耻感与不真的可能)。从语文脉络的整体可以看出,语义既是心理学的,也是宇宙论和政治学的,可以体会其中正大庄严而又切近生命人心的意味。

2. **报**:报本反始,正是仁德的思维。王国维从甲骨卜辞中找出了一个"报"字(见《殷卜辞中所见先公先王考》),认为这是祭祀的最古老的一个说法,杨联升很重视这一创见,在他的《中国文化中的包,保,报》(香港中文大学出版社,1988 年)一书中说,有施必有"报"。这样的思想,是古代祭祀信仰的理由,也是佛教传入中国之前的伟大思想。正如梁启超所说:"祭父母,因为父母生我、养我,祭天地,因天地给我们许多便利。父母要祭,天地山川日月也要祭,推之于物,则猫犬牛马的神也要祭,如此'报'的观念系贯彻了祭的全部分。"(《中国历史研究法补编》)。报的观念,确包含着万物有情、生命存有连续等古老思想的因子,也是仁爱的思想因子。正如《诗经》里所唱:"父兮生我,母兮鞠我。""欲报之德,昊天罔极。"发端于人的血亲之情,正是仁爱之情本真的理由,是值得珍视的生命之"端"。

链　　接

1.《孟子·公孙丑(上)》"人皆有不忍人之心"章。焦循撰,沈文倬校点,见《孟子正义》,北京:中华书局 1987 年版。

2.《吕氏春秋·精通》"父母之于子"章。陈奇猷标点,见《吕氏春秋校释》,上海:学林出版社 1984 年版。

3. 韩婴:《韩诗外传》卷九"孔子行闻哭声甚悲"章。许维遹校释,见《韩诗外传集释》,北京:中华书局 1980 年版。

4. 许地山:《春桃》,见《文学》三卷一号,上海,1934。

5. 雨果《九三年》,叶尊译,上海:上海译文出版社 2004 年版。

6. 圣埃克苏佩里:《小王子》,周克希译,上海:上海译文出版社 2001 年版。

7. 埃利希·弗洛姆：《爱,对人类生存问题的回答》,见《爱的艺术》,刘福堂译,合肥：安徽文艺出版社 1986 年版。

8. 卢梭：《怜悯是人的天性》,见《论人类不平等的起源和基础》,高煜译,桂林：广西师范大学出版社 2002 年版。

9. 特蕾莎修女：《在诺贝尔和平奖颁奖大会上的演讲》,见《诺贝尔获奖者演说文集(和平奖)》,王毅译,上海：上海人民出版社 2000 年版。

仁爱，天地最美

编者的话

有什么词，表达着超越国家、超越民族的普世情感？无论走遍地球的哪一个角落，只要表白了这个意思，无需翻译沟通，就有明白的理解？有什么词，表达人类历史最大的善意，却未能真正落实，只与希望相伴，终成永世的美好理想？

那就是仁爱。仁爱既是最古老的价值，其实也是最现代的价值，是原始的希望，也是现代的进行式。

如果有什么词，让我们不假思索地、直接地肯定，那就是仁爱。仁爱是天地间最大的理性，其实也是生命中最美的直觉。可以毫不夸张地说，如果有什么词，表达着人类在地球上唯一伟大的理由，那就是仁爱。

仁爱毕竟不同于具体的狭义的爱。她可以从一个细小的东西发端，如青青河畔之草、芊芊蔚蔚、远及于天地宇宙万物。她也可以完全不具体、不落实、不现成，犹如菩萨低首默想的神情。仁爱可以有对象，也可以没有对象。可以是生命主体新新不已的动力，也可以有客观世界源源混混的源泉。

仁爱是春者天之本怀，也是人间圣贤之心。仁者爱及万物，然而又并非施恩赐福于万物；天地万物之美皆仁心的显现，而仁者之德，沛然莫之能御，发自每一个体生命的内核，同时也是昊天浩荡，天生德于予。总之，仁爱既是仁者的本体显现，是仁者自身的能力与品质，同时又是天何言哉，百物生焉，四时行焉。仁爱是通过万物之秩序与生长，来表达善意与美好的天意本身。

在儒家孔子那里，明确说出："仁者，爱人。"这是"仁爱"最早的表达。孔子说的仁不仅是某种具体的品德，也不仅是总体的抽象的德性本身，也是命定的缘和人生最本然的关系。报本反始，正是仁德的思维。王国维从甲骨卜辞中找出了一个"报"字，"报"的思想，是古代祭祀信仰的理由，包含着万物有情,生命存有连续等古老思想的因子,也是仁爱的思想因子。① 正如《诗经》里所唱:"父兮生我,母兮鞠我。""欲报之德,昊天罔极。"发端于人的血亲之情,正是仁爱之情本真的理由,是值得珍视的生命之"端"。人生三年才免于父母之怀,正是人心生根处②。我们也可以说,孔子提倡仁爱,是从提倡"自爱"开始的。自己的心是最大的,也是最有力量的。"心安"即爱自己的心。一个人如果爱自己的心,他就会爱天地的心。圣人说,只是心里觉得不舒服,因此就不这样生活。由此引申去,恰可以得到中国千年文化代代相传,一个很真实的道德生活的原点。

儒家和墨家有关仁爱的思想,又是古代中国最重要的政治哲学。《礼记》中孔子对哀公问,是有关孔子仁爱思想比较可靠的文献。其中所谓"百姓之象",即身体、妻、子,正是普通百姓日常生活的基本图景。孔子的言说对象是国君。"身以及身"三句:以自己的身体推及百姓的身体,以自己的孩子推及百姓的孩子,以自己的配偶推及百姓的配偶。正是仁政的思想模式。只要执政者有这样的思想模式,就是一个天下有道的世界。墨家无疑更是最大最天真的理想主义者,因为他不仅说"爱",而且与儒家的由己及人的"推扩"不同,他提倡先爱别人,先人后己。看起来是"谁来统治"的问题,其实更是"如何统治"的问题。

中国最好的文学,往往是性情文学;最好的文学家往往是性情中人。所以最高的道德情感本身即是中国文化最深醇朴厚的艺术人生。老杜的《月夜》,安慰了不止是他的妻子,也不止是唐代众多漂泊流离的父老兄弟,更是天下所有的患难夫妻与流离分别的亲人。李白在安徽五松山下,看见的那一幅温情的月光,以及在长安夜中捣衣声里的一幅月光,与杜甫的月光一样,是永恒的人性、永恒的爱心的显现。

中国诗哲如杜甫,如王阳明,有关仁爱的文字,既是诗,也是哲学,既是理性,也是信仰。那润物细无声的春雨,永远象征仁者爱及万物的情怀。而我来看花时,我的心与花相亲了。有相亲,天地也就照明了。通过照明,世界得到理解;通过相亲,世界得到充实,得到放大,或一体化。这里的文章,

---

① 《殷卜辞中所见先公先王考》,《观堂集林》。又参见杨联陞:《中国文化中的报,保,报》,香港:香港中文大学出版社1988年版。

② 其实从人类早期的情感发展来说,父母之爱先于夫妇之爱,是一个普遍的现象。正如格鲁塞《艺术起源》中说:"卫斯特马克说:'当人类的发展还在低级阶段的时候,两性恋爱的力量,要比双亲搂抱幼儿的慈爱的力量微薄得多。'这理论总体上说是很公正的。事实上,在我们所搜集的许多作品里,关于追悼血亲或友族的人死亡的歌谣的确有不少,然而关于哀悼爱人(lover)或情人(sweetheart)丧亡的挽歌,却一首也找不到。"北京:商务印书馆1988年版。

是造化的大文章，或高远如天地，或幽美如灵光。

但丁的《神曲》里，作者不懂得"怎么可能一种财产，占有人的数目愈多，个人的享受反而愈大呢？""我的老师"，诗人维吉尔对作者说：

"那无穷无尽的财产生在天上，向着慈爱奔流，他愈是寻到了多施者，愈是给得多；慈爱的范围愈推广，永久的善也由此倍增；天上聚集的灵魂愈多，慈爱的互施愈频，如同镜子相互反射他们所受的光一般。"

对于俗世的幸福放弃越多，施舍越多，就越能得到天上的幸福。这就是深深影响了西方宗教圣爱的思想传统。这与中国儒家俗世人伦中心的思想是不同的。但是，仁爱突破那些使人分开的障碍，使人亲近沟通，中西方是没有什么区别的。譬如，西方人本主义心理学家弗洛姆从存在主义心理学的进路去接近仁爱的思想。人以生俱来的罪感和焦虑感就是渐渐脱离母亲而渐渐产生的分离孤独之感。人生最深切的需要就是克服分离，从而使他从孤独焦虑以及罪感之中解脱出来。解脱之道就是爱的意识。当弗洛姆说"爱的积极性主要是'给予'，而不是'接受'"时，他依然没有脱离基督教的慈爱传统。只不过，"给予隐含着使另一个人也成为献出者"。"爱是创造爱的能力，无爱则不能创造爱。""给予也必然意味着获得"，也深深打上西方文化精神另一传统即辩证法精神的烙印。爱的四大基本要素即关心、责任、尊重和了解，既包含了仁爱的促使万物生长的创造力量，也限制了爱的负面性——爱成为一种强加的支配和专断的占有。

我们读了这里的文章，最有启示的是：

仁爱可以峻极于天，极为高贵伟大，也可以卑浅如地，像灰尘里开的一朵小花。仁爱深具母性之深细博大、忍辱负重、润物无声，也极富于婴儿一般的纯然、本真与浑然不觉。仁者极柔弱，有时会不堪一击，然而也有万夫不当之勇，因而仁者无敌于天下。

仁爱是没有上帝时代的"上帝"，是没有心肝的世界的"心肝"。

（胡晓明）

爱是难的

安妮日记*

安妮·弗兰克

一九四四年一月六日,星期四

最亲爱的吉蒂:

  我受不了想找个人谈谈的渴望,结果心生一计,选了彼得来扮演这个角色。我有几次机会白天进到彼得的房间,总觉得里面好惬意好舒适。可是彼得太有礼貌,有人烦他,他从来不下逐客令,所以我从来都不敢久留,总是怕他以为我是个麻烦鬼。我一直在找借口,要在他房间流连,引他说话,但不要令他注意。昨天我得了个机会。彼得现在迷字谜,整天没做别的事。我帮着他,不久就两人隔着他的桌子对坐,彼得坐椅子,我坐那张没有靠背的沙发。

  我盯着他深蓝色的眼睛,看我出乎意外的造访弄得他多么困窘,感觉真美妙。我能窥破他内心最深处的思绪,而在脸上,我看出他无助,拿不定该怎么举止才好,同时,他的神色中又闪过一丝对自己男性气质的知觉。我看

---

 * 安妮·弗兰克(1928—1945),德国犹太人。本文选自《安妮日记》,彭淮栋译,海口:海南出版社 1996 年版。

他羞赧，好不心软。我想说："跟我说说你自己吧。看看我这多话的外表底下吧。"可是我发现想问题比提问题容易。

那晚的见面结束，什么事也没有发生，除了我跟他提起那篇谈脸红的文章。当然和我写给你的不一样，我只是说，他年纪大一点以后，就会更加稳健。

那晚我躺在床上哭红了眼睛，一边又不能让别人听见我在哭。想到我得求彼得施舍，真是恶心，不过，人为了满足渴望，什么事都做得出来。例如，我就已经下定决心要多找彼得，而且好歹要引他跟我说话。

你别以为我爱上彼得了，没这回事。如果凡·丹夫妇生的是女儿而不是儿子，我也会想法和她交朋友。

今天早上我不到七点就醒过来，一醒就记起我做的梦。我坐在一张椅子上，对面就是彼得……彼得·席夫。我们合看一本玛莉·博斯的素描。那个梦很生动，我连里面几幅素描都还记得。不只是这样，梦里还有别的。彼得和我忽然四目相接，我盯住那对蓝褐色的眼睛好久。然后他说："要是知道的话，我早就来找你了！"我激动极了，把脸转开。接着，我感觉到一个细致、好清好凉又温柔的面颊贴上我的，那感觉好好，好好……

这时，我醒过来，还感觉着他的面颊贴着我的，他蓝褐色的眼睛凝望着，深深望入我的心，深到他能看出我那时多么爱他，到现在还多么爱他。我又满眼是泪，心中因为又失去他一次而难过，可是同时又高兴，因为我肯定地知道彼得仍然是我的唯一。

说来也怪，可是我梦中经常出现这些鲜明的影像。有一晚我看见奶奶，看得真清楚，连她细致而有点像起皱的天鹅绒般的皮肤也一清二楚。另外有一晚是外婆，她变成我的守护天使。后来是汉妮莉。在我心里，汉妮莉仍然象征着我的所有朋友和所有犹太人的苦难，因此我现在为她祈祷，就是为所有犹太人和所有受苦受难的人祈祷。

而现在是彼得，我最亲爱的彼得。他在我心中的影像从来不曾如此清晰过。我不需要照片，就能把他看得好清楚。

安妮敬上

一九四四年一月七日，星期五

最亲爱的吉蒂：

我真是笨透了，忘记还没跟你说过我的一段痴恋。

小时候，还在幼稚园的时候，我喜欢上了塞里·基美尔。他父亲走了，

爱是难的

他和他母亲跟一个姨妈住。塞里的几个表兄弟里有一个长得很好看,身材瘦长,黑头发,名叫亚皮,他后来长了个电影偶像般的容貌,比矮矮胖胖,又有点滑稽的塞里令人心仪。有好长一阵子,我们到哪里都一起,可是除了走在一块,我的爱没有得到回报,直到彼得出现。我彻底迷恋他,他也喜欢我,我们整整一个夏天难分难舍。到如今,我还看见我们手拉手在社区散步,彼得穿一套白棉衣服,我穿短短的夏装。暑假过后,他上了中学,我上了小学六年级。他放学回家途中来找我,或者我去找他。彼得是个理想的男孩子:高高的,相貌好看,瘦瘦的,还有一张认真、沉静而聪慧的脸。他有深色的头发、漂亮的褐色眼睛、红润的双颊和尖得恰到好处的鼻子。我迷死了他的笑容,他微笑的时候,显得那样男孩子气,那样促狭。

暑假里,我到乡下去。回来的时候,彼得已经不住原来的地方,他搬去和一个年龄大很多的男孩子住在一起。那个男孩子显然跟他说我只不过是个小孩子,因此彼得从此不跟我见面。我太爱他,不肯面对真相,继续粘着他,直到有一天我终于想到,如果我继续跟在他后面追个不停,大家会说我是个花痴。

一年年过去,彼得和他同龄的少女玩,见面连招呼也难得跟我打一个。我开始上了犹太中学,班上好几个男同学爱上我。我也喜欢有人看上,觉得很荣幸,但也如此而已。后来海洛迷我迷得很厉害,不过,我跟你说过了,我从此没有再恋爱过。

俗语说:"时间治好一切创伤。"我就是这样。我告诉自己说我已经忘记彼得,已经一点也不喜欢他了。可是我对他的记忆太深刻了,我不得不承认,我不喜欢他的唯一理由是吃其他女孩子的醋。今天早上我也明白了,一切都不曾改变;不但没有改变,我年纪大了些,也更成熟了,而我这份爱也和我一起增长了。我现在可以了解彼得以前何以认为我幼稚,但想到他已经完全忘记我,我还是心痛。他的脸我看得那么清楚;我现在确定,能那样深埋在我心中的没有别人,只有彼得。

我今天心里乱透了。父亲吻我早安的时候,我几乎要叫出来:"啊,如果你是彼得,那该多好!"我想他想个不停,整天一直对自己说:"哦,彼得,我最爱最爱的彼得……"

我向何处去求助呢?我必须活下去,向上帝祈求,如果我们有一天从这里出去,彼得会和我相遇,他会凝视我的眼睛,在我眼里看出我的爱意,说:"哦,安妮,要是知道的话,我早就来找你了。"

有一回父亲和我谈到性的事情,他说我年纪还太轻,不会了解那种欲望。可是当时我认为我了解,现在我更确定我懂那种事情。现在,除了彼得,我没有更亲的东西。

我在镜子里看见自己的脸,看起来和以前好不一样,眼睛清澈,眼神深邃,双颊红润,好几个星期不曾有这样的容光了,可是我的神情又有一丝什么在里面,那么感伤,我的微笑立刻又从唇际消失。我不快乐,因为我知道彼特①没有在想我,但是我又能感到——他美好的眼睛凝望着我,他清凉、细柔的面颊贴着我的。哦,彼特,彼特,我要怎样才能挣脱你的影像?任何取代你的人,不都是个差得好远的替代品吗?我爱你,这爱太大了,充满在我心中,已经涨无可涨,必须跳出去,才能充分显出它多大。

一星期以前,甚至一天以前,如果你问我:"你的朋友里面,你最可能跟哪个结婚?"我会说:"塞里,因为他使我觉得很好,平静又安全。"可是现在我会高声说:"彼特,因为我全心全意,用我的灵魂爱着他。我完全降服!"只有一点:他可以碰我的脸,但到此为止。

今天早上,我想象我和彼特在前阁楼,坐在窗边的地板上,说了一会儿话以后,我们两人都哭起来。又过片刻,我摸了他的嘴和他美妙的脸颊,哦,彼特,来和我相会吧。想念想念我,我最亲爱的彼特!

安妮敬上

一九四四年二月二十三日,星期三

我最亲爱的吉蒂:

昨天以来,天气好极了,我精神大振。我的写作,我最好的财产,进度甚佳。我几乎每天早上都到阁楼,将陈腐的空气弄出肺部。今早我到那里,彼得正忙着打扫。他很快扫完,就来到我这边,我坐在地板上,选的是我最喜爱的地点。我们两人往外望着蓝天,那棵光秃的核桃树露珠晶莹,海鸥和其他鸟类银羽闪闪,破空疾翔,我们又感动,又出神,欲语无言。他将他的头倚在一根粗桁上,我坐着。我们吸口气,往外望,都觉得应该让此时无声胜有声。我们这样好久,到他不得不去顶楼劈柴的时候,我已经知道他是个规矩的好男孩子。他爬上通往顶楼的梯子,我在后面跟着;他劈柴十五分钟,我们也没说一句话。我站在那里看他,可以看出他尽力要把柴劈得漂亮,而且有心亮一亮他的力气。但是我也从打开的窗口往外望,眼睛游过阿姆斯特丹大片地方,扫过屋顶,投向天际,遥眺那里一抹淡得几乎看不出来的蓝。

---

① 日记中安妮有时昵称 Peter 为 Petel,后者译为彼特,以资区别。

"只要这还在,"我心想,"这阳光和这无云的天空,只要我能享受它,我怎么会伤心呢?"

惊恐、孤独或不快乐的人,最好的解药是到外面去,到他们能够独处,与天空、大自然和上帝为伴的地方。因为那样,只有那样,你才能感觉一切都有其道理,上帝要人在大自然的美与单纯里快乐。

只要这还在(而这应该会永远存在),无论环境如何,我知道所有的哀伤都能找到抚慰。我坚信大自然能为所有苦难的人带来慰藉。

哦,谁知道呢,也许不久之后我就能有一个和我同样有此感受的人来分享这无比的幸福感。

安妮敬上

一九四四年二月二十七日,星期日

我最亲爱的吉蒂:

从大清早到深夜,我只知道想着彼得。我入睡的时候,眼前就有彼得。我在梦中看到他,醒来的时候他还在那里看着我。

我有个强烈的感觉,觉得彼得和我的差异其实并不如表面上那么大。为什么?我可以解释:彼得和我都没有母亲。他母亲太肤浅,喜欢卖弄,不大关心他脑子里想些什么。我妈对我的生活很有兴趣,但不圆熟,欠敏感,也没有母亲对子女的了解。

彼得和我都在和我们内心最深处的感觉搏斗。我们对自己还没有把握,情感上太脆弱,受不了这么粗鲁的对待。每次受到这样的对待,我就想冲出门外,或者藏起自己的感受。结果我两样都不是,而是碰壶子、敲锅子、把水溅得四处飞,做什么都制造声音,弄得人人都但愿我离他们几里远。彼得的反应则是把自己关在房间里,不说话,静静坐着做白日梦,始终小小心心隐藏他真正的自我。

我们要如何、要何时,才会灵犀相通呢?

我不知道我还能把这股渴望按捺多久。

安妮·弗兰克敬上

一九四四年三月二十日,星期一

最亲爱的吉蒂:

今天早上彼得问我是不是哪个晚上再来。他说我不会打扰他,说他的地方虽然一人不少,两人也不多。我说我不能每晚都和他见面,因为我父母认为这样不大好,但他认为我不应该太在意他们的看法。于是我告诉他说我会挑个星期六晚上来,并且请他如果哪个晚上能看到月亮,就告诉我。

"没问题,"他说,"也许我们可以一起下楼,在那里看月亮。"我依了他;我可不是真的那么被窃贼吓坏了。

同时,我的幸福蒙上了一层阴影。长久以来我就有个感觉,玛各喜欢彼得。多喜欢,我倒不清楚,但情况大体上并不愉快。现在,我每次去看彼得,就是在伤害她,虽然不是出于本意。好玩的是她不让人看出来。我知道我会妒忌得发疯,玛各却说我不应该为她难过。

我又说:"现在落单的人变成你,想起来好可怕。"

"我习惯了。"她回答,口气有点苦涩。

我不敢告诉彼得。也许以后吧,他和我有太多事情必须先讨论。

母亲昨晚第一次给我耳光,我罪有应得。我对她冷漠、轻视,可是也不能太过分。不管怎么样,我必须尽量恢复友善,嘴上少说几句。

连皮姆也不像从前那么好了。他一直试着不要把我当小孩子看待,可是他现在也太冷淡了。大家只有看着办吧!他已经警告过我,要是不做代数,战后也不给我请家教。很简单,我可以等着瞧。不过,要是有新的课本,我还是愿意开始用功。

就这些了。我现在只知道痴痴望着彼得,这颗心满得要涨出来了!

安妮·弗兰克敬上

一九四四年三月二十二日,星期三

最亲爱的吉蒂:

我昨晚接到玛各这封信:

亲爱的安妮:

读过你昨天的信,我有一个不舒服的感觉,觉得你每次去彼得那里工作或说话,你的良心就令你不安。实在没有理由如此。在我心中,我知道会有人值得我信任(就像我值得他信任),如果彼得在他的位置上,我就无法容忍。

不过,正如你写的,我的确将彼得视如一种兄弟……一个弟弟;我们一直都在试探,姐弟般的感情可能会,也可能不会发展起来,但目前确实还没有达到那个阶段。因此,你没有必要为我难过。现在你们既然合意投缘,请尽量享受吧。

同时,这里的事情愈来愈美妙了。我想,吉蒂,真正的爱情可能正在密室展开。那些玩笑,说我们如果在这里久住下去,我会嫁给彼得,也许真的不是无聊笑话。别弄错了,我并没有想到和他结婚的事。我连他长大以后会是什么样子都不知道。我也不晓得我们会不会相爱到能结婚的地步。

现在我确信彼得也爱我;我只是不知道是怎么一个爱法。我猜不出他是不是只想要一个好朋友,他受我吸引是把我当一个女孩子还是姐妹。他说他父母争吵的时候我一直都在帮助他,我听了高兴极了;我由此又更进一步相信他的友谊。昨天我问他,要是十几个安妮老是闯进去看他,他怎么办。他的回答是:"如果她们都像你,那就不算糟。"他十分好客,我想他真的喜欢看到我。同时,他正在苦学法文,甚至在床上温习到十点十五分。

哦,想起星期六晚上,想起我们说的话,我们的声音,我首次觉得对自己满意。我的意思是,假使那夜能再,我还是会说同样那些话,一字不改,而我通常不是这样。他好英俊,无论是微笑,或只是静静坐在那里。他好甜、好善良、好美。我想,我最令他惊讶的一点是,他发现我完全不是表面上那个浅薄、世俗的安妮,而是有梦想的人,就像他,而且烦恼一样多!

昨晚洗过盘子,我等他请我留在楼上。结果,没有动静,我就走开了。他下楼来告诉杜瑟尔说收音机的时间到了,并且在盥洗室外面盘桓了一阵子,杜瑟尔占用太久,他又回楼上去。他在他房间里来回踱步,提早就寝。

睡觉之前的整个晚上,我心绪不宁,老是跑进盥洗室用冷水泼脸。我念了些书,空想了好一会,看钟,等候,等,等,等,一边听他的脚步。我累得全身无力,也提早上床。

今晚我得洗个澡。明天呢?

明天好远!

安妮·弗兰克敬上

我的回信

最亲爱的玛各:

我想,最好等着瞧,看看这件事会怎么样。彼得和我不久就必须决定是回复到老样子,还是怎么样。我不知道结果会如何。我的眼光只到我的鼻端。

可是有一点我可以确定:如果彼得和我真的成为朋友,我要告诉他你也非常喜欢他,如果他需要的话,愿意帮助他。我确定你不会要我这么做,但我不管。我不晓得彼得对你怎么想法,但时候到的时候我会问问他。这当然不是坏事——正好相反!欢迎你到阁楼,或者我们在的任何地方,来参加我们。你不会打扰到我们,因为我们有个心照不宣的协定,就是只在晚上,夜色昏暗的时候说话。

你也振作吧!我正在尽力,虽然每每并不容易。你的机会也许会比你想的早到!

安妮·弗兰克敬上

一九四四年四月二十八日,星期五

最亲爱的吉蒂:

我一直没有忘记彼得·席夫的梦(请看一月初那则日记)。到现在我还感觉到他的面颊摩着我的面颊,以及心中那股足以抵过一切的温热。和彼得,我偶尔也有同样的感觉,但从来没有那么强,不……直到昨晚。我们和往常一样坐在长榻上,互相环抱着。突然,第一个安妮溜走,换成了第二个安妮。第二个安妮,从来不曾过度自信,也不懂逗趣,只想爱和柔情的安妮。我紧偎着他,一股浓情袭过脑门。眼泪涌上我的眼睛;左眼的泪落在他工作服上,右眼的流下我的鼻子,掉在第一道旁边。他留意到了吗?他没有做什么留意到的动作。他的感受和我一样吗?他没有一句话。他明白他身旁有两个安妮吗?我的问题没有得到答案。

八点半,我起身,走向窗口,我们平常道别的地方。我还发着抖,我还是第二个安妮。他向我走过来,我伸起双臂环住他的脖子,吻上他左颊。我正要吻他右颊,嘴就遇到他的嘴,于是我们四唇紧贴。我们在头晕目眩之中相拥,一遍又一遍,哦,永远不要停止!

彼得需要柔情。在这一生中,他第一次发现一个女孩子;第一次,他明白连最令人头痛的讨厌鬼也有一个内在的自我和一颗心,只要和他在一起,这个自我就变化出来。这一生中,他第一次把他自己和他的友情给了另一个人。在这之前,他没有朋友,无论是男是女。现在,我们发现了彼此。我呢,我先前也不了解他,也从来没有一个可以倾诉心事的人,可是今天却走到这里……有一个问题一直粘着我:"这样对不对?"我这么快就许了心,这么热情,和彼得一样这么充满热情和欲望,对不对呢?我,一个女孩子,可以容许自己走到这地步吗?

答案只有一个:"我这么满怀渴望……而且渴望了这么久。我这么寂寞,而现在我找到了慰藉!"

上午，我们表现正常，下午也是，只有偶尔不一样，所有快乐和幸福都冲到表面上来，我们只想到彼此。每夜，最后一吻完了，我都想跑开，永远不再看他的眼睛。跑开，远远跑进黑暗之中，独自一人！

那十四级楼梯底下，什么在等着我？明亮的灯、问题和笑声。我必须装出正常的样子，希望他们什么也不要注意到。

我的心还太柔嫩，无法很快从昨晚那样的震惊中恢复过来。柔情的安妮不常出现，可是她一旦上门，就不肯轻易给撵出去。彼得碰触到我内心里一个从来没有人触及的部分，除了在梦中！

他抓住了我，把我从里到外翻过来。有谁不需要一点安静的时间来把自己整理一下吗？哦，彼得，你把我怎样了？你要我怎么样呢？

再下去会是怎么个情形？哦，如今我了解贝普了。如今自己正在经历这种事，我了解她的疑虑了。如果我年纪再大些，而他想娶我，我的回答会是什么？安妮，诚实说吧！你不会嫁他的。但是要放手也真难。彼得性格还太不成熟，意志力还太弱，勇气和坚强都还太欠缺。他还是个孩子，在情绪方面不比我大；他只要快乐和平静。我真的只有十四岁吗？我真的只是个傻傻笨笨的女学生吗？我真的一切都经验不足吗？我比大多数人的经验都多；我已经体验到与我同龄的人没有一个体验过的事情。

我怕我自己，怕我的渴望使我太早委身。以后和别的男孩子怎么办？哦，真艰难，心灵和理智的这种永恒的斗争。心灵和理智各有发挥的时空，可是我怎么晓得我选对了让它们各自发挥的时间？

安妮·弗兰克敬上

我愿是一条急流

裴多菲

我愿是一条急流，
是山间的小河，
穿过崎岖的道路，
从山岩中间滚过……
只要我的爱人
是一条小鱼，
在我的浪花中间，
愉快地游来游去。

我愿是一座荒林，
坐落在河流两岸；
我高声呼叫着，
同暴风雨作战……
只要我的爱人
是一只小鸟，

---

* 裴多菲(1823—1849)，匈牙利诗人，著有《自由颂》等。本文选自《裴多菲抒情诗选》，兴万生编，南京：译林出版社1991年版。

停在枝头上啼叫，
在我的怀里作巢。

我愿是城堡的废墟，
耸立在高山之巅，
即使被轻易毁灭，
我也并不懊丧……
只要我的爱人
是一根常春藤，
绿色枝条恰似臂膀，
沿着我的前额上升。

我愿是一所小草棚，
在幽谷中隐藏，
饱受风雨的打击，
屋顶留下了创伤……
只要我的爱人
是熊熊的烈火，
在我的炉膛里，
愉快而缓慢地闪烁。

我愿是一块云朵，
是一面破碎的大旗，
在旷野的上空，
疲倦地傲然停立……
只要我的爱人
是黄昏的太阳，
照射我苍白的脸，
射出红色的光焰。

(1847年)

脚　手　架[*]

谢默斯·希尼

石匠们，在他们开始建筑之前，
要小心仔细把脚手架测试检验；

确认木板不会在忙碌之际滑脱。
加固梯子，拧紧接合处的栓螺。

但工作完成后这一切都要拆除，
以展示石砌墙壁的坚实和稳固。

同样，亲爱的，假如有时你我
之间似乎有旧的桥梁正在断裂，

别怕，我们可以让脚手架倒坍，
自信我们已筑好了我们的墙垣。

---

[*] 谢默斯·希尼(1939—　)，爱尔兰诗人，1995 年获诺贝尔文学奖。主要诗集有《幻视》、《夜半裁决》等。本文选自《世界文学》1996 年 1 月，傅浩译。

有　赠

曾　卓

我是从感情的沙漠上来的旅客，
我饥渴，劳累，困顿。
我远远地就看到你窗前的光亮，
它在招引我——我的生命的灯。

我轻轻地叩门，如同心跳。
你为我开门。
你默默地凝望着我
（那闪耀着的是泪光么？）

你为我引路，掌着灯。
我怀着不安的心情走进你洁净的小屋，
我赤着脚，走得很慢，很轻，
但每一步还是留下了灰土和血印。

你让我在舒适的靠椅上坐下，

---

* 曾卓(1922—2002)，现代作家，原名曾庆冠。主要作品有诗集《门》、《悬崖边的树》等。本文选自《曾卓抒情诗选》，北京：中国文联出版公司1983年版。

你微现慌张地为我倒茶,送水。
我眯着眼——因为不能习惯光亮,
也不能习惯你母亲般温存的眼睛。

我的行囊很小,
但我背负着的东西却很重,很重,
你看我的头发斑白了,我的背脊佝偻了,
虽然我还年轻。一捧水就可以解救我的口渴,
一口酒就使我醉了,
一点温暖就使我全身灼热。
那么,我能有力量承担你如此的好意和温情么?

我全身战栗,当你的手轻轻地握着我的,
我忍不住啜泣,当你的眼泪滴在我的手背。
你愿这样握着我的手走向人生的长途么?
你敢这样握着我的手穿过蔑视的人群么?

在一瞬间闪过了我的一生,
这神圣的时刻是结束也是开始,
一切过去的已经过去,终于过去了,
你给了我力量、勇气和信心。

你的含泪微笑着的眼睛是一座炼狱,
你的晶莹的泪光焚冶着我的灵魂,
我将在彩云般的烈焰中飞腾,
口中喷出痛苦而又欢乐的歌声……

(1961年)

当你老了*

威廉·叶芝

当你老了,白发苍苍,睡意蒙眬,
在炉前打盹,请取下这本诗篇,
慢慢吟诵,梦见你当年的双眼
那柔美的光芒与青幽的晕影;

多少人真情假意,爱过你的美丽,
爱过你欢乐而迷人的青春,
唯独一人爱你朝圣者的心,①
爱你日益凋谢的脸上的哀戚;

当你佝偻着,在灼热的炉栅边,
你将轻轻诉说,带着一丝伤感:
逝去的爱,如今已步上高山,
在密密星群里埋藏它的赧颜。

---

* 威廉·叶芝,爱尔兰诗人、剧作家、散文家,1923年获诺贝尔文学奖,著有《茵纳斯弗利岛》、《基督重临》等。本诗是仿法国诗人龙沙(1524—1585)同名十四行诗,1893年为毛特·岗而作,飞白译。毛特·岗是爱尔兰自治运动中主要人物之一,曾是叶芝长期追求的对象。

① 毛特·岗热爱爱尔兰的独立事业,曾为之进行终生的斗争。

古代情诗六首

蒹 葭[*]

《诗经》

蒹葭苍苍[①]，白露为霜。
所谓伊人[②]，在水一方。
溯洄从之[③]，道阻且长。
溯游从之[④]，宛在水中央。

蒹葭凄凄[⑤]，白露未晞[⑥]。
所谓伊人，在水之湄[⑦]。
溯洄从之，道阻且跻[⑧]。
溯游从之，宛在水中坻[⑨]。

蒹葭采采，白露未已[⑩]。

---

[*] 本文选自《诗经·秦风》，见《古代言情赠友诗词鉴赏大观》，霍松林主编，西安：陕西人民出版社1994年版。

所谓伊人,在水之涘⑪。

溯洄从之,道阻且右⑫。

溯游从之,宛在水中沚⑬。

〔注释〕

① 蒹(jiān)葭(jiā),初生的芦苇。苍苍:一片绿草繁茂。

② 伊人:那个人。

③ 溯洄:逆河流向上走。

④ 溯游:顺着河流向下走。

⑤ 凄凄:凄清恍惚状。

⑥ 晞:干。

⑦ 湄:水边。

⑧ 跻:升,登高。

⑨ 坻(chí):水中小岛。

⑩ 已:止,指干,与同。

⑪ 涘(sì):水边。

⑫ 右:迂回弯曲。

⑬ 沚(zhǐ):水中的小沙滩。

绸　　缪*①

《诗经》

绸缪束薪②,三星在天③。

今夕何夕,见此良人④!

子兮子兮⑤,如此良人何?

绸缪束刍⑥,三星在隅⑦。

今夕何夕,见此邂逅!

子兮子兮,如此邂逅何?

绸缪束楚⑧,三星在户⑨。

今夕何夕,见此粲者⑩!

子兮子兮,如此粲者何?

---

* 本文选自《诗经·唐风》,见《古代言情赠友诗词鉴赏大观》,霍松林主编,西安:陕西人民出版社1994年版。

〔注释〕

① 绸缪(móu)：缠绕，缠绵。

② 束：捆。薪：柴。象征结婚。

③ 三星：指参星，三和参古代通用。

④ 良人：是女子对男子的称呼。

⑤ 子：你。指新郎或新娘。

⑥ 刍(chú)：喂马的草料。

⑦ 隅：指天的东南方。

⑧ 楚：指荆条。

⑨ 户：门。

⑩ 粲者：指新娘的艳丽动人。

上　邪*

《汉乐府》

上邪①！我欲与君相知②，
长命无绝衰③。
山无陵④，江水为竭⑤，
冬雷震震⑥，夏雨雪⑦，
天地合⑧，乃敢与君绝⑨！

〔注释〕

① 上：天。邪(yé)：语气词，同"耶"。

② 相知：相亲相爱。

③ 长：永远。命：使，让。绝衰：断绝，衰减。

④ 陵：山峰。

⑤ 为：变为，变成。竭：干涸。

⑥ 震震：雷声。

⑦ 雨(yù)：作动词用，指落下。

⑧ 合：合为一体。

⑨ 乃：才。

---

* 本文选自《汉乐府民歌》，见《古代言情赠友诗词鉴赏大观》，霍松林主编，西安：陕西人民出版社 1994 年版。

有 所 思*

《汉乐府》

有所思①,乃在大海南②。

何用问遗君③？双珠玳瑁簪④,用玉绍缭之⑤。

闻君有他心,拉杂摧烧之⑥。

摧烧之！当风扬其灰⑦。

从今以往,勿复相思,相思与君绝⑧！

鸡鸣狗吠⑨,兄嫂当知之,

妃呼狶⑩,秋风肃肃晨风飔⑪,东方须臾高知之⑫。

〔注释〕

① 所思：所思念的,指情人。

② 乃：就。

③ 何用：拿什么。问遗(wèi)：赠送,赠与。

④ 玳瑁：与龟相似的爬行动物,其壳光滑,可做装饰品。双珠：在簪子的两头各挂一颗珍珠。

⑤ 绍缭：缠绕。指簪子裹上玉。

⑥ 拉杂：折碎,扯断。摧烧：砸烂烧毁。

⑦ 当风：迎风。

⑧ 相思：指自己的情思。

⑨ "鸡鸣"句：有多解,或指此时毁簪之声的惊动,被家里人所知;或指表白自己一向忠贞,无有他心,否则兄嫂早知;或指天快亮,自己要做出决断等。

⑩ 妃(bēi),呼狶为歔欷,泣余之声。

⑪ 肃肃：风声。晨风：鸟名,即,鹯鹰一类的鸟,飞行高远迅疾。飔(sī)：疾速。

⑫ 高(hào)：白色。指天亮了,光明公正的上天会知此事。

---

* 本文选自《汉乐府民歌》,见《古代言情赠友诗词鉴赏大观》,霍松林主编,西安：陕西人民出版社 1994 年版。

曲　玉　管*

柳　永

陇首云飞①，江边日晚，烟波满目凭阑久。立望关河萧索②，千里清秋，忍凝眸③？杳杳神京④，盈盈仙子，别来锦字终难偶⑤。断雁无凭，冉冉飞下汀洲，思悠悠。暗想当初，有多少、幽欢佳会；岂知聚散难期，翻成雨恨云愁！阻追游，每登山临水，惹起平生心事，一场消黯⑥，永日无言⑦，却下层楼。

〔注释〕

① 陇首：山头。
② 萧索：萧瑟。
③ 凝眸：目不转睛地凝视着。
④ 杳杳：深远，无影无踪。
⑤ 锦字：一般指妻子寄给丈夫的信。难偶：难以相会。偶：此处作"遇"解。
⑥ 消黯：黯然销魂。
⑦ 永日：长日。

一　丛　花　令**

张　先

伤高怀远几时穷①？无物似情浓！离愁正引千丝乱，更东陌飞絮濛濛②。嘶骑渐遥③，征尘不断，何处认郎踪？双鸳池沼水溶溶，南北小桡通④。梯横画阁黄昏后，又还是斜月帘栊。沉恨细思，不如桃杏，犹解嫁东风⑤！

〔注释〕

① 伤高怀远：登楼远望，渴望见到归人。穷：穷尽，完结。
② 陌：田间小路。飞絮：点明了季节，正值春天，柳丝飞絮。
③ 骑(jì)：名词，指所骑之马。
④ 桡(yáo)：船桨，借指小舟。
⑤ 解：会，能，懂得。意为春花衰谢，尚知随风而去。

---

* 柳永（约987—约1053），初名三变，后改为永，字耆卿。宋代词人，写有大量慢词。本文选自《古代言情赠友诗词鉴赏大观》，霍松林主编，西安：陕西人民出版社1994年版。

** 张先(990—1078)，字子野，北宋词人，与柳永齐名。现存词一百八十余首。本文选自《古代言情赠友诗词鉴赏大观》，霍松林主编，西安：陕西人民出版社1994年版。

本章词语

1. **书信体日记**：用书信的方式写日记，将每天的心情、感受、思考等告诉对方，是一种默默倾诉的方式。写信的对方可以是真实的，也可以是虚拟的，但肯定是一个理想的倾听者。文学史上有书信体小说，是一种创作体裁，即用写信的方式虚构人物故事，注重人物的内在心理刻画。

2. **象征**：文艺创作的一种表现手法，指通过某一特定的具体形象或事物表示某种抽象概念或思想感情。如《脚手架》中的"脚手架"，即是用可见的事物表现某种抽象而内蕴的含义。

3. **意象**：指在抒情作品中，通过具体的事物形象表达某种情思或意义，即"意与象俱"。

链　　接

1. 谢·沃罗宁：《玛丽娅的礁石》，见《当代苏联短篇小说集（上）》，上海：上海译文出版社1982年版。

2. 阿·波秋斯：《……我将重又厮守着你》，见《外国文艺》杂志1991年第4期。

3. 郑敏：《寂寞》，见《九叶之树常青——"九叶诗人"作品选》，王圣思编，上海：华东师范大学出版社1994年版。

编者的话

传说男女本是一体,后来被一劈两半,从此开始了绵绵无期的寻寻觅觅。

这互相的寻觅大多不容易。从青春期的萌动,少男少女的试探,日记中悄悄倾诉心曲,到互相表白、结合,再到白头一生,中间要走很长的路。

在很长的路上会留下各种各样的足迹。

二战期间,安妮,这位犹太少女在避难的阁楼上产生了爱情。正如春天的小草,无论气候如何恶劣,都要勃勃生长,安妮需要将感情倾诉出来。于是她写日记,以书信的方式将悄悄话告诉自己的女友。都说初恋像白云一样纯色,其实不然,这中间伴随着猜疑、嫉妒、想象中的热烈和冷淡,偶尔相见的激动、不知所措,欲的萌动和恐惧等。而大多时间,是在自己的心灵空间叙说故事,其实是自己和自己探讨有关男孩和女孩的心事,以及对未来、对周遭世界的态度。

让人动容的是,在纳粹垮台前夕,他们被发现而遇难。留下的一部日记,是少年生命在逆境中灼灼放光的真实记录。

人活着,总逃不开阴晴圆缺的劫数。就像许多美好的东西总是短暂,相爱者也时常不在一起。成熟的哲学家从个人经验的角度,探讨"相思"——这一别离情人的永恒词汇——的丰富内涵;诗人用热烈奔放的语言倾吐以生命相许的渴望。他们在理性和感性的角度将男女之"思"和"恋"写到极致。

我们感叹,当相思或者内在精神互相吸引的男女终于遇合,便是人间天堂的降临;当相见时难甚至死别,便"干枯、泛黄、萎缩",生命就无了生气。

所以中国古诗词中产生"长相思"、"诉衷情"的固定篇名。

在情恋世界,古今中外、凡人天才,对情思的深切感受概莫能外。

但不相忘而相守了又如何?还会是当初相爱时的纯粹吗?现实生活很芜杂,人的精神世界也在变动不居中。也许,留一副宽大心怀给情恋世界,将感恩(对自己的拥有)、珍惜(对自己的拥有)、尊重(互相之间)、责任(互相之间)等因素置放其间,其永久性更有可能。爱尔兰诗人希尼说,在建筑之前,要仔细测量检验脚手架中那些容易松动的东西,以保证"筑好我们的墙垣";而当脚手架拆除,生活中如果"旧的桥梁正在断裂",要自信,因为"已筑好我们的墙垣"。

我想,人们应该懂得的是,要去守护、呵护、珍护自己生命中更为根本的东西,懂得默默的付出;如果只是索取,爱必将枯竭。

有的时候,感情会在曲折人生中受到考验。九叶派诗人曾卓,身背自己的惨烈遭遇,几乎用一生的重量来表达最终的情感到达。那扇亮着的窗户,那缕默默的温存,那种朴素而执著的等待……有了这样的情感担当,这样苦与甜的经验,人还怕行路之艰辛么!

而叶芝就没有这般幸运了。他深爱一生的毛特·岗最终都没有能与他相聚,真是千古遗憾。然叶芝深谙爱的真谛,他说,"当你老了",他说,当你脸上到处是痛苦的皱纹,他的爱就这样一生相随。这是真的,叶芝曾为了所爱女人对爱尔兰独立运动的信念而违背自己漠视政治的态度,去支持她的社会活动。因为他领悟了她的灵魂。

正因为到达爱情如此的不易,人们便在虚构中、现实中大量地抒写关于爱情的绝唱。如脍炙人口的林黛玉和贾宝玉的故事、罗密欧与朱丽叶的故事,如使历史改写的杨玉环和李隆基的传说、克丽奥佩特拉(古埃及)和安东尼(古罗马)的传说,如牡丹亭里生可以死、死可以生的杜丽娘和柳梦梅等。这些感天动地的故事传说给人类历史增添了又亮丽又忧伤的色彩,因为他们的结局基本是悲剧性的,所谓"此恨绵绵无绝期"。而在现实中真正显示了奇迹的是英国的勃朗宁夫妇,爱情的降临居然会使瘫痪的女人从病榻上重新站起,真正是生命的奇观。

这些"金风玉露一相逢"的经典个案留住了爱情的纯粹性,将美丽境界抒发到极致,代表世间男男女女说出了对情爱的永恒想望。

其实,男女之情事,哪里是言语能够说得清?而且又何必说清?还是让我们去领略那些华章美文,以飨生命;去珍惜生活中的缘分,以谢命运。

(武跃速)

向往自由

我领悟了海，我领悟了音乐，
我想跳舞*①

艾伦·金斯伯格

我领悟了草坪，我领悟了山坡，我领悟了高速公路群，
我领悟了泥路，我领悟了在停车场路上的汽车，
我领悟了售票员，我领悟了现金和支票以及卡片，
我领悟了公共汽车群，我领悟了哀悼者，我领悟了他们的穿红色连衣裙的孩子们，
我领悟了高速公路，领悟了别墅，领悟了旗……
领悟了信徒们，领悟了他们的卡车和面包车，领悟了穿着卡其布制服的保卫员
我领悟了人群，领悟了有薄雾的天空，领悟了所有的弥漫着的笑容和虚无的眼睛
我领悟了枕头，看着红色与黄色的，方的枕头和圆的……
我领悟了拱门，领悟了弓，领悟了男人和女人的游行，
领悟了前进，领悟了风笛，领悟了鼓、喇叭，领悟了高的头饰和番红的长

---

* 艾伦·金斯伯格（1926—1997），美国诗人，"垮掉的一代"代表人物，著有长诗《嚎叫》等。本文选自《外国二十世纪纯抒情诗精华》，王家新、唐晓渡编选，北京：作家出版社1992年版。

① 这首诗是作者为他的从西藏来的喇嘛老师被火化之后所写的。

袍,领悟了整套西装……
　　我领悟了花轿,领悟了雨伞,领悟了塔
　　领悟了绘制过的手饰,四个方向的颜色
　　领悟了代表慷慨大方的琥珀色,领悟了代表因果报应规律的绿色,
　　领悟了代表佛祖的白色,领悟了代表心的红色……
　　我领悟了塔上的十三个世界,领悟了铃把和伞,领悟了空心的铃
　　领悟了那将装入铃心的尸体
　　领悟了那些正在吟唱着的僧侣,喇叭在我们的耳朵里,烟雾从防火砖的空心铃的头上升起
　　领悟了人群的沉默,领悟了智利的诗人,领悟了彩虹,
　　我领悟了死了的印度教首领,我领悟了他裸体胸部的老师在看着一个在塔内燃烧的尸体,领悟了哀悼的学生
　　在他们的书前盘腿地坐,诵唱着忠诚的经,
　　我领悟了用他们的手指表现着的神秘的手势,领悟了在他们手中的铃和铜的闪电
　　我领悟了从旗和电线和伞和漆着枯黄之柱子上升起的火焰
　　我领悟了天空,领悟了太阳,围绕着太阳的彩虹
　　我领悟了薄雾之云飘过这太阳……
　　我领悟了自己心灵的跳动,我的呼吸穿过着我的鼻孔
　　我的脚走着,我的眼看着,我的脑子领悟着从被尸体燃烧的纪念碑上升起的烟雾
　　我领悟了下山的小路,我领悟了向公共汽车移动着的人群
　　我领悟了食品,莴苣沙拉,我领悟了老师缺席了,
　　我领悟了我的朋友们,我领悟了我们的瑞典汽车蓝色的,我领悟了一个抓住我手的年轻小伙子
　　我领悟了我们的在汽车旅馆门锁里的钥匙,我领悟了黑暗,我领悟了一个梦,就忘了
　　我领悟了在早餐上的橘子和柠檬和鱼子酱,
　　我领悟了高速公路,我的疲倦,我的关于作业的观念,小伙子的在微风中的有乳头的胸部
　　当汽车开下山坡穿过绿色的树林驶向水,
　　我领悟了屋群,晒台眺望着有薄雾的地平线,海岸和老化的石头在沙子中
　　我领悟了海,我领悟了音乐,我想跳舞。

(1987 年)

黑　马[*]

布罗茨基

黑夜的穹窿也比它四脚明亮,
它无法与黑暗融为一体。

在那个夜晚,我们坐在篝火旁边,
一匹黑色的马儿映入眼底。

我不记得比它更黑的物体。
它的四脚黑如乌煤。
它黑得如同夜晚,如同空虚。
周身黑咕隆咚,从鬃到尾。
但它那没有鞍子的脊背上
却是另外一种黑暗。
它纹丝不动地伫立,仿佛沉沉酣眠。
它蹄子上的黑暗令人胆战。

---

*　布罗茨基(1940—1996),俄裔美国诗人,1987年诺贝尔文学奖获得者。著有《从彼得堡到斯德哥尔摩》。本文选自《外国二十世纪纯抒情诗精华》,王家新、唐晓渡编选,北京:作家出版社1992年版。

它浑身漆黑,感觉不到身影。
如此漆黑,黑到了顶点。
如此漆黑,仿佛处于钟的内部。
如此漆黑,就像子夜的黑暗。
如此漆黑,如同它前方的树木。
恰似肋骨间的凹陷的胸脯。
恰似地窖深处的粮仓。
我想:我的体内是漆黑一团。

可它仍在我们眼前发黑!
钟表上还只是子夜时分。
它的腹股沟中笼罩着无底的黑暗。
它一步也没有朝我们靠近。
它的脊背已经辨认不清,
明亮之斑没剩下一毫一丝。
它的双眼白光一闪,像手指一弹。
那瞳孔更是令人畏惧。

它仿佛是某人的底片。
它为何在我们中间停留?
为何不从篝火旁边走开,
驻足直到黎明降临的时候?
为何呼吸着黑色的空气,
把压坏的树枝弄得瑟瑟发响?
为何从眼中射出黑色的光芒?

它在我们中间寻找骑手。

(1970 年)

在群星之间[*]

圣埃克苏佩里

最奇妙的莫过于在这个星球的拱背上,在这块受磁性的布和星星之间,站着一个有灵性的人,这场星雨可以像反映在镜子里一样反映在他的内心。在一座矿石的地基上,梦也是一个奇迹。而我回忆起了一个梦……

有一次我降落在莽莽的沙地上,等待着黎明。金色的丘陵一边的山坡迎着月光,另一边的山坡隐在暗影中,黑白分明。在这块荒芜的光与影的工地上,一派停工后的和平景象,也是一片凶险莫测的静默,我在这样的环境中睡着了。

当我醒来时,只看到夜空如水,因为我躺在一座山峰上,胸前两臂交叉,脸对着一池星星。上无屋宇,旁无扶靠的树根,在深谷和我之间也没有一根遮挡的树枝,我也不知道峡谷的深度,感到一阵头晕目眩——我已无拘无束,像一个潜水员一样,准备投入深渊。

但是我没有跌下去。从后颈直到脚跟,紧紧地贴在地上。我懒洋洋躺在大地身上,感到一种满足。地球引力在我看来像爱情似的至高无上。

我觉得大地托住我的腰,不使我倾斜,把我举了起来,在夜空中移动。

---

[*] 圣埃克苏佩里(1900—1944),法国飞行员、作家,著有《南方航邮》、《小王子》等。本文选自其小说《人的大地》第四章,马振骋译,北京:外国文学出版社1981年版。

我紧贴在星球上,受到一种向心力,就像拐弯时使你紧贴在车上的那种向心力,我体味着这种奇妙的依托,这种牢靠,这种安全;于是感到在身子底下我这艘船的弯曲的甲板。

我这样清楚地意识到自己的身子在漂动,以致即使听到地心深处传上来机械沉重啮合的呻吟,旧帆返航的呜咽,逆风而行的驳船的吱叫,也不会表示惊讶。但是大地深处始终一片寂静。压在我肩头的这种引力显得和谐,稳重,永世保持不变。我安居在这个故乡,仿佛苦工船上的劳役犯,死后摆脱了镣铐,静躺在海洋深处。

我在默想自己的处境:落在沙漠中岌岌可危,孑立在黄沙与群星之间,孤寂地远离我的生活天地。因为我知道我要几天、几星期、几个月的时间才能回到他们身边,要是飞机找不到我,要是明天摩尔人不来杀我的话。在这里,我已一无所有,只是一个迷失在黄沙和群星之间的凡人,唯一的乐趣是意识到自己还在呼吸……

可是我依然充满遐想。

那些遐想进入我的脑海,好像地下水泉似的悄然无声。最初,我不理解渗入到我身上的那种乐趣。听不出声音,瞧不见图形,但是感觉到心中闪过人影,一个非常亲近、心意相通的朋友。然后,我懂了,闭上双目,沉浸在迷人的回忆中。

在某地,有一座花园,里面种满了黑松和椴树,还有我喜爱的一幢老屋子。在这里,屋子只起一种幻想作用,远也好,近也好,不能使我的肉体温暖,不能给我遮风躲雨,这都无关紧要,只要它存在,能以它的形象充实我的黑夜就够了。我不再是漂落在海滩上的一具尸体,我认出了方向,我是这座房子的孩子,完全记得它散发的气息,前庭的清新,以及使满屋子充满生气的人声,甚至水塘里的蛙声也传到这里我的耳边。我需要这些成千上百的标志来认识我的处境,来发现到底缺了什么才使沙漠这般凄凉,来给这个万籁俱寂,连青蛙也不叫一声的无声世界找到一种意义。

不,我不再栖身在黄沙与群星之间。我从苍天那里得到的仅是一个冷冰冰的信息。我原以为长生的欲望来自天上,此刻才发现它的根源。我似乎又看到房子里庄严的大柜子,柜门开启时,看到里面一叠叠雪白的被褥。柜门开启时,看到里面冰凉的布帛。年老的女仆像耗子似的,从一个柜子碎步跑向另一个柜子,不停地查看、铺开、折叠、清点那一堆堆白布,看到任何磨损威胁到房屋的长存,就大声叫道:"啊!我的上帝,糟了。"立刻跑去眼睛紧紧凑在灯火前,织补这些祭台上的台布,缝补这些三桅船的帆篷,侍候我也不知道的比她更伟大的什么——一位上帝或是一艘船。

啊！我应该给你写上一页。我最初几次飞航归来，姑娘，我看到你手里拿着针线，双膝掩没在白色的长裙下，每年添上几条皱纹，几根白发，长年累月用你的双手，为我们的安睡准备这些挺括的床单，为我们的饭食准备这些平整的桌布，以及这些灯火辉煌的节日。我到你的洗衣坊来看望你，坐在你的对面，叙述我九死一生的经历，为了打动你，为了要你放眼看看外面的世界，卷入世俗的生活。你说，我没有多大改变。还是在孩童时代，我穿破了一件件衬衣——啊！糟了！——我还擦伤了膝盖；后来我回到房里敷药绷带，像今夜一样。但是，不，不，姑娘！我不是从花园的墙角，而是从天涯海角归来的，身上还带着孤寂的苦味，沙漠的旋风，热带耀眼的月光！你对我说，当然，男孩子四海奔波，伤筋劳骨，自以为强壮非凡。但是，不，不，姑娘，我阅历到的东西远不止这座花园！要是你知道这些树荫多么微不足道！落在沙漠、山岳、原始森林、沼泽地里，这些树木哪里还有什么影踪。你还知道吗？世界上有的地方，那里的人遇上了你会立刻端起他们的马枪瞄准。你还知道吗？在沙漠中，人们没有屋顶，没有床铺，没有被单，就睡在寒夜……

啊！你这个野蛮人，你这样说。在信仰上我动摇不了她，就像我动摇不了一个教堂的婢女。我惋惜她的谦卑的命运，叫她又瞎又聋……

但是，这天夜里，在撒哈拉，孑立在黄沙与群星之间，我觉得她也有她的道理。

我不知道心里产生了什么。这个引力把我和土地连接一起，而那么多的星星又受到磁极的吸引。另一个引力又把我引向自己。我觉得我的重量把我推向那么多的东西！我的遐想要比这些沙丘，这个月亮，这些身旁之物更为真实。啊！一幢房子的迷人之处，并不在于它给你栖身或使你温暖，也不是说这四堵墙壁是属于你的财产，而在于它慢慢地在你的心中积累起这些温柔的感情。在于它在你的心灵深处，垒成这些苍苍群山，从而像生成淙淙流泉似的，引起你绵绵幽思……

我的撒哈拉，我的撒哈拉，浩浩平沙也感到一个毛纺女的魅力！

海鸥乔纳森*

理查德·巴赫

清晨,平静的海面上,道道波纹里,闪耀着一轮初升太阳的金色光芒。

离海岸一英里的地方,一艘渔船在下饵捕鱼,群鸥有早饭吃了,这个消息在长空中迅即传开,一时间,成千上万只海鸥飞来,东躲西闪争抢一点早饭。忙碌的一天又开始了。

然而,海鸥乔纳森·利文斯顿却远离群鸥、海岸和渔船,在远方独自练习飞翔。飞到100英尺的高空时,他向下伸出蹼状的双脚,仰起鸥嘴,努力把翅膀弯成一条曲线。这曲线意味着他开始减速。此刻,他放慢速度,直到风在他耳边低语,直到海洋在他身下又恢复了平静。他眯起双眼,尽量集中精力,屏住呼吸,努力使身体再弯一些……再……弯……一……英寸……可是,他的羽毛蓬散开来,他飞不动了,开始失速,向下掉去。

你知道,海鸥从不摇晃,从不失速。在空中失速对他们来说简直没面子,丢人。

不过,海鸥乔纳森·利文斯顿并不感到羞愧。他又一次伸展双翅,再使双翼弯成那种曲线,颤抖着、费力地飞起来——慢慢地、慢慢地,又飞不动

---

* **理查德·巴赫**(1936—),美国飞行员、作家、行吟诗人。本文选自其《海鸥乔纳森》,郭晖译,海口:南海出版公司2004年版。

了——他是一只非同一般的海鸥。

大多数海鸥不愿自找麻烦去学更多的飞翔技巧,他们只满足于简单地飞到岸边觅取食物,然后再飞去。因为他们觉得飞翔并不重要,重要的事是吃。然而,对于这只海鸥,飞翔远比吃更重要。海鸥乔纳森·利文斯顿热爱飞翔胜过一切。

他发现,这种想法使他不受欢迎。甚至连父母也不理解他为什么整天自己待着,还成百上千次地、不停地试验着低空滑翔。

有些事他也不明白,比如,要是他在离水面不到半翼幅的高度飞,他在空中停留的时间就可以更长一些,也不太费劲。他滑翔结束时不是像往常一样双脚朝下踩入海中,溅得水花四起,而是双脚紧贴身子,以流线型在水面上划出一道又平又长的水道。当他开始不知不觉收着双脚滑到海滩上,然后步测自己在沙中滑行的距离时,目睹这一切的父母真是大为惊讶。

"怎么?乔,为什么?"他母亲问道,"难道像大家一样就那么难吗,乔?为什么你不能放下低飞的事让鹈鹕和信天翁去做呢?为什么你不吃东西?儿子,你已经瘦得只剩皮包骨了!"

"妈妈,我不管什么皮或骨头。我只想搞清我能在天上干什么,干不成什么,就这些。我只想搞清楚这些。"

"瞧,乔纳森,"父亲不无慈爱地说,"冬天快来了,船也少了,水面的鱼要深游了。要是你非要学,就学抢鱼吃吧。飞的事不错,可是你看,滑翔不能当饭吃呀。别忘了,你会飞不过是为了吃。"

乔纳森听话地点点头。后来的几天,他努力像别的海鸥一样做。他真的努力了,尖叫着与大伙一起争抢着飞到码头和渔船周围,飞下去抢点小鱼小虾或面包渣。可是,他做不来。

太没意思了!他故意抛下一只辛辛苦苦得来的凤尾鱼,逗得一只饥饿的老海鸥拼命去追抢。我本来可以用这些时间学习飞翔。还有那么多东西要学!

不久,海鸥乔纳森又独自一个飞在远远的大海上。虽然饿,但是学得很开心。

他进步很快,经过一个星期的练习,他学会了好多关于速度的事,现在,飞得最快的海鸥也没他懂得多了。

在1000英尺的高空中,他奋力拍打着一双翅膀向前飞,猛地一个翻身,笔直朝波涛俯冲下去。这使他明白了为什么海鸥做不到大力笔直飞入海中的道理。仅仅6秒钟后,他又以时速70英里的速度向前飞去,在这一速度下,翅膀一往上扇,他就摇晃起来,无法保持稳定。

这种情况反反复复一再出现。尽管他小心翼翼,全力以赴,但还是在高速飞翔时失去了平衡。

他飞上1000英尺的高度,先使尽全身力气沿直线向前飞,然后再俯身拍翅垂直向下飞。可是,每次他要向上振翅时,左翼都会动弹不得。他猛地左滚,让右翼停下来以保持平衡,接着,翅膀又像燃烧的火似的扑扑扇着,狂野地向右滚去。

做这个向上振翅的动作时,他极其小心,整整尝试了10次,而每次,他只要以时速70英里飞,羽毛就会猛然搅成一团,全身失去控制,他随即跌落到海水中。

后来,他一边抖掉身上的水,一边想,关键是在高速飞翔时,他不应该再扇动翅膀,也就是说,他应该振翅飞到时速50英里,然后双翼保持不动。

他又飞到2000英尺的高空尝试,翻身向下飞,鸥嘴笔直向下,双翅张开,在时速50英里时稳住不动。这花了他很大力气,但是见效果了。10秒钟后,他以时速90英里快速向前飞去。乔纳森创下了海鸥飞翔时速的世界纪录!

然而,成功是短暂的。在他加速的那一刻,也就是在他改变双翼角度的那一瞬间,他又一次陷入那种可怕的失控灾难中。在时速90英里时发生这样的灾难,就像一枚炸弹击中了他。海鸥乔纳森在半空中"炸开",掉入硬如石板的海里。

他苏醒过来时,已经入夜了,他还在月光下的海面上漂浮着。他的翅膀简直成了粗硬的铅棍,但是,压在他肩上的更沉的重负是失败。他虚弱无力,心里暗暗希望这重量能够温柔地将他沉入水底,结束这一切。

他往水中下沉时,一种嗡嗡的、奇怪的声音在心中响起来:我做不到那样,我是一只海鸥,天生就受到限制。要是我生来就要学那么多有关飞翔的知识,我脑中就该有飞翔的技巧图。要是我生来就能高速飞翔,就该长一对猎鹰的短翼,要吃老鼠而不是吃鱼。爸爸是对的。我一定要忘掉这种傻想法。我应该回到鸥群中,回到家里,做一只安分守己、能力有限的可怜海鸥。

这声音渐渐消失,乔纳森被说服了。对海鸥来说,夜里的栖息地是海岸。从这一刻起,他发誓要做一只普普通通的正常海鸥。这会让大家更高兴。

他疲倦地在黑暗的水面上向前划了一段,又向岸边飞去,幸亏他学会了怎样省力地低空飞翔。

可是,不行!他又想。我不能再用以前学会的方式飞翔,以前所学的一切就到此为止了。我必须同别的海鸥一样,也要像他们那样飞。于是,他痛苦地飞上 100 英尺,更使劲地扑扇着翅膀,勉力向岸边飞去。

决定回到鸥群中,他感觉好多了,现在再也没有那种催他学习的动力,再也不会有挑战或是失败。不再思考,在黑暗中朝着海滩上的灯光飞,真不错。

黑夜!嗡嗡的声音又在警告了。海鸥从不在黑夜里飞!

乔纳森没怎么注意听这声音。他想,真不错啊,月光和灯光在水面闪烁,万籁俱寂,一切都是如此祥和、宁静……

停下来!海鸥从不在黑夜里飞!要是你生来能在夜里飞,就该长一对猫头鹰的眼睛!你脑中就该有飞翔技巧图!你就该有猎鹰的短翼!

在那夜里,在 100 英尺的空中,海鸥乔纳森·利文斯顿眨着眼。他的努力,他的决定这时都不见踪影了。

短翼!猎鹰的短翼!

这就是答案!我以前多傻!我需要的只是小翅膀,只需把翅膀尽量缩起来,只用翼尖飞就行了!短翼!

在黑暗的海上,他飞到 2000 英尺的高空,没顾上考虑失败或者死亡,他把翼根紧贴身体,只剩窄窄的、平顺如短剑的翼尖在风中张开,然后又俯身垂直向下飞。

风在他耳边怪兽般咆哮,时速 70 英里,又加速到 90 英里、120 英里,更快更稳地飞——现在时速 140 英里,反而不像原先 70 英里时费力,轻轻扭动翼尖,他就可以悠闲地向下直飞,掠过波涛,飞如箭发,简直像月光下一枚灰色的炮弹。

他闭上双眼,逆着风,快乐地飞着。时速 140 英里!状态良好!如果从 5000 而不是 2000 英尺向下直飞,真想知道那得有多快!……

他把刚才发过的誓言抛在了脑后,那疾风将誓言扫得一干二净。不过,违背自己发下的誓言,他一点也不内疚。那种誓言只有接受平庸生活的海鸥才会信守。一个在学习中追求卓越的海鸥,是不需要那种誓言的。

日出时分,海鸥乔纳森又开始练习了。从 5000 英尺的高度俯瞰,渔船在平静的蓝色海面上也不过是星星点点,群鸥则如一片淡淡的、灰尘般的云团,盘旋着。

他精神百倍,因为喜悦而微微发抖,为自己能克服恐惧而感到自豪。而后,没有什么仪式,他缩进自己的前翼里,伸出他短短的、菱形的翼尖,笔直向身下的海面飞去。飞过 4000 英尺高空时,他已达到终极速度,现在,他以时速 214 英里笔直向下飞。风变成一扇坚固的音墙挡得他无法加速。他忍受着,知道如果在这时展开双翅,他就会被风剪成无数碎片。不过这时的速度是力量,是快乐,也是纯粹的美。

他开始在1000英尺高度拉平,翼尖在狂风中发出呼呼的响声。船和群鸥仿佛倾斜着,快如流星一般出现在他的必经之路上。

他不能停下来,也不知道在那一时速下怎么改变方向。

冲撞意味着当场死亡。

因此他紧闭双眼。

就在那天清晨,太阳刚刚升起,海鸥乔纳森·利文斯顿闭着眼,以时速214英里径直冲向群鸥,风吹着羽毛发出巨大的呼啸。这次,海鸥的幸运之神对他微笑了,没有伤亡。

他向上伸直鸥嘴飞向天空时,仍以160英里时速快速地飞着。最后,他减速到20英里,在4000英尺高度展翅水平飞翔时,看见海上的船只有面包渣那么大。

他的想法成功了!终极速度!海鸥竟能以时速214英里飞翔!这是一个突破,鸥群历史上最伟大的一个时刻,同时,这一时刻也为海鸥乔纳森开辟了一个新时代。他飞到自己常单独练飞的区域,合起双翼,在8000英尺的高度向下直飞,他立即发现了如何改变方向。

他发现,只要将翼尖的一根羽毛轻轻移动一英寸的一点点,就可在高速飞翔时划出一道平滑的曲线。然而在懂得这个诀窍之前,他发现,若多移动一根羽毛,在以同样速度飞时,会让他像子弹一样旋转……乔纳森在世界上最早开拓了海鸥的特技飞翔技术。

那天,他没花时间与其他海鸥聊天,而是在空中一直飞到日落。他摸索出翻筋斗、慢速侧翻、反身旋转、反身下落和快速旋转等飞翔技术。

天全黑下来,海鸥乔纳森回到海滩上的群鸥那里,头晕晕的,筋疲力尽。然而他高兴地做了一个翻筋斗下落,在最后落地前还做了个快速滚翻。他觉得,大家听说那项突破,也会欣喜若狂吧。现在生活又多么有意义呀!生活更有理由,而不只是单调地在渔船旁踽蹒来去。我们可以改变无知的状态,还可以看到我们与生俱来的优势、才智和技能。我们可以自由!可以学会飞翔!

未来的岁月在前面召唤着,散发着希望的光芒。

他着陆时,海鸥们聚集在一起,正在召开海鸥审议大会,看样子已聚集了一段时间。实际上,大家在等他。

"海鸥乔纳森·利文斯顿!站到中间来!"长老以最庄严的声调发话了。

站到集会中间意味着极大的耻辱或是无上的光荣。光荣地站到中间是海鸥选举最高领导人的方式。他想,今天早晨大家当然看见了那项突破!但是我不要荣耀,也不想当领导人,只想让大家分享我所发现的一切,把大家都能达到的境界展示出来。他迈步向前。

"海鸥乔纳森·利文斯顿,"长老开口说,"在大伙的眼皮底下,因耻辱而站到中间来!"

这话听来犹如当头一棒。他双膝发软,羽毛垂下,耳朵里嗡嗡直响。因耻辱而站到中间来?不可能!那项突破!他们不会明白!他们错了,他们搞错了!

"……因为他不计后果,不负责任,"严肃的声音继续数落,"还冒犯了海鸥全族的尊严与传统……"

因耻辱而站到中间,意味着他将被驱逐出鸥群,并被流放到"远方山崖"过孤独的生活。

"……有一天,海鸥乔纳森·利文斯顿,你会明白不负责任是不行的。生活是我们搞不懂的,也没法搞懂。我们只知道,我们来到这个世界就是为了吃,并且想方设法尽可能延长寿命。"

从没有海鸥对长老回嘴,可是这时却响起了乔纳森雄辩的声音。"不负责任?兄弟们!"他提高嗓门,"谁还能比探索和追求一种生活意义、一种更高的生活目标更负责任呢?我们抢吃鱼头已经有千年了吧,但是现在我们有了更好的生活理由——学习、发现、自由!给我一个机会,让我向你们展示我所发现的……"

群鸥也许都是铁石心肠。

"谁是你的兄弟!"海鸥们异口同声说道,他们都板起面孔不再听他讲,一起抛弃了他。

余下的日子里,海鸥乔纳森孤独度日,但他还是飞到了"远方山崖"那边。他的悲哀不是孤独,而是其他海鸥不愿相信奇妙的飞翔在等着他们;他们不愿意睁开眼睛看。

他每天又学一些,学会了流线型高速俯冲潜水,这可以使他找到更加珍奇美味的鱼,那些鱼就聚集在海面10英尺以下。他不需要渔船和那些为了生存而不得不吃的变质面包。他学会了在空中睡觉,在夜风中找到飞翔路线,从日落到日出飞翔距离达到100英里。海上大雾时,他也能控制自如地飞过,飞越雾层进入耀目的晴空……这时,其他海鸥只是站在地上,除了雾雨之外什么都不知道。他还学会了乘着强风飞抵远方内陆,在那里吃细嫩的昆虫。

他曾对群鸥抱过希望,现在他只能独善其身了。他学会了飞翔,对付出的代价毫不后悔。海鸥乔纳森发现无聊、害怕和愤怒,是海鸥的生命那么短暂的原因。从脑中抛开那些想法,真的,他过上了既长寿又美好的生活。

他们来找乔纳森时已是黄昏,乔纳森正独自在他钟爱的天空中平静地飞翔着。这两只出现在他两翼旁的海鸥纯洁如星光,高高的夜空里,他们的羽毛泛着柔和可爱的光。不过,最可爱的还是他们的飞翔技巧,他们翼尖的扇动和他的翼尖的扇动一直只相差一英寸距离。

乔纳森一言不发地开始测试他们,以前没有哪只海鸥曾通过这种测试。他弯曲翅膀,以时速一英里近于停飞的状态慢飞,那两只羽光焕发的海鸥也以不变的姿势轻松地跟着他慢飞。他们会慢飞技巧。

他收起双翅,打个翻身,以时速190英里向下飞去。他们也以完美的姿势同他一起向下疾落。

最后,他直接在那一速度上做了一个又长又直的慢滚翻。他们微笑着,跟着他一起滚翻。

接着,他换成了水平的姿势飞翔,沉默了一段时间,他才开口说:"很不错,你们是哪儿的?"

"乔纳森,我们来自同一个鸥族。我们是兄弟。"这话说得平静而有力,"我们来带你高飞,带你回家。"

"我没有家,也没有鸥族,我只是一个流浪者。现在咱们正飞在那大山风的风口上。再飞高几百英尺,我这副身子就再也无法抬高了。"

"乔纳森,你当然能飞得更高,你已经学会了。从一个学校毕业,是另一个学校开学的时候了。"

正如学习照耀着他的一生,理解又为海鸥乔纳森照亮了那一刻。他们是对的,他是可以飞得更高,是该回家的时候了。

最后,他对着苍穹投下了深长的一瞥,看着那片宽广、灰白的旷野,在那里他曾学了那么多。

"准备启程。"他终于说。

海鸥乔纳森·利文斯顿与那两只闪亮的海鸥一起展翅腾飞,消失在深深的夜空里。

本章词语

1. **自由**：法国启蒙运动思想家卢梭所说"人生而自由,却无往不在枷锁之中",提示着近代社会以来人类争取自由的新篇章。迄今为止人类一切可歌可泣的事业,都是摆脱奴役、争取自由的事业。

2. **诗歌**：诗歌这一古老的文体,永远与"自由"这个人类最古老也最年轻的理想联系在一起。诗歌比其他文体更加适合承载自由、讴歌自由。在长长短短的诗句中,自由的灵魂在翻飞、升腾、朝向明亮的天空。

3. **灵魂**：当希腊圣贤柏拉图区分"可朽的"与"不朽的"时,他便同时划出一条界限：人类灵魂与肉体不可同日而语。人类肉体所接受的生存屈辱,并不是灵魂也接纳的。人类灵魂站在自由一边！

链　　接

1. 惠特曼：《草叶集选》,楚图南译,北京：人民文学出版社 1978 年版。

2. 聂鲁达：《聂鲁达诗选》,邹绛、蔡其矫译,成都：四川人民出版社 1983 年版。

3. 茨威格：《异端的权利》,张晓辉译,长春：吉林人民出版社 2000 年版。

4. 陆键东：《陈寅恪的最后二十年》,北京：三联书店 1995 年版。

5. 王小波：《沉默的大多数》,北京：中国青年出版社 1997 年版。

6. 高尔泰：《寻找家园》,广州：花城出版社 2004 年版。

编者的话

希腊圣贤柏拉图（公元前 427 年—347 年）这样区分"不朽"和"可朽"的事物：完美的灵魂羽毛丰满，于是能够飞行上界，周游诸天，观赏天上美妙的景致；而一些不完美的灵魂呢，便失去羽翼，一路下坠，一直落到坚硬的东西上面才停。接着它就安居在那里，附上一个尘世的肉体。由于灵魂本来具有的动力，所以它还能动；但是因为和沉重的肉体结合，它成了"半自动"的。"这个灵魂与肉体的混合就叫做'动物'，再冠上'可朽的'那个形容词。"①这个区分揭示了人类灵魂和肉体的二元存在，而自由是人类灵魂的本性。肉体是不自由的，尽管它的要求是合理的；肉体的需要是一种必然性的需要，满足必然性要求的活动也是不自由的。在这个意义上，自由的灵魂赋予人类以尊严。

所以有那么多诗人讴歌自由，赞美灵魂。被认为是惠特曼传人的 20 世纪下半叶的美国诗人艾伦·金斯伯格，具有同样的自由狂飙精神，他的诗句像大风一样刮过天空、人间和大地，无所不包，自由地吸纳一切！前苏联诗人布洛茨基曾经因为写诗而被判"寄生虫罪"，但是这并没有使他屈服，那匹在黑暗中闪闪发光的黑马，是被驱逐的自由精神的化身，结尾一句"它在我们中间寻找骑手"一句，像一道闪电照亮了暗夜，照亮了人内心深藏的自由国土！

《小王子》是近年来为人们喜爱的优美作品。但是同一个作者的另外一部作品《人的大地》却鲜有人知，身为飞行员的圣埃克苏佩里在其中记载了自己不同寻常的飞行经历。从高空降落到陌生的地面之后，在黄沙和群星之间，在大地和天空一片寂静的情况下，一个自由的心灵如何聚集起种种温柔的感受？如何驰骋它的幻想？

同为飞行员出身的理查德·巴赫在上个世纪70年代发表小说《海鸥乔

---

① 见《柏拉图文艺对话录》，北京：人民出版社 1983 年版，第 120 页。

纳森》,很快在众多读者当中激起巨大反响。一只海鸥放弃仅仅是寻找食物的活动,一心一意追求尽善尽美的飞行,不顾同胞的奚落嘲笑。它看似"不正常",然而却获得无比充实、无比尊贵。任何尊贵的生活离不开自由的精神,和内心的某种高度。

(崔卫平)

寻找良知

寻找良知

中国，我的钥匙丢了*

梁小斌

中国，我的钥匙丢了。

那是十多年前，
我沿着红色大街疯狂地奔跑，
我跑到了郊外的荒野上欢叫，
后来，
我的钥匙丢了。

心灵，苦难的心灵，
不愿再流浪了，
我想回家，
打开抽屉、翻一翻我儿童时代的画片，
还看一看那夹在书页里的
翠绿的三叶草。

---

* 梁小斌（1955— ），当代诗人。本文选自《朦胧诗选》，阎月君等编选，沈阳：春风文艺出版社1987年版。

而且，
我还想打开书橱，
取出一本《海涅歌谣》，
我要去约会，
我向她举起这本书，
作为我向蓝天发出的
爱情的信号。
这一切，
这美好的一切都无法办到，
中国，我的钥匙丢了。

天，又开始下雨，
我的钥匙啊，
你躺在哪里？
我想风雨腐蚀了你，
你已经锈迹斑斑了。
不，我不那样认为，
我要顽强地寻找，
希望能把你重新找到。

太阳啊，
你看见了我的钥匙了吗？
愿你的光芒，
为它热烈地照耀。

我在这广大的田野上行走，
我沿着心灵的足迹寻找，
那一切丢失了的，
我都在认真思考。

(1979.12—1980.8)

夜行孔雀睛*①

黑 塞

落日的余晖尚未消散,我的客人和朋友亨利希·摩尔外出散步已经归来。他和我一起坐在书房里。窗外,丘陵状的湖岸环拥着那片辽阔而淡白的湖水。我的小儿子刚刚过来向我们道了晚安。于是,我们就谈起了孩子们和童年的往事。

我说:"自从有了孩子,我自己小时候的许多爱好也复活了。去年我甚至又开始收集蝴蝶标本,你要瞧瞧吗?"

他让我拿给他看看。我便走出书房,从那些轻巧的硬纸盒中取出两三盒。当我打开第一只纸盒时,我们才发觉天已经很黑了,我们几乎不能辨认出那些展开的蝴蝶标本的轮廓。

我抓过油灯,划亮一根火柴,窗外的景色立刻沉入夜幕中,浓重的夜色笼罩着窗户。

在明亮的油灯下,我的蝴蝶在纸盒内闪着迷人的光泽。我们俯身端详着色彩斑斓的蝴蝶,一一叫出它的名字。

---

* 黑塞(1877—1962),德国作家,1946年获诺贝尔文学奖。著有长篇小说《荒原狼》等。本文选自《诺贝尔文学奖金获奖作家小说选》第二辑,吕一旭译,贵阳:贵州人民出版社1985年版。

① 夜行孔雀睛:一种比较名贵的蝴蝶,分布在南欧和东南欧,多在夜间飞行。

"这边这只叫黄绶带蝶,拉丁文叫 fulminea,我们这儿极少见。"

亨利希·摩尔小心翼翼地从别针上取下一只蝴蝶,把它拿出纸盒,仔细地端详它翅膀的背面。

"真是不可思议,"他说,"什么也不能像看见蝴蝶这样强烈地唤起我对童年的回忆。"他一边把蝴蝶别到原处,盖上盒盖,一边急促而生硬地说:"我不想再看了!"他似乎很不喜欢这些回忆。我收走纸盒,回到书房。他那瘦削的棕色脸庞马上又现出微笑。他请我给他支烟抽。

"请你别介意,"他接着说,"我没有更仔细地欣赏你的珍藏。我小时候当然也收集过这些玩意儿。遗憾的是我一想起来就觉得倒胃口。原因我可以告诉你,尽管不太光彩。"

他在油灯上点燃香烟,罩上绿色灯罩,我们的面孔便隐没在幽暗的微光中了。他在那扇窗户洞开的窗台上坐下,颀长瘦削的身躯几乎完全融于黑暗之中。我抽着烟,远处,青蛙的歌声响彻夜空。我的朋友讲起了童年往事:

我是八岁或九岁时开始收集蝴蝶标本的。起初也并不显得比对其他游戏和爱好更加热心。但在第二个夏天,大概是十岁左右吧。这玩意儿就完全攫住了我的整个身心,变成一种不可遏制的狂热,以致人们认为有必要禁止我继续收集标本,因为除了捉蝴蝶我忘记和荒疏了其他所有事情。只要我在追逐一只蝴蝶,那我就根本听不见钟楼的钟声,什么上学啦、吃午饭啦,统统被我抛到了脑后。假期里,我时常到郊外捉蝴蝶,装标本的小罐里塞着一块面包,从黎明一直疯到夜晚,从不回家吃饭。

即使现在,当我看到异常美丽的蝴蝶时,有时仍然感觉到那种狂热,那种只有孩子才能感觉到的、无名而满怀渴慕的喜悦便又会在一刹那间充盈我的整个身心——小时候我正是怀着这种狂喜第一次蹑手蹑脚地挨近了一只金凤蝶;在这种时候,童年时代的许多美妙时光就会一起涌上心头:阳光灿烂的下午在那干燥而散发着强烈芬芳的荒原上,凉爽宜人的早晨在花园中,或是黄昏时在那充满神秘气氛的森林边缘,我潜伏着,张开我的捕蝶网,就像一个探宝者一样,时刻处在极度的惊喜和欢悦中。我看见一只美丽的蝴蝶——它不一定特别罕见——落在阳光下的花茎上,它那五彩双翼有规律地一张一合,狩猎的喜悦屏住了我的呼吸,我渐渐潜近它,已经能够清楚地看见它那光灿灿的每一个斑点、水晶般的翅膀和每一根优美纤细的棕色触须了,每当这种时候,我是多么紧张和快乐啊,这是温柔的喜悦和狂放的激情的混合。在以后的生活中,我很少再体验到这种情感。

我的父母很穷,他们无力给我买装标本的盒子,我只得把标本保存在一个普通的旧纸盒中。我把酒瓶上的软木塞削成片,粘在盒底,别针就可以插在这木片上。在这个纸盒折皱的四壁中,珍藏着我的宝贝。起初,我很喜欢、也常常把我的收藏拿给同学们看。但他们都有带玻璃盖的小木箱、用绿色窗纱做围罩的硬纸盒,还有种种高级玩意儿。我再也不敢以我那简陋的装置而自鸣得意了。但我并不特别需要那些高级装备。我开始沉默,并渐渐习以为常。即使捕到了罕见的令我兴奋不已的蝴蝶,我也缄口不语,只把它们拿给我的姐妹们看。一次,我捉到了一只在我们那儿十分罕见的蓝色虹蝶。我把它绷开晾干,心中洋溢着一种自豪感。最起码也该拿给邻居家的小孩瞧瞧呀,自豪感这样对我说。他是教师的儿子,住在我家院子的对面。这小子有个毛病,喜欢挑剔指责别人的错儿。这种习惯在小孩身上显得格外讨厌。他的收集少得可怜,实在不起眼,却由于其可爱及他的精心保护而成为不可多得的宝贝。他甚至还掌握了那门复杂的、绝无仅有的手艺——把扯坏弄断的蝴蝶翅膀重新黏合好。从各方面看,他都是个模范孩子。正因为如此,一半出于嫉妒,一半出于钦佩,我恨他。

  我把蓝色虹蝶拿给这个模范孩子看。他以一种行家的眼光仔细观察这只蝴蝶,肯定它很罕见,并断定它值二十个芬尼。因为这个孩子——埃米尔,有本事按照金钱价值对一切收集物进行评判,尤其是对于蝴蝶和邮票。接着,他就开始了指责,什么我的蓝色虹蝶没有绷好呵,什么右边的触须是卷曲的,而左边的却是伸直的呵,等等。他还发现了一个真正的毛病:这只蝴蝶少两条腿。尽管我不认为这缺陷是什么大不了的问题,但这个惯于指责的家伙却也多少败坏了捕获这只蓝蝶带给我的喜悦。此后,我再也没有给他看过我捕到的任何蝴蝶。

  两年后,我们都成了大孩子,但我收集蝴蝶标本的狂热却经久不衰。人们四处传言,说那个埃米尔捉到了一只夜行孔雀睛。那时,这消息带给我的兴奋远比今天听说某个朋友继承了百万遗产或发现了失传的利维乌斯①的著作所能带给我的兴奋强烈得多。我们这儿没人捉到过夜行孔雀睛。我只是在我那本介绍蝴蝶知识的旧书的插图上认识了它。这本旧书中那些手工着色的铜版画要比现代彩色画漂亮和精确得多。在我知道但尚未捕到的所有蝴蝶中,没有一种能像夜行孔雀睛那样激起我如此强烈的欲望。我常常打量书中那幅插图。我的一个朋友还告诉我说:当一只小鸟或其他敌人来袭击这种落在树干或岩石上的棕色蝴蝶时,它只是伸开紧收的深色前翅,露

---

① 利维乌斯(公元前 59 年—17 年):古罗马历史学家。

出美丽的后翅,后翅上那些大而明亮的眼睛显得那么奇特而不可思议,吓得鸟儿赶紧放过它,落荒而去。

那个无聊的埃米尔竟拥有这种神蝶!我刚听到这消息时,只感到十分高兴,因为我终于可以看到这种稀有的生物了。接着,那灼人的好奇心攫住了我,当然,嫉妒心也接踵而至:怎么偏偏是他这只无聊的哈巴狗捉到了这种神奇而珍贵的蝴蝶?!我觉得这实在令人恶心。我克制住自己,不去向他要蝴蝶看,对,不赏他这个光。可这只蝴蝶却老在我的脑海里打转,不肯离去。第二天,当这个传说在学校里得到证实后,我立即做出了去他家的决定。

吃完饭,一俟我可以从家里跑开,我立即就溜过院子,朝他家跑去,他家住在四楼。他那作教师的爸爸居然允许他独自住在一个小房间里,这个小房间在女仆的房间和木板房旁边,对此我常常羡慕不已。路上我没有碰见任何人。我跑上楼,敲了敲他的房门,但没有回答——埃米尔不在里面。我试着转动门把手,发现门没有锁上,而平时,他在离屋时总是要锁门的。

为了至少能瞧一眼那蝴蝶,我走进屋去,迅速打开埃米尔的两个标本盒,但什么也没有发现。后来我突然想到,蝴蝶一定还在晒板上。果然不出所料,那只夜行孔雀睛正贴在晒板上,狭长的纸条覆盖着棕色的翅膀。我弯腰抵近它观赏起来:挺直硬翘的棕色触须,优雅而色彩柔和的翅翼,后翅内沿上的茸茸细毛。但我没看见眼睛,它们被纸条遮住了。

我的心怦怦乱跳,我按捺不住自己的欲望,伸出手去——我松开纸条,把别住纸条的针抽出来。于是,我看见了那四只奇异的眼睛,它们远比那幅插图上的描摹要美丽神奇得多。刹那间,一种不可抗拒的要占有这只神蝶的欲望攫住了我。我不假思索,生平第一次做了贼。我从别针上轻轻取下已经吹干而不会再变形的蝴蝶,把它托在手里。当时我只感到一种极大的满足。

我把蝴蝶托在右手里朝楼下走去。突然,我听见有人朝我迎面走来。在这一瞬间,我的良心苏醒了。我猛然意识到:我偷了东西,是一个卑鄙的贼。与此同时,一种怕被当场捉住的巨大恐惧促使我下意识地把拿着赃物的右手藏进衣袋。我慢慢地、战战兢兢地从走上楼来的女仆身旁走过,内心充满冷峻的自责和羞耻。在楼下门口,我停住了脚步,心里咚咚直跳,额上早已冷汗涔涔。我手足无措,看见自己的身影都感到恐惧。

我马上清醒过来,意识到自己不能也不允许占有这只蝴蝶,我必须马上把它送回去,而且尽量不露痕迹地复归原样。尽管我十分害怕被人捉住,仍然转身朝楼上迅速冲去。一分钟后,我又站在埃米尔的房间里了。我小心翼翼地从衣袋中抽出手,把蝴蝶放到桌上。尚未抬眼,我已感到大事不妙,险些哭出声来：这只夜行孔雀睛已被揉坏,右边的前翅和触须不见了。我小心翼翼地把手伸进衣袋,试图摸出折断的触须,却发现它已被揉碎,无法再粘补了。

看着这只被我弄坏的美丽蝴蝶,望着粘在指尖上的那轻柔的棕色翅膀上的粉末和折断的翅膀,我心里比偷了东西更痛苦。呵,只要能让这只蝴蝶复归原样,我愿舍去我的全部财产和欢乐。

我痛苦地走回家去,整个下午一直呆在小花园里。黄昏时分,我找到母亲,鼓起勇气把一切都告诉了她。我觉察到,母亲是多么吃惊和伤心啊。但她可能也感到,这种坦白比忍受任何惩罚更需要勇气。

"你必须去找埃米尔,"母亲十分肯定地说,"这件事你得自己告诉他,你只能这么办。在此之前我不能原谅你。你可以请他在你的玩具中挑选一些作为抵偿,而且你必须请他原谅！"

我得按照母亲的吩咐向这个模范孩子赔不是！这令我十分难堪。若是其他同学,不管谁我都容易办到。我已有预感,埃米尔不可能理解我,他也决不会相信我。夜幕已经降临,我却没有去找埃米尔。夜色更浓重了,这时,母亲在楼下过道里找到了我,她轻声说："这件事你无论如何得在今天做完,现在就去。"

我穿过院子,在楼下打听埃米尔是否在家。他出来后马上告诉我,他的夜行孔雀睛被弄坏了。他还没弄清究竟是个坏蛋呢,还是鸟儿,或者是猫干的。我请他带我上楼去看看那只弄坏的蝴蝶。我们走上楼。他打开门,点亮一枝蜡烛。我看见那只揉坏的蝴蝶正躺在晒板上。埃米尔刚才在修复它。他小心谨慎地展开那揉皱的翅膀,把它放在一张湿润的吸墨纸上。但它永远也修补不好了,而且触须也丢失了。

于是我告诉他,是我弄坏了蝴蝶。我尽力向他讲述事情的经过,向他做解释。

埃米尔既没有发怒,也没有骂我,只是从牙缝里迸出了轻轻的口哨声。他静静地凝视了我好一阵,然后说道："哦,是这样,你原来是这样一个人！"

我说我要把全部玩具都赔给他。他只是冷漠地站在那儿,一直用轻蔑的目光盯着我,我又加上全部蝴蝶标本,他却说："谢谢,你的收藏我见识过。不过,我可是今天才知道,你原来就是这样对待蝴蝶的呵。"

在那一瞬间,我真想扑过去扼死他。没什么可说的了,我是一个无赖,而且将永远是一个无赖。埃米尔站在我面前,他的表情冰冷,带着公正不阿的轻蔑,就像那严酷的世界秩序那样。

他没有骂我一句,他只是凝视着我,并且瞧不起我。

当时我第一次明白了,人们永远也不能修复损坏的东西。我离开埃米尔回到家里。母亲没有诘问我,只是吻吻我就不再管我了。我很高兴,她要我上床睡觉,我早该睡了。但在睡觉前我却偷偷地从餐室里取出那只棕色的大盒子,把它搁在床上。黑暗中我打开盒子,把我的蝴蝶一只只取出来,又用手指把它们捏成碎片,揉成粉末。

(1911年)

孟子四则*

孟　子

（一）

孟子曰："人皆有不忍人之心。先王有不忍人之心，斯有不忍人之政矣。以不忍人之心，行不忍人之政，治天下可运之掌上。所以谓人皆有不忍人之心者，今人乍见孺子将入于井①，皆有怵惕恻隐之心②——非所以内交于孺子之父母也③，非所以要誉于乡党朋友也④，非恶其声而然也。由是观之，无恻隐之心，非人也；无羞恶之心，非人也；无辞让之心，非人也；无是非之心，非人也。恻隐之心，仁之端也⑤；羞恶之心，义之端也；辞让之心，礼之端也；是非之心，智之端也。人之有是四端也，犹其有四体也。有是四端而自谓不能者，自贼者也；谓其君不能者，贼其君者也。凡有四端于我者⑥，知皆扩而充之矣⑦，若火之始然⑧，泉之始达。苟能充之，足以保四海⑨；苟不充之，不足以事父母。"

＊　孟子（约公元前372—前289），名轲，字子舆。战国时期的思想家、政治家、教育家。本文选自《孟子译注》，杨伯峻译注，北京：中华书局1960年版。

〔注释〕

① 乍：忽然。
② 怵惕恻隐："怵惕"皆惊惧之义，"恻隐"皆哀痛之义，同义复词。
③ 内交：内同"纳"，"内交"即结交。
④ 要（yāo）：求也。
⑤ 端：本作"耑"。说文："耑，物初生之题（题犹额也，端也）也，上象生形，下象其根也。"
⑥ 我：作"己"字用。
⑦ "知皆"句：假设句，但无假设连词。
⑧ 然："燃"本字。
⑨ 保：定也。

（二）

孟子曰："矢人岂不仁于函人哉①？矢人惟恐不伤人，函人惟恐伤人。巫匠亦然②。故术不可不慎也③。孔子曰：'里仁为美。择不处仁，焉得智？'夫仁，天之尊爵也，人之安宅也。莫之御而不仁，是不智也。不仁、不智，无礼、无义，人役也。人役而耻为役，由弓人而耻为弓④，矢人而耻为矢也。如耻之，莫如为仁。仁者如射：射者正己而后发；发而不中，不怨胜己者，反求诸己而已矣。"

〔注释〕

① 函人：造盔甲的人。
② 巫：古人治病亦用巫，故论语有"巫医"之称。匠：木工。
③ "故术"句：当孟子之时，有习合纵连横之说的人，有习争战之事的人，其行迹似幸灾乐祸者之所为。孟子此言择术不可不慎，可能是以小喻大，有所为而说的。
④ 由：同"犹"。

（三）

孟子曰："求则得之，舍则失之，是求有益于得也，求在我者也。求之有道，得之有命，是求无益于得也，求在外者也。"

（四）

孟子曰："万物皆备于我矣。反身而诚,乐莫大焉。强恕而行①,求仁莫近焉。"

〔注释〕

① 强：不懈。恕：推己及人。

童 心 说[*]

李 贽

龙洞山农叙《西厢》①,末语云:"知者勿谓我尚有童心可也。"夫童心者,真心也。若以童心为不可,是以真心为不可也。夫童心者,绝假纯真②,最初一念之本心也。若失却童心,便失却真心;失却真心,便失却真人。人而非真,全不复有初矣③。

童子者,人之初也;童心者,心之初也。夫心之初,曷可失也!然童心胡然而遽失也④?盖方其始也,有闻见从耳目而入,而以为主于其内而童心失。其长也,有道理从闻见而入,而以为主于其内而童心失。其久也,道理闻见日以益多,则所知所觉日以益广,于是焉又知美名之可好也,而务欲以扬之而童心失;知不美之名之可丑也,而务欲以掩之而童心失。夫道理闻见,皆自多读书识义理而来也⑤。古之圣人,曷尝不读书哉!然纵不读书,童心固自在也,纵多读书,亦以护此童心而使之勿失焉耳,非若学者反以多读书识义理而反障之也。夫学者既以多读书识义理障其童心矣,圣人又何用多著书立言以障学人为耶?童心既障,于是发而为言语,则言语不由衷;见而为政事,则政事无根柢;著而为文辞,则文辞不能达。非内含于章美也⑥,非笃

---

* 李贽(1527—1602),明代思想家、文学家,著有《藏书》等。本文选自《李贽文集》,北京:燕山出版社 1998 年版。

实生辉光也,欲求一句有德之言,卒不可得。所以者何？以童心既障,而以从外入者闻见道理为之心也。

夫既以闻见道理为心矣,则所言者皆闻见道理之言,非童心自出之言也。言虽工,于我何与,岂非以假人言假言,而事假事文假文乎？盖其人既假,则无所不假矣。由是而以假言与假人言,则假人喜；以假事与假人道,则假人喜；以假文与假人谈,则假人喜。无所不假,则无所不喜。满场是假,矮人何辩也？然则虽有天下之至文,其湮灭于假人而不尽见于后世者,又岂少哉！何也？天下之至文,未有不出于童心焉者也。苟童心常存,则道理不行,闻见不立,无时不文,无人不文,无一样创制体格文字而非文者。诗何必古选,文何必先秦。降而为六朝,变而为近体⑦；又变而为传奇⑧,变而为院本⑨,为杂剧⑩,为《西厢曲》,为《水浒传》,为今之举子业⑪,皆古今至文,不可得而时势先后论也。故吾因是而有感于童心者之自文也,更说什么《六经》,更说什么《语》、《孟》乎？

夫《六经》、《语》、《孟》,非其史官过为褒崇之词,则其臣子极为赞美之语。又不然,则其迂阔门徒,懵懂弟子,记忆师说,有头无尾,得后遗前,随其所见,笔之于书。后学不察,便谓出自圣人之口也,决定目之为经矣,孰知其大半非圣人之言乎？纵出自圣人,要亦有为而发,不过因病发药,随时处方,以救此一等懵懂弟子,迂阔门徒云耳。药医假病,方难定执⑫,是岂可遽以为万世之至论乎？然则《六经》、《语》、《孟》,乃道学之口实,假人之渊薮也,断断乎其不可以语于童心之言明矣。呜呼！吾又安得真正大圣人童心未曾失者而与之一言文哉！

〔注释〕

① 龙洞山农：李贽别号。下引龙洞山农语,实为李贽的反语。

② 绝：隔绝。

③ 初：人的天然淳朴的状态。

④ 胡：为什么。遽：突然。

⑤ 义理：指程朱理学。

⑥ 章：同"彰",显现。

⑦ 近体：指唐代律诗、绝句等文体。

⑧ 传奇：唐宋传奇小说。

⑨ 院本：金代戏剧艺人的演剧本。

⑩ 杂剧：元杂剧。

⑪ 举子业：与科举考试有关的文字。

⑫ 定执：固定。

本章词语

1. **朦胧诗**：作为当代中国诗歌流派的一个概念，是指20世纪60年代所萌动、70年代末所崛起的青年诗群，代表人物有郭路生、北岛、芒克等。它是昭示新时期思想解放运动的文学先声，因其作品在艺术上多用探索性的总体象征技巧，具有意义或意味的多指向性，故曰"朦胧"。

2. **童心**：儿童的性情，或孩子气。在本章中被引申为真心，真情实感，实话实说，不扭捏造作，不委于虚蛇，不修辞立伪。李贽说："夫童心者，绝假纯真，最初一念之本心也。""童心"在此已近乎"良知"。亦可说，"童心"本属未被流俗所玷染的"良知"。

3. **羞耻心**：这是狷介者所以能洁身自好的、深埋心底的道德"软件"，它极敏感，一俟被触及，便让人脸红心跳，欲安魂而不得。无"羞耻心"者无操守，也就无所畏惧，近乎"精神流氓"。故有人厚颜："我是流氓，我怕谁？"

链　　接

1. 艾略特：《空心人》，见《四个四重奏》，裘小龙译，桂林：漓江出版社1985年版。

2. 萨特：《活着的纪德》，见《萨特文学论文集》，吴岳添译，合肥：安徽文艺出版社1998年版。

3. 沙叶新：《我的道德底线是不说谎》，见《大学人文》丛刊第三辑，桂林：广西师范大学出版社2005年版。

4. 索尔仁尼琴：《真话比整个世界的分量还重》，见互联网。

5. 高尔基：《不合时宜的思想》，余一中、董晓译，北京：作家出版社1998年版。

6. 弗洛姆：《为自己的人》，孙依依译，北京：三联书店1988年版。

寻找良知

编者的话

曾几何时,梁小斌的抒情主人公从疯狂的红色大街流浪到荒野,才震惊"钥匙丢了"——那是一枚可以启开灵魂的钥匙——于是也就回不了家,没了归宿,没了灵魂赖以温润、充实与安宁的精神根基,无论是三叶草般翠绿的天籁童趣,还是圣洁得像蓝天的爱情歌谣,皆因那枚叫"良知"的钥匙的失落而失落。

将"良知"喻为"灵魂的钥匙",既可说是诗人对本土语境的精神断裂的诗性痛感,也可说是国人对中华文化本原所蕴涵的普世资源的殷切追认。良知,在先秦典籍中,颇接近孟子所谓"羞恶之心,义之端也",羞恶之心又曰"耻",人不可没有羞耻心,无羞耻心者,无耻之徒也,不仅会被人家瞧不起,更令自己瞧不起自己。对华夏伦理心有灵犀的德国小说家黑塞,之所以让那位偷蝴蝶的小孩最后将自己心爱的蝴蝶标本捏成碎片,是因为舍此不足以凸现一个有羞耻心的孩子的道德悔悟。

良知,性本一个"诚"字,故良知在明代李贽眼中,近乎赤子之心,或曰"童心":"夫童心者,绝假纯真,最初一念之本也";又曰"童子者,人之初也;童心者,心之初也",进而,"人而非真,全不复有初矣"。一气四个"初"字,意味隽永。"初"者,良知之本相也,不作秀,不作伪,不雕饰,不扭扭捏捏,快人快语,坦诚地将心灵对宇宙万物、浮世众生(包含自身)的第一印象,直白道出,世界在你眼中是什么,你就把它说成什么,你所说的未必全对,但绝对真诚。

所以,良知大概又是上帝超验地埋在每个人心底的道德"软件",当它未被坊间世故遮蔽时,当如出水芙蓉,一尘不染。安徒生童话中的那个男孩,所以敢说皇帝没穿衣服,并非是他眼尖,能见他人所未见,而仅仅是童言无忌,少不更事,阅历浅,性情天真而已。但也正因为童子茫然不觉"祸从口出"一说,以及由此诱发的内心恐惧,故在客观上,他也就能发他人所未发。

所谓"长老或有问,童子指迷津",有时实在不是因为童子懂得多,而是幸亏懂得不多,故而良知无损。

世故对良知的遮蔽,大体有二:"自遮蔽"与"他遮蔽"。"他遮蔽"是指外力不准你说真话;"自遮蔽"则指外力已内化为自我禁锢的禁忌,要么沉默,要么说假话,俗称"捣糨糊"。沧浪之水有清有浊,未免清浊难辨。但有时纵然泾渭分明,也有人宁肯清浊不辨,亦不准你辨,因怕"水至清而无大鱼",不利于他浑水摸鱼。洁身自好者固然可在他人浑水摸鱼时,矜持地把手插在口袋,但若长年如此,除了捞不到实惠,明显吃亏外,恐怕恶俗也不愿宽容你的清白,而不对你泼污水。由此回味安徒生为何偏写小孩说真话,而大群长者却不敢?答案也就不言而喻了。

由此看来,良知,就其显现形态而言,拟分两种:"天真"与"纯真"。"天真"是天性使然的良知,"纯真"是升华为道德情操的良知。"天真"是亟须珍惜与呵护的,但终究因不敌世故的诱迫而凋零;"纯真"则因其历经沧桑,锲而不舍,老而弥坚,所攀临的人格境界,故更难得。也因此,与安徒生所虚拟的童话男孩相比,高尔基在十月革命初年致函列宁时曾表征的那身勇于担当的凛然正气,以及索尔仁尼琴在答谢荣获诺贝尔文学奖时所留下的不朽箴言:"一句真话能比整个世界的分量还重",无疑更值得读者敬重,因为文豪在塑造自己的道德形象时,他们所凭借的不仅仅是想象或虚构,他们不仅是用墨水,同时也是用血泪,乃至是用整个生命的安危来为其文字或演说作抵押的,他们把高贵的头颅掷向铁幕,掷向历史的天平,从而使苟活者没了重量。

苟活者为何疏离良知?对此话题,读者不妨将弗洛姆的专论与沙叶新的演讲《我的道德底线是不说谎》作对照阅读,因为这两者颇具"互文相应"。沙叶新的文字所以好读,其原因,当不仅在于剧作家特有的率真、俏皮与辛辣,也不仅在于他擅长营造戏谑性剧场效果的天分,更重要的缘由在于:他发现最让他痛心疾首的是,苟活者所以沦为苟活者,大抵是因为失却一条人之所以为人的"道德底线",于是,其眼球在触摸金钱时势必发狂,其膝盖在碰上权贵时势必变软;若再加上他对其灵魂的卑微,竟毫无耻辱之感,那么,苟活也就离"无耻"不远了。

(夏中义)

星空让人敬畏

在哈尔盖仰望星空

西　川

有一种神秘你无法驾驭
你只能充当旁观者的角色
听凭那神秘的力量
从遥远的地方发出信号
射出光来,穿透你的心
像今夜,在哈尔盖
在这个远离城市的荒凉的
地方,在这青藏高原上的
一个蚕豆般大小的火车站旁
我抬起头来眺望星空
这时河汉无声,鸟翼稀薄
青草向群星疯狂地生长
马群忘记了飞翔
风吹着空旷的夜也吹着我
风吹着未来也吹着过去

---

* 西川(1963—　),当代诗人。本文选自《西川的诗》,北京:人民文学出版社1999年版。

我成为某个人,某间
点着油灯的陋室
而这陋室冰凉的屋顶
被群星的亿万只脚踩成祭坛
我像一个领取圣餐的孩子
放大了胆子,但屏住呼吸

远处的青山*

高尔斯华绥

仅仅是在这刚刚过去的三月里（但已恍同隔世），在一个充满痛苦的日子——德国发动它最后一次总攻后的那个星期天，我还登上过这座青山吗？正是那个阳光和煦的美好天气，南坡上的野茴香浓郁扑鼻，远处的海面一片金黄。我俯身草上，暖着面颊，一边因为那新的恐怖而寻找安慰，这进攻发生在连续四年的战祸之后，益发显得酷烈出奇。

"但愿这一切快些结束吧！"我自言自语道，"那时我就又能到这里来，到一切我熟悉的可爱的地方来，而不致这么伤神揪心，不致随着我的表针的每下滴答，就又有一批生灵惨遭涂炭。啊，但愿我又能——难道这事便永无完结了吗？"

现在总算有了完结，于是我又一次登上了这座青山，头顶上沐浴着十二月的阳光，远处的海面一片金黄。这时心头不再感到痉挛，身上也不再有毒气侵袭。和平了！仍然有些难以相信。不过再不用过度紧张地去谛听那永无休止的隆隆炮火，或去观看那倒毙的人们，张裂的伤口与死亡。和平了，真是和平了！战争继续了这么长久，我们不少人似乎已经忘记了一九一四

---

* 高尔斯华绥(1867—1933)，英国作家，1932年获诺贝尔文学奖。著有长篇小说《福尔赛世家》等。本文选自《外国散文百年精华》，丛培香等选编，高健译，北京：人民文学出版社2001年版。

年八月战争全面爆发之初的那种盛怒与惊愕之感。但是我却没有,而且永远不会。

在我们一些人中——我以为实际在相当多的人中,只不过他们表达不出罢了——这场战争主要会给他们留下这种感觉:"但愿我能找到这样一个国家,那里人们所关心的不再是我们一向所关心的那些,而是美,是自然,是彼此仁爱相待。但愿我能找到那座远处的青山!"关于忒俄克里托斯的诗篇,关于圣弗兰西斯的高风,在当今的各个国家里,正如东风里草上的露珠那样,早已渺不可见。即或过去我们的想法不同,现在我们的幻想也已破灭。不过和平终归已经到来,那些新近被屠杀掉的人们的幽魂总不致再随着我们的呼吸而充塞在我们的胸臆。

和平之感在我们思想上正一天天变得愈益真实和愈益与幸福相连。此刻我已能在这座青山之上为自己还能活在这样一个美好的世界而赞美造物。我能在这温暖阳光的覆盖之下安然睡去,而不会醒后又是过去的那种怏怏欲绝。我甚至能心情欢快地去做梦,不致醒后好梦打破,而且即使做了噩梦,睁开眼睛后也就一切消失。我可以抬头仰望那碧蓝的晴空而不会突然瞥见那里拖曳着一长串狰狞可怖的幻想,或者人对人所干出的种种伤天害理的惨景。我终于能够一动不动地凝视着晴空,那么澄澈而蔚蓝,而不会时刻受着悲愁的拘牵,或者俯视那光滟的远海,而不至担心海面上再会浮起屠杀的血污。

天空中各种禽鸟的飞翔,海鸥、白嘴鸭以及那往来徘徊于白垩坑边的棕色小东西对我都是欣慰,它们是那样自由自在,不受拘束。一只画眉正鸣啭在黑莓丛中,那里叶间还晨露未干。轻如蝉翼的新月依然隐浮在天际;远方不时传来熟悉的声籁;而阳光正暖着我的脸颊。这一切都是多么愉快。这里见不到凶猛可怕的苍鹰飞扑而下,把那快乐的小鸟攫去。这里不再有歉疚不安的良心把我从这逸乐之中唤走。到处都是无限欢欣,完美无瑕。这时张目四望,不管你看看眼前的蜗牛甲壳,雕镂刻画得那般精致,恍如童话里小精灵头上的细角,而且角端作蔷薇色;还是俯瞰从此处至海上的一带平芜,它浮游于午后阳光的微笑之下,几乎活了起来,这里没有树篱,一片空旷,但有许多炯炯有神的树木,还有那银白的海鸥,翱翔在色如蘑菇的耕地或青葱翠绿的田野之间;不管你凝视的是这株小小的粉红雏菊,而且慨叹它的生不适时,还是注目那棕红灰褐的满谷林木,上面乳白色的流云低低悬垂,暗影浮动——一切都是那么美好,这是只有大自然在一个风和日丽的天气,而且那观赏大自然的人的心情也分外悠闲的时候,才能见得到的。

在这座青山之上,我对战争与和平的区别也认识得比往常更加透彻。

在我们的一般生活当中，一切几乎没有发生多大改变——我们并没有领得更多的奶油或更多的汽油，战争的外衣与装备还笼罩着我们，报刊杂志上还充溢着敌意仇恨；但是在精神情绪上我们确已感到了巨大差别，那久病之后逐渐死去还是逐渐恢复的巨大差别。

据说，此次战争爆发之初，曾有一位艺术家闭门不出，把自己关在家中和花园里面，不订报纸，不会宾客，耳不闻杀伐之声，目不睹战争之形，每日唯以作画赏花自娱——只不知他这样继续了多久。难道他这样做便是聪明，还是他所感受到的痛苦比那些不知躲避的人更加厉害？难道一个人连自己头顶上的苍穹也能躲得开吗？连自己同类的普遍灾难也能无动于衷吗？

整个世界的逐渐恢复——生命这株伟大花朵的慢慢重放——在人的感觉与印象上的确是再美不过的事了。我把手掌狠狠地压在草叶上面，然后把手拿开，再看那草叶慢慢直了过来，脱去它的损伤。我们自己的情形也正是如此，而且永远如此。战争的创伤已深深侵入我们的身心，正如严霜侵入土地那样。在为了杀人流血这桩事情而在战斗、护理、宣传、文字、工事，以及计数不清的各个方面而竭尽努力的人们当中，很少人是出于对战争的真正热忱才去做的。但是，说来奇怪，这四年来写得最优美的一篇诗歌，亦即朱利安·克伦菲尔的《投入战斗！》竟是纵情讴歌战争之作！但是如果我们能把自那第一声战斗号角之后一切男女对战争所发出的深切诅咒全部聚集起来，那些哀歌之多恐怕连笼罩地面的高空也盛装不下。

然而那美与仁爱所在的"青山"离开我们还很遥远。什么时候它会更近一些？人们甚至在我所偃卧的这座青山上也打过仗。根据在这里白垩与草地上的工事的痕迹，这里还曾宿过士兵。白昼与夜晚的美好，云雀的欢歌，香花与芳草，健美的欢畅，空气的澄鲜，星辰的庄严，阳光的和煦，还有那轻歌与曼舞，淳朴的友情，这一切都是人们渴求不餍的。但是我们却偏偏要去追逐那浊流一般的命运。所以战争能永远终止吗？……

这是四年零四个月以来我再没有领略过的快乐，现在我躺在草上，听任思想自由飞翔，那安详如海面上轻轻袭来的和风，那幸福如这座青山上的晴光。

母亲的诗*

加夫列拉·密斯特拉尔

被 吻

我被吻之后成了另一个人:由于同我脉搏合拍的脉搏,以及从我气息里察觉的气息,我成了另一个人。如今我的腹部像我的心一般崇高……

我甚至发现我的呼吸中有一丝花香:这都是因为那个像草叶上的露珠一样轻柔地躺在我身体里的小东西的缘故!

他会是什么模样

他会是什么模样!我久久地凝视玫瑰的花瓣,欢愉地抚摸它们:我希望他的小脸蛋像花瓣一般娇艳。我在盘缠交错的黑莓丛中玩耍,因为我希望他的头发也长得这么乌黑卷曲。不过,假如他的皮肤像陶工喜欢的黏土那

---

* 加夫列拉·密斯特拉尔(1889—1957),智利女诗人,1945年获诺贝尔文学奖。著有诗集《绝望》等。本文选自《世界优秀散文诗精选》,钟星编选,耕夫、段若川译,哈尔滨:北方文艺出版社 1990 年版。

般黑红,假如他的头发像我的生活那般平直,我也不在乎。

我远眺山谷,雾气笼罩那里的时候,我把雾想象成女孩的侧影,一个十分可爱的女孩,因为也可能是女孩。

但是最要紧的是,我希望他看人的眼神跟那个人一样甜美,声音跟那个人对我说话一样微微颤抖,因为我希望在他身上寄托我对那个吻我的人的爱情。

智 慧

我现在明白,二十年来我为什么沐浴阳光,在田野上采摘花卉。在那些旖旎的日子里,我常常自问:和煦阳光,如茵芳草,大自然这些美妙的恩赐有什么意义?

像照射一串发青的葡萄那样,阳光照射了我,让我奉献出甜美。我身体深处的小东西正靠我的血管在点滴酝酿,他就是我的美酒。

我为他祈祷,让上帝的名字贯穿我全身的泥土,他也将由这泥土组成。当我激动地读一首诗时,美的感受把我燃烧得炽热,这也是为了他,因为我希望他从我身上得到永不熄灭的热情。

甜 蜜

我怀着的孩子在熟睡,我脚步静悄悄。我怀了这个神秘的东西以来,整个心情是虔诚的。

我的声音轻柔,仿佛加上了爱的弱音器,因为我怕惊醒他。

如今我的眼光在人们的脸上寻找内心的痛苦,以便别人看到并了解我脸色苍白的原因。

我小心翼翼地拨动鹌鹑安巢的草丛。我轻手轻脚地走在田野上,我相信树木也有熟睡的孩子,所以低着头在守护他们。

姐 妹

今天我看见一个女人在干活。她的腰像我的一样因爱情而充实,她弯着身子在地里劳动。

我抚摸她的背,带她一起回家。她将从我的杯子里喝稠厚的奶浆,分享我回廊下的凉爽,她也因爱情而孕育。如果我的乳汁不够慷慨,我的孩子可以把嘴唇凑上她丰满的乳房。

祈　求

但是不会的！上帝既然让我腰围宽大,怎么会使我乳房枯竭？我觉得胸脯在增长,像池塘里的水无声无息地涌冒。它丰满的轮廓在我的腹部投下了影子,仿佛向它作出许诺。

如果我的乳房不能湿润,山谷里还有谁比我更贫困？

妇女们晚上把杯子放在户外承接露水,我把胸脯袒露在上帝面前；我给上帝起了一个新的名字:我管他叫充实者,我祈求他赐给我生命的琼浆。我的饥渴的孩子会来寻求。

敏　感

我不再在草地上游戏,我怕同姑娘们玩秋千。我仿佛是树上挂果的枝条。

我身体软弱,今天中午在花园里,玫瑰的香气都使我感到晕眩。随风飘来的歌唱,残阳抹在天际的红霞,都使我不安,使我痛苦。今晚我主人如果冷冷地看我一眼,也会使我伤心透顶。

永恒的痛苦

如果他在我身体里受罪,我会苍白失色；我为他隐秘的压迫感到痛苦,我看不到的人稍一活动可能要我的命。

可是你们别以为我只在怀着他的时候,才跟他有千丝万缕的联系。当他下地自由行走的时候,即使离我很远,抽打在他身上的风会撕裂我的皮肉,他的呼号会通过我的嗓子喊出。我的哭泣和我的微笑都以你的脸色为转移,我的孩子。

为　了　他

为了他,为了像草丛下的细水流一样睡熟的他,别损害我,别叫我干重活。我讨厌食物,嫌恶声响,这一切都请原谅。

暂且别对我说家里的悲哀、贫困和烦恼,这一切都等我把他裹在襁褓之后再告诉我。

我前额,我胸口,你能摸的地方,他都存在。他会发出呻吟,如果受了伤害。

宁　　静

我已不能在外面走动:我为肥大的腰身和深陷的眼眶觉得害羞。可是把花盆拿到这儿来,放在我身旁,久久地弹奏齐特拉琴:我要在美妙中沉浸。

我对熟睡的他诵读永恒的诗句。我在回廊里一小时又一小时地晒太阳。我要像果实一样,酝酿甘美的汁液,让它甜到我心底。我让松林里吹来的风抚拂我的面庞。

阳光和风使我的血液鲜红清洁。为了净化血液,我不让自己憎恨、抱怨,只让自己充满爱情!

我在这宁谧安静中织成一个奇妙的身体,有血管、面孔、明亮的眼睛和纯洁的心灵。

白色的小衣服

我织了小不点的鞋子,裁了柔软的尿布。我希望这一切由我亲手来做。他从我身体里娩出,会辨认我的气息。

绵羊柔软的绒毛,今年夏天特地为他剪的。八个月来,绵羊把它长得轻柔蓬松,一月的月亮使它变得洁白。里面没有夹杂牛蒡或黑莓的小刺。他睡在我的身体里肯定像睡在绒毛上一样松软……

白色的小衣服!他通过我的眼睛看到这些衣服,觉到柔软极了,露出了微笑……

大地的形象

以前我没有见过大地真正的形象。大地的模样像是一个怀抱着孩子的女人(生物偎依在她宽阔的怀抱)。

我逐渐明白了事物的母性。俯视着我的山岭也是母亲,黄昏时分,薄雾像孩子似的在她肩头和膝前玩耍。

现在我想起了溪谷。溪底的流水给荆棘遮住,还看不见,只听得它潺潺歌唱。我也像溪谷;我觉得细流在我深处歌唱,被我身体的荆棘遮住,还没有见到光亮。

致 丈 夫

丈夫,别搂紧我。你使他像水里的百合似的在我身体深处浮起。让我像静水一样呆着吧。

爱我吧,多给我一点爱!我多么娇小,将同你形影不离;我多么可怜,将另给你眼睛、嘴唇,让你享受世界的乐趣;我多么脆弱,爱情将使我像陶罐一般坼裂,倾泻出生命的美酒。

原谅我吧!我步履蹒跚,替你端酒时笨手笨脚。是你把我充实成现在的模样,是你使我行动变得这么怪里怪气。

比以往任何时候更亲切地对待我吧。别热切地搅动我的血液;别激动我的呼吸。

如果我只是一幅纱幕,我整个躯体只是一幅有个孩子在底下睡觉的纱幕!

母 亲

我妈妈来看我;她坐在我身边,我们有生以来第一次像姐妹们似的谈论未来的大难关。

她用颤抖的手抚摸我的肚子,轻轻地解开我的上衣。经她的手触摸,我觉得我内心像含羞草缓缓舒展,乳汁的波浪涌上胸脯。

我臊红了脸,不知所措,向她诉说我的苦恼和忧虑。我扑到她胸前,又成了一个小姑娘,为了生命的恐惧在她怀里啜泣!

告诉我,妈妈……

妈妈,把你以前的苦恼统统告诉我。告诉我,镶嵌在我脏腑里的小身体是怎么出生的。

告诉我,他自己会找我的奶头呢,还是该由我去凑近他,逗他吮吸。

妈妈,现在把你知道的爱的学问讲给我听。教我新的爱抚方式,比丈夫的爱抚更温柔。

在以后的日子里,怎么替他洗小脑袋!怎么包裹才不会把他弄痛!

妈妈,教我唱你以前哄我入睡的摇篮曲。那支歌比别的歌更能使他睡得香甜。

黎　　明

　　我折腾了一宿,为了奉献礼物,整整一宿我浑身哆嗦。我额头上全是死亡的汗水;不,不是死亡,是生命!

　　上帝,为了让他顺顺当当出生,我现在管你叫作无限甜蜜。

　　出生了吧,我痛苦的呼吸升向黎明,和鸟鸣汇合!

神圣的规律

　　人们说过,经过生育,生命在我身体里受到了削弱,我的血像葡萄汁从压榨机流出;可我只觉得像是吐了一口大气,心头舒畅!

　　我自问道:"我是谁,膝头能有一个孩子?"

　　我自己回答说:

　　"一个怀着爱的人,在被吻时,她的爱情要求天长地久。"

　　大地瞧我怀抱着孩子,为我祝福,因为我像棕榈一样丰饶。

爱城故事*

欣 林

和我的故乡北京比,爱荷华城可真是太小了。……

我不敢相信这是真的。电话铃不停地响。我家成了学生会的信息中心和会议室。一连串的坏消息构织出了惊心动魄的一幕:

三点三十分,物理系凡艾伦大楼 309 教室。山林华和导师克利斯多弗·高尔兹(Christoph Goertz)教授、另一位教授罗伯特·施密斯(Robert Smith)及新生小李等许多人在开研讨会。突然,山林华的师兄,中国留学生卢刚站起身,从风衣口袋里掏出枪来,向高尔兹、山林华和施密斯射击。一时间血溅课堂。接着他去二楼射杀了系主任,又回三楼补枪。旋即奔向校行政大楼。在那里他把子弹射向副校长安妮和她的助手茜尔森,最后饮弹自戕。

我们惊呆了。妻子握着听筒的手在颤抖,泪水无声地从脸颊流下。小山,那年轻充满活力的小山,已经离我而去了吗?黑暗中,死神的面孔狰狞恐怖。

谁是卢刚?为什么杀人?翻开我新近编录的学生会名册,找不到这个

---

* 欣林,来自北京,爱荷华大学计算机科学博士,现在芝加哥工作。本文选自互联网。

名字,别人告诉我,他是北大来的,学习特好。但两年前与系里的中国学生闹翻了,离群索居,独往独来,再后就没什么人知道他了。听说他与导师颇有嫌隙,与山林华面和心不和,找工作不顺利,为了优秀论文评奖的事与校方和系里多有争执。是报仇,是泄愤?是伸张正义,是滥杀无辜?众口纷纭,莫衷一是。

枪击血案震惊全国。小城的中国学生被惊恐、哀伤、慌乱的气氛笼罩。血案折射出的首先是仇恨。物理界精英,全国有名的实验室,几分钟内形消魂散,撇下一群孤儿寡母。人家能不恨中国人吗?留学生还待得下去吗?中国学生怕上街,不敢独自去超市。有的人甚至把值钱一点的东西都放在车后厢里,准备一旦有排华暴动,就驾车远逃。

一夜难眠。该怎么办?大家聚在我家,商量来商量去,决定由物理系小雪、小季、小安和金根面对媒体,开记者招待会。实况转播的记者招待会上,他们追思老师和朋友。讲着,回忆着,眼泪止不住地流下来。看的、听的,心里都被触动了。一位老美清洁工打电话给校留学生办公室主任说:"我本来挺恨这些中国人!凭什么拿了我们的奖学金,有书读,还杀我们的教授!看了招待会转播,我心里变了。他们是和我们一样的人。请告诉我,我能帮他们做点什么?"

从危机中透出一线转机。学生会又召开中国学生学者大会。教育系的同学不约而同地谈起了副校长安妮。安妮是教育学院的教授,也是许多中国学生的导师。她是传教士的女儿,生在中国。无儿无女的安妮,待中国学生如同自己的孩子。学业上谆谆教导,生活上体贴照顾。感恩节、圣诞节请同学们到家里做客,美食招待,还精心准备礼物——千不该,万不该呀!不该把枪口对向她!同学们为安妮心痛流泪。

安妮在医院里急救,她的三个兄弟弗兰克、麦克和保罗,火速从各地赶来,守护在病床前。人们还存着一丝希望。两天后,噩耗传来。我面对着安妮生前的密友玛格瑞特教授,说不出话来。她脸色严峻,强压心中的哀痛,手里递过来一封信,同时告诉我,安妮的脑已经死亡,无法抢救。三兄弟忍痛同意撤掉一切维生设备。看着自己的亲人呼吸一点点弱下去,心跳渐渐停止而无法相救,这是多么残酷的折磨!在宣布安妮死亡后,三兄弟围拥在一起祷告,并写下了这封信。这是一封写给卢刚父母亲友的信。信里的字句跳到我的眼里:

"我们刚刚经历了这突如其来的巨大悲痛……在我们伤痛缅怀安妮的时刻,我们的思绪和祈祷一起飞向你们——卢刚的家人,因为你们也在经历同样的震惊与哀哭……安妮信仰爱与宽恕,我们想要对你们说,在这艰难的时刻,我们的祷告和爱与你们同在……"

字在晃动,我读不下去了。这是一封被害人家属写给凶手家人的信吗?这是天使般的话语,没有一丝一毫的仇恨。我向玛格瑞特教授讲述我心里的震撼。接着问她怎么可以是这样?难道不该恨凶手吗?公平在哪里?道义在哪里?他们三兄弟此刻最有理由说咒诅的言语呀。教授伸出手来止住我:"这是因为我们的信仰。这信仰中爱是高于一切的。宽恕远胜过复仇!"

她接着告诉我,安妮的三兄弟希望这封信被译成中文,附在卢刚的骨灰盒上。他们担心因为卢刚是凶手而使家人受歧视,也担心卢刚的父母在接过儿子的骨灰时会过度悲伤。唯愿这信能安慰他们的心,愿爱抚平他们心中的伤痛。

我哑然无语。心中的震撼超过了起初。刹那间,三十多年建立起来的价值观、人生观,似乎从根本上被摇动了。

难道不应"对敌人严冬般冷酷无情"吗?难道不是"人与人的关系是阶级关系"吗?难道"站稳立场,明辨是非,旗帜鲜明,勇于斗争"不应是我们行事为人的原则吗?我所面对的这种"无缘无故的爱",是这样的鲜明真实,我却无法解释。我依稀看到一扇微开的门,门那边另有一番天地,门缝中射出一束明光……

"我们的信仰"——这是一种什么样的信仰啊,竟让冤仇成恩友!

还来不及多想玛格瑞特的信仰,卢刚给他家人的最后一封信也传到了我手上。一颗被地狱之火煎熬着的心写出的信,充满了咒诅和仇恨。信中写到他"无论如何也咽不下这口气"、"死也找到几个贴(垫)背的",读起来脊背上感到一阵阵凉意,驱之不去。可惜啊,如此聪明有才华的人,如此思考缜密的科学家头脑,竟在仇恨中选择了毁灭自己和毁灭别人!这两封信是如此的爱恨对立,泾渭分明。我还不知道爱究竟有多大的力量,毕竟左轮枪和十几发仇恨射出的子弹是血肉之躯无法抵挡的啊!

转天是安妮的追思礼拜和葬礼。一种负疚感让多数中国学生学者都来参加。大家相对无语,神色黯然。没想到我平生第一次参加葬礼,竟是美国人的,还在教堂里。更想不到的是,葬礼上没有黑幔,没有白纱。十字架庄重地悬在高处。讲台前鲜花似锦,簇拥着安妮的遗像。管风琴托起的歌声在空中悠悠回荡:Amazing Grace, How Sweet the Sound(奇异恩典,何等甘甜)……人们向我伸手祝福:"愿上帝的平安与你同在。"牧师说:"如果我们让仇恨笼罩这个会场,安妮的在天之灵是不会原谅我们的。"安妮的邻居、同事和亲友们一个个走上台来,讲述安妮爱神爱人的往事。无尽的思念却又伴着无尽的欣慰与盼望:说安妮息了地上的劳苦,安稳在天父的怀抱,我们为她感恩为她高兴!

　　礼拜后的招待会上,三兄弟穿梭在中国学生中间。他们明白中国人心中的重担,便努力与每个中国学生握手交谈。如沐春风的笑容,流露出心中真诚的爱。许多女生哭了。我的"黑手党"朋友,高大的男子汉也在流泪。爱的涓流从手上到心里,流满泪水的脸上绽出微笑。哦,这样的生,这样的死,这样的喜乐,这样的盼望,怎不让我心里向往! 大哥弗兰克握着我的手说:"你知道吗? 我出生在上海,中国是我的故乡。"泪水模糊了我的眼睛,心里却异常温暖。突然发现脊背上的凉意没有了。心里的重负放下了。一种光明美好的感觉进入了我的心。

　　感谢上帝! 他在那一刻改变了我,我以往那与神隔绝的灵在爱中苏醒。我渴望像安妮和她的三兄弟一样,在爱中、在光明中走过自己的一生,在面对死亡时仍存盼望和喜悦。

　　笼罩爱城的阴云散去,善后工作在宽容祥和的气氛中进行。……

　　爱荷华河奔流如旧,我却不是昨日的我了。……

　　离开爱城多年了,常常思念她,像是思念故乡。在爱城,我的灵魂苏醒、重生,一家人蒙恩得救。她是我灵里的故乡,与耶稣基督初次相遇的地方。爱城后来有了一条以安妮命名的小径。因她设立的奖学金名牌上,已经刻上了许多中国人的名字。友人捎来一张爱城日报,是枪击事件十周年那天的。标题写着"纪念十年前的逝者"。安妮、山林华的照片都在上面。急急找来安妮三兄弟写给卢刚家人的信的复印件,放在一起,慢慢品读。十年来的风风雨雨在眼前飘然而过,十年来在光明中行走、在爱中生活的甘甜溢满心头。照片里安妮静静地微笑,似乎说,这信其实也是写给你的。

　　是的,我收到了。这源远流长的爱的故事,会接着传下去。

后附《致卢刚家人的信》

　　致卢刚的家人:

　　　　我们刚经历了突发的剧痛,我们在姐姐一生中最光辉的时候,失去了她。我们深以姐姐为荣,她有很大的影响力,受到每一个接触她的人的尊敬和热爱——她的家、邻居的大人和孩子们,她遍及各国的学术界的同事、学生、朋友和亲属。

　　　　我们一家人从远方来到爱荷华这里,不但和姐姐的众多朋友一同承担悲痛,也一起分享了姐姐在世时所留下的美好回忆。当我们在悲伤和回忆中相聚一起的时候,也想到了你们一家人,并为你们祈祷。因为这周末你们肯定是十分悲痛和震惊。

安生前相信爱和宽恕。我们在你们悲痛时写这封信,为要分担你们的哀伤,也盼你们和我们一起祈祷彼此相爱。在这痛苦时刻,安是会希望我们大家的心都充满同情、宽容和爱的。我们知道,在这时会比我们更感悲痛的,只有你们一家。请你们理解,我们愿和你们共同承受这悲伤。

这样,我们就能一起从中得到安慰和支持。安也会希望是这样的。

诚挚的安·柯莱瑞博士的兄弟们
弗兰克、迈克、保罗·克莱瑞
一九九一年十一月四日

本章词语

1. 散文：一种题材广泛、结构灵活、注重抒写真实感受与境遇的文学体裁，可以写人、写景、叙事、咏物，富于情感韵味。如《远处的青山》是作者在大自然中对战争以及人类社会的思考，倾向于情、景、思交融。

2. 散文诗：一种兼有散文情趣和诗歌韵味的诗体，用散文写成，不受固定格式的束缚，不分行，不押韵，不要求鲜明的节奏，一般兼有诗歌语言的音乐美、精练性和散文表现力的灵活性。《母亲的诗》也属于宽泛意义上的散文诗，表现了母爱与母性的情思。

3. 比喻：一种修辞手法，指思想的对象同另外的事物有了类似点，就用那另外的事物来比拟这思想的对象。比喻在形式上有三个要素：本体、喻体和比喻词，凭着这三个成分的异同和隐现，比喻又可分为明喻、隐喻和借喻三类。

4. 信仰：对某种宗教或某种主义极度信服和尊重，并以其为行动的准则。基督教资源中有博爱和宽恕的思想。

链　　接

1. 泰戈尔：《泰戈尔论沉思》，见《世界散文精华·亚洲卷》，冯至、石海峻主编，南京：江苏文艺出版社1994年版。

2. 舍斯托夫：《论绝望与可能》，见《以头撞墙》，舍斯托夫著，方珊等译，西安：陕西师范大学出版社2003年版。

3. 乔治·华盛顿：《告别演说》，见《感动一个国家的文字》，乔治·华盛顿等著，徐翰林编译，哈尔滨：哈尔滨出版社2004年版。

4. 何光沪：《怀大爱心，做小事情》，见《活着就是爱》，特蕾莎修女著，王丽萍译，成都：四川人民出版社2000年版。

5. 尼赫鲁：《光辉逝去》，见《外国散文百年精华》，丛培香等选编，北京：人民文学出版社2001年版。

6. 黄钟：《谦卑地使用权力》，见《游手好闲地思想》，黄钟著，海口：海南出版社2002年版。

7. 史怀泽：《敬畏生命》，陈泽环译，上海：上海社会科学院出版社1996年版。

编者的话

越来越多的人意识到,沉迷于"自我中心"、"科学主义"的现代人的一个悲哀,是"爱与怕"的流失。

"爱与怕"就是敬畏。

哲人康德说过:"位我上者灿烂的星空,道德律令在我心中。"诗人江河唱道:"我选择天空,天空不会腐烂。"是的,敬畏永远指向一个伟大的事物,这事物,可以是自然、文化、历史、传统、勋业、生命、和平,也可以是知识、思想、精神、人格、道德、命运、工作;简言之,它应是值得人类永远依恋与追寻的神圣存在。这存在是遥远的星光,抚慰我们在黑沉沉或灰蒙蒙的荒野前行。这存在主宰尘世又超越尘世,将道德感、同情心、正义与勇气、谦卑与宽容、感恩与悲悯、虔诚与忠贞等美好情操植入我们心中。这存在是一切存在的存在,没有它,一切都不存在,一切都没意义。

敬畏,首先意味着谦卑与自省。智者在探索自身和世界"存在之深渊"的过程中,逐渐由模糊到清晰、由惊惧到欣喜地认识到,绝对存在之伟大和相对自身之渺小。苏格拉底说:我唯一知道的是我其实一无所知。孔子说:"天何言哉!四时行焉,百物生焉,天何言哉","巍巍乎惟天为大",且提出"君子有三畏:畏天命,畏大人,畏圣人言"。帕斯卡尔领悟到:有限无法真正认识无限,人类迷失在大自然最偏僻的角落里。爱默生被无边的宇宙所慑服,认为人生活在世界上仅仅是用一点小家子气的聪明来把握世界而已。赫舍尔自问自答道:人是什么?一条在卵石和土地上蠕动的虫,一个在无边无际的浩渺宇宙中盲目浮游的小生物。倒过来,则是无知者无畏,正如孔子所说:"小人不知天命而不畏,狎大人,侮圣人之言。"竖看人类史,因"无法无天"、无所畏惧给人类造成的悲剧太多、太惨重了。正在走向现代文明的人类,应该清楚自己的有限性和边界;应该明白阳光从天上来,雨水从天上来,只有天泰,才有人康,"获罪于天,无所祷也"(孔子),"天行有常,不为尧存,不为桀亡。应之以治则吉；应之以乱则凶"（荀子）；尤其应该获得清醒的"罪人"意识，因为我们内心有太多、太浓重的"幽暗"，有太多、太纷纭的不真与不洁，有太多、太可笑的愚昧与低能。须知，人最大的无知是不知自己是"罪人"，不知自己原本是一个单靠自己万事不能的"低能儿"。骄傲是人类的第一大罪。因此，我们务必谨记先哲的教诲："认识你自己"，务必警惕自己，低下头来，做一枚经霜的枫叶和沉实的麦穗。"虚心的人有福了，因为天国是他们的。"

敬畏，还意味着感恩与悲悯。人类得以诞生，我们得以来到这世界，在这个美丽的蓝色星球上相爱、创造、歌唱、欢笑、愤怒、哭泣，是一种幸运，是一种恩赐。对此，我们理应心存感激。同时，人类还承受着各种各样外在与内在的苦难的煎熬，往往处于难以完全自拔的境地。对此，我们又理应具有仁厚、博大的悲悯情怀。我们不仅有不堪回首的"奥斯维辛"、"南京大屠杀"，而且还有难以直面的"9·11"、"别斯兰"。泪水拯救世界。黄永玉说如果他给自己的墓碑写墓志铭，那墓志铭应是："爱，悲悯，感恩。"

敬畏，更意味着虔诚与忠贞。虔诚与忠贞是一种对真理的知行合一的生活态度与生命状态。当希特勒夺取政权，纳粹统治施虐于德国的时候，本来安静地在美国讲学的朋霍费尔，在内心深处听到了太阳对向日葵的呼唤：回到祖国，和自己的同胞一起承受苦难！他勇猛地扑向了黑暗，并在希特勒自杀前不久（1945年4月8日）被带上了绞刑架，身后为人类留下了一册微薄而凝重的《狱中书简》。《书简》说："人必须放弃每一种要把自己造成某种人物的企图"，"以自己的步伐去接受生活，连同生活的一切责任与难题、成功与失败、种种经验与孤立无援"，"如果我们通过此世生活而参与上帝的受难，成功怎么能使我们狂妄自大，失败又怎么能使我们迷失道路呢？"……有人说，人是候鸟，哪里有光明、有温暖、有春天，就到哪里去。我们则可以说，满怀敬畏之心的前行者，需要有一点"反候鸟"精神：哪里没有光明、没有温暖、没有春天，就到哪里去，在那里播种、耕耘光明、温暖和春天。

敬畏，归根结底意味着爱。伟大的特蕾莎用一生凝成了一句箴言："活着就是爱。"这爱，是人类精神最伟大的情愫，是人类救赎最根本的道路，是人类价值最隽永的内涵。这爱，有言有行，施与即受，是人类最低而又最高的绝对律令：恒久地爱人，爱可爱的人，也爱不可爱的人，甚至爱自己的仇敌；在自己尚需别人帮助、安慰的时候，仍然无条件地去帮助、安慰别人，甚至是自己的仇敌。这种爱，至高至大，至刚至柔，超越于同情与施舍，超越于"双赢"与"等价交换"，是人类最高最大的荣耀。

"青山依旧在,几度夕阳红。"(杨慎)有了敬畏,我们就可以弘毅而宁静地把苦难装进心胸,把道义担在自己的肩上,成为真理的思想者与实践者。有了敬畏,我们的前方就不是坟墓,而是太阳的故乡:活着时,嘴边衔一朵谦卑的笑;死去时,眼角涌出一滴感恩的泪,那时,生命的太阳便会从深厚、平静的"麦田"徐徐上升。

是的,天空不会腐烂,我们选择天空。

(王东成)

乡愁与家园

我爱这土地*

艾 青

假如我是一只鸟,
我也应该用嘶哑的喉咙歌唱:
这被暴风雨所打击着的土地,
这永远汹涌着我们的悲愤的河流,
这无止息地吹刮着的激怒的风,
和那来自林间的无比温柔的黎明……
——然后我死了,
连羽毛也腐烂在土地里面。

为什么我的眼里常含泪水?
因为我对这土地爱得深沉……

(1938年11月17日)

---

* 艾青(1910—1996),原名蒋海澄,现代诗人。著有《艾青诗全编》(上、中、下)。本文选自《艾青诗全编》上卷,北京:人民文学出版社2003年版。

祖 国 土[*]

阿赫玛托娃

我们不用护身香囊把它带在胸口，
也不用激情的诗为它放声痛哭，
它不给我们苦味的梦增添苦楚，
它也不像是上帝许给的天国乐土。
我们心中不知它的价值何在，
我们也没想拿它来进行买卖，
我们在它上面默默地受难、遭灾，
我们甚至从不记起它的存在。
是的，对我们，这是套鞋上的污泥，
是的，对我们，这是牙齿间的沙砾，
我们把它践踏蹂躏，磨成齑粉，——
这多余的，哪儿都用不着的灰尘！
但我们都躺进它怀里，和它化为一体，
因此才不拘礼节地称呼它："自己的土地。"

（1961 年）

---

[*] 阿赫玛托娃（1889—1966），俄国诗人，著有组诗《安魂曲》等。本文选自《青春读书课系列：人间的诗意——人生抒情诗读本》，飞白译，北京：商务印书馆 2003 年版。

俄 罗 斯*

勃洛克

又像在黄金时代,
三具磨损的皮颈套破裂,
有彩绘的辐条渐渐陷入
松软的车辙里……

俄罗斯,贫穷的俄罗斯,
你的木屋的颜色暗淡如灰,
你那随风飘扬的歌声——
就像我恋爱时第一次流下的眼泪!

我不知道怎样怜惜你,
我小心地背着自己的十字架……
任凭你把强悍的美色
奉献给任何一个诱惑者吧!

---

* 勃洛克(1880—1921),俄国诗人,著有《俄罗斯颂》等。本文选自《青春读书课系列:人间的诗意——人生抒情诗读本》,张草纫译,北京:商务印书馆2003年版。

让他引诱也好，欺哄也好——
你总不会垮台，不会灭亡，
只是忧患会把一层尘土
掩盖住你美丽的容光……

这算得了什么？哪怕有更多的忧患，
哪怕河流中泪水充盈，
你依然如故——森林、田野，
还有裹到眉毛的印花头巾……

不可能的事情也成为可能，
只要头巾下晶莹的眼睛
刹那间在道路的远方闪亮，
只要马车夫低沉的歌声
唱出牢狱里的忧伤，
漫长的道路就会变得轻松，欢畅……

（1908 年）

住多久才算是家*

刘亮程

我喜欢在一个地方长久地生活下去——具体点说,是在一个村庄的一间房子里。如果这间房子结实,我就不挪窝地住一辈子。一辈子进一扇门,睡一张床,在一个屋顶下御寒和纳凉。如果房子坏了,在我四十岁或五十岁的时候,房梁朽了,墙壁出现了裂缝,我会很高兴地把房子拆掉,在老地方盖一幢新房子。

我庆幸自己竟然活得比一幢房子更长久。只要在一个地方久住下去,你迟早会有这种感觉。你会发现周围的许多东西没有你耐活。树上的麻雀有一天突然掉下一只来,你不知道它是老死的还是病死的;树有一天被砍掉一棵,做了家具或当了烧柴;陪伴你多年的一头牛,在一个秋天终于老得走不动。算一算,它远没有你的年龄大,只跟你的小儿子岁数差不多,你只好动手宰掉或卖掉它。

一般情况,我都会选择前者。我舍不得也不忍心把一头使唤老的牲口再卖给别人使唤。我把牛皮钉在墙上,晾干后做成皮鞭和皮具;把骨头和肉炖在锅里,一顿一顿吃掉。这样我才会觉得舒服些,我没有完全失去一头

---

* 刘亮程(1962—),当代散文家。本文选自其《风中的院门》,上海:上海文艺出版社 2001 年版。

牛,牛的某些部分还在我的生活中起着作用,我还继续使唤着它们。尽管皮具有一天也会磨断,拧得很紧的皮鞭也会被抽散,扔到一边。这都是很正常的。

甚至有些我认为是永世不变的东西,在我活过几十年后,发现它们已几经变故,面目全非。而我,仍旧活生生的,虽有一点衰老迹象,却远不会老死。

早年我修房后面那条路的时候,曾想这是件千秋功业,我的子子孙孙都会走在这条路上。路比什么都永恒,它平躺在大地上,折不断、刮不走,再重的东西它都能经住。

有一年一辆大卡车开到村里,拉着一满车铁,可能是走错路了,想掉头回去。村中间的马路太窄,转不过弯。开车的师傅找到我,很客气地说要借我们家房后的路倒一倒车,问我行不行。我说没事,你放心倒吧。其实我是想考验一下我修的这段路到底有多结实。卡车开走后我发现,路上只留下浅浅的两道车辙辘印。这下我更放心了,暗想,以后即使有一卡车黄金,我也能通过这条路运到家里。

可是,在一年后的一场雨中,路却被冲断了一大截,其余的路面也泡得软软的,几乎连人都走不过去。雨停后我再修补这段路面时,已经不觉得道路永恒了,只感到自己会生存得更长久些。以前我总以为一生短暂无比,赶紧干几件长久的事业留传于世。现在倒觉得自己可以久留世间,其他一切皆如过眼烟云。

我在调教一头小牲口时,偶尔会脱口骂一句:畜生,你爷爷在我手里时多乖多卖力。骂完之后忽然意识到,又是多年过去。陪伴过我的牲口、农具已经消失了好几茬,而我还这样年轻有力、信心十足地干着多少年前的一件旧事。多少年前的村庄又浮现在脑海里。

如今谁还能像我一样幸福地回忆多少年前的事呢。那匹三岁的儿马,一岁半的母猪,以及路旁林带里只长了三个夏天的白杨树,它们怎么会知道几十年前发生在村里的那些事情呢。它们来得太晚了,只好遗憾地生活在村里,用那双没见过世面的稚嫩眼睛,看看眼前能够看到的,听听耳边能够听到的。对村庄的历史却一无所知,永远也不知道这堵墙是谁垒的,那条渠是谁挖的。谁最早过河开了那一大片荒地,谁曾经乘着夜色把一大群马赶出村子,谁总是在天亮前提着裤子翻院墙溜回自己家里……这一切,连同完整的一大段岁月,被我珍藏了。成了我一个人的。除非我说出来,谁也别想再走进去。

当然,一个人活得久了,麻烦事也会多一些。就像人们喜欢在千年老墙万年石壁上刻字留名以求共享永生,村里的许多东西也都喜欢在我身上留印迹。它们认定我是不朽之物,咋整也整不死。我的腰上至今还留着一头母牛的半只蹄印。它把我从牛背上掀下来,朝着我的光腰杆就是一蹄子。踩上了还不赶忙挪开,直到它认为这只蹄印已经深刻在我身上了,才慢腾腾移动蹄子。我的腿上深印着好几条狗的紫黑牙印,有的是公狗咬的,有的是母狗咬的。它们和那些好在文物古迹上留名的人一样,出手隐蔽敏捷,防不胜防。我的脸上身上几乎处处有蚊虫叮咬的痕迹,有的深,有的浅。有的过不了几天便消失了,更多的伤痕永远留在身上。一些隐秘处还留有女人的牙印和指甲印儿。而留在我心中的东西就更多了。

  我背负着曾经与我一同生活过的众多事物的珍贵印迹,感到自己活得深远而厚实,却一点不觉得累。有时在半夜腰疼时,想起踩过我的已离世多年的那头母牛,它的毛色和花纹,硕大无比的乳房和发情季节亮汪汪的水门;有时走路腿困时,记起咬伤我的一条黑狗的皮,还展展地铺在我的炕上,当了多年的褥子。我成了记载村庄历史的活载体,随便触到哪儿,都有一段活生生的故事。

  在一个村庄活得久了,就会感到时间在你身上慢了下来。而在其他事物身上飞快地流逝着。这说明,你已经跟一个地方的时光混熟了。水土、阳光和空气都熟悉了你,知道你是个老实安分的人,多活几十年也没多大害处。不像有些人,有些东西,满世界乱跑,让光阴满世界追他们。可能有时他们也偶尔躲过时间,活得年轻而滋润。光阴一旦追上他们就会狠狠报复一顿,一下从他们身上减去几十岁。事实证明,许多离开村庄去跑世界的人,最终都没有跑回来,死在外面了。他们没有赶回来的时间。

  平常我也会自问:我是不是在一个地方生活得太久,土地是不是已经烦我了?道路是否早就厌倦了我的脚印,虽然它还不至于拒绝我走路。事实上我有很多年不在路上走了,我去一个地方,照直就去了,水里草里。一个人走过一些年月后就会发现,所谓的道路不过是一种摆设,供那些在大地上瞎兜圈子的人们玩耍的游戏。它从来都偏离真正的目的。不信去问问那些永远匆匆忙忙走在路上的人,他们走到自己的归宿了吗,没有。否则他们不会没完没了地在路上转悠。

  而我呢,是不是过早地找到了归宿,多少年住在一间房子里,开一个门,关一扇窗,跟一个女人睡觉。是不是还有另一种活法,另一番滋味。我是否该挪挪身,面朝一生的另一些事情活一活。就像这幢房子,面南背北多少年,前墙都让太阳晒得发白脱皮了。我是不是把它掉个个,让一向阴潮的后墙根也晒几年太阳。

这样想着就会情不自禁在村里转一圈,果真看上一块地方,地势也高,地盘也宽敞。于是动起手来,花几个月时间盖起一院新房子。至于旧房子嘛,最好拆掉,尽管拆不到一根好檩子,一块整土块。毕竟是住了多年的旧窝,有感情,再贵卖给别人也会有种被人占有的不快感。墙最好也推倒,留下一个破墙圈,别人会把它当成天然的茅厕,或者用来喂羊圈猪,甚至会有人躲在里面干坏事。这样会损害我的名誉。

当然,旧家具会一件不剩地搬进新房子,柴禾和草也一根不剩拉到新院子。大树砍掉,小树连根移过去。路无法搬走,但不能白留给别人走。在路上挖两个大坑。有些人在别人修好的路上走顺了,老想占别人的便宜,自己不愿出一点力。我不能让那些自私的人变得更加自私。

我只是把房子从村西头搬到了村南头。我想稍稍试验一下我能不能挪动。人们都说:树挪死,人挪活。树也是老树一挪就死,小树要挪到好地方会长得更旺呢。我在这块地方住了那么多年,已经是一颗老树,根根脉脉都扎在了这里,我担心挪不好把自己挪死。先试着在本村里动一下,要能行,我再往更远处挪动。

可这一挪麻烦事跟着就来了。在搬进新房子的好几年间,我收工回来经常不由自主地回到旧房子,看到一地的烂土块才恍然回过神;牲口几乎每天下午都回到已经拆掉的旧圈棚,在那里挤成一堆;我的所有的梦也都是在旧房子。有时半夜醒来,还当是门在南墙上;出去解手,还以为茅厕在西边的墙角。

不知道住多少年才能把一个新地方认成家。认定一个地方时或许人已经老了,或许到老也无法把一个新地方真正认成家。一个人心中的家,并不仅仅是一间属于自己的房子,而是你长年累月在这间房子里度过的生活。尽管这房子低矮陈旧,清贫如洗,但堆满房子角角落落的那些黄金般珍贵的生活情节,只有你和你的家人共拥共享,别人是无法看到的。走进这间房子,你就会马上意识到:到家了。即使离乡多年,再次转世回来,你也不会忘记回这个家的路。

我时常看到一些老人,在一些晴朗的天气里,背着手,在村外的田野里转悠。他们不仅仅是看庄稼的长势,也在瞅一块墓地。他们都是些幸福的人,在一个村庄的一间房子里,生活到老,知道自己快死了,在离家不远的地方,择一块墓地。虽说是离世,也离得不远。坟头和房顶日夜相望,儿女们的脚步声在周围的田地间走动,说话声、鸡鸣狗吠时时传来。这样的死没有一丝悲哀,只像是搬一次家。离开喧闹的村子,找个清静处呆呆。地方是自己选好的,棺木是早几年便吩咐儿女们做好的。从木料、样式到颜色,都是照自己的意愿去做的，没有一丝让你不顺心不满意。

唯一舍不得的便是这间老房子，你觉得还没住够，亲人们也这么说：你不该早早离去。其实你已经住得太久太久，连脚下的地都住老了，连头顶的天都活旧了。但你一点没觉得自己有多么"不自觉"。要不是命三番五次地催你，你还会装糊涂生活下去，还会住在这间房子里，还进这个门，睡这个炕。

我一直庆幸自己没有离开这个村庄，没有把时间和精力白白耗费在另一片土地上。在我年轻的时候、年壮的时候，曾有许多诱惑让我险些远走他乡，但我留住了自己。没让自己从这片天空下消失。我还住在老地方，所谓盖新房搬家，不过是一个没有付诸行动的梦想。我怎么会轻易搬家呢？我们家屋顶上面的天空，经过多少年的炊烟熏染，已经跟别处的天空大不一样。当我在远处，还看不到村庄，望不见家园的时候，便能一眼认出我们家屋顶上面的那片天空，它像一块补丁，一幅图画，不管别处的天空怎样风云变幻，它总是晴朗祥和地贴在高处，家安安稳稳坐落在下面；家园周围的这一窝子空气，多少年被我吸进呼出，也已经完全成了我自己的气息，带着我的气味和温度；我在院子里挖井时，曾潜到三米多深的地下，看见厚厚的土层下面褐黄色的沙子，水就从细沙中缓缓渗出；而在西边的一个墙角上，我的尿水年复一年已经渗透到地壳深处，那里的一块岩石已被我含碱的尿水腐蚀得变了颜色。看看，我的生命上抵高天，下达深地。这都是我在一个地方地久天长生活的结果。我怎么会离开它呢。

听听那冷雨

余光中

惊蛰一过,春寒加剧。先是料料峭峭,继而雨季开始,时而淋淋漓漓,时而淅淅沥沥,天潮潮地湿湿,连在梦里,也似乎把伞撑着。而就凭一把伞,躲过一阵潇潇的冷雨,也躲不过整个雨季。连思想也都是潮润润的。每天回家,曲折穿过金门街到厦门街迷宫式的长巷短巷,雨里风里,走入霏霏令人更想入非非。想这样子的台北凄凄切切完全是黑白片的味道,想整个中国整部中国的历史无非是一张黑白片子,片头到片尾,一直是这样下着雨的。这种感觉,不知道是不是从安东尼奥尼那里来的。不过那一块土地是久违了,二十五年,四分之一的世纪,即使是雨,也隔着千山万山,千伞万伞。二十五年,一切都断了,只有气候,只有气象报告还牵连在一起。大寒流从那块土地上弥天卷来,这种酷冷吾与古大陆分担。不能扑进她怀里,被她的裙边扫一扫吧也算是安慰孺慕之情。

这样想时,严寒里竟有一点温暖的感觉了。这样想时,他希望这些狭长的巷子永远延伸下去,他的思路也可以延伸下去,不是金门街到厦门街,而是金门到厦门。他是厦门人,至少是广义的厦门人,二十年来,不住在厦门,

---

* 余光中(1928—),当代诗人、散文家,著有《余光中诗选》等。本文选自其《左手的掌纹》,冯亦同编,南京:江苏文艺出版社2003年版。

住在厦门街,算是嘲弄吧,也算是安慰,不过说到广义,他同样也是广义的江南人,常州人,南京人,川娃儿,五陵少年。杏花春雨江南,那是他的少年时代了。再过半个月就是清明。安东尼奥尼的镜头摇过去,摇过去又摇过来。残山剩水犹如是。皇天后土犹如是。纭纭黔首纷纷黎民从北到南犹如是。那里面是中国吗?那里面当然还是中国永远是中国。只是杏花春雨已不再,牧童遥指已不再,剑门细雨渭城轻尘也都已不再。然而他日思夜梦的那片土地,究竟在哪里呢?

在报纸的头条标题里吗?还是香港的谣言里?还是傅聪的黑键白键马思聪的跳弓拨弦?还是安东尼奥尼的镜底勒马洲的望中?还是呢,故宫博物院的壁头和玻璃橱内,京戏的锣鼓声中太白和东坡的韵里?

杏花。春雨。江南。六个方块字,或许那片土就在那里面。而无论赤县也好神州也好中国也好,变来变去,只要仓颉的灵感不灭美丽的中文不老,那形象,那磁石一般的向心力当必然长在。因为一个方块字是一个天地。太初有字,于是汉族的心灵他祖先的回忆和希望便有了寄托。譬如凭空写一个"雨"字,点点滴滴,滂滂沱沱,淅沥淅沥淅沥,一切云情雨意,就宛然其中了。视觉上的这种美感,岂是什么 rain 也好 pluie 也好所能满足?翻开一部"辞源"或"辞海",金木水火土,各成世界,而一入"雨"部,古神州的天颜千变万化,便悉在望中,美丽的霜雪云霞,骇人的雷电霹雹,展露的无非是神的好脾气与坏脾气,气象台百读不厌门外汉百思不解的百科全书。

听听,那冷雨。看看,那冷雨。嗅嗅闻闻,那冷雨,舔舔吧那冷雨。雨在他的伞上这城市百万人的伞上雨衣上屋上天线上雨下在基隆港在防波堤在海峡的船上,清明这季雨。雨是女性,应该最富于感性。雨气空而迷幻,细细嗅嗅,清清爽爽新新,有一点点薄荷的香味,浓的时候,竟发出草和树沐发后特有的淡淡土腥气,也许那竟是蚯蚓蜗牛的腥气吧,毕竟是惊蛰了啊。也许地上的地下的生命也许古中国层层叠叠的记忆皆蠢蠢而蠕,也许是植物的潜意识和梦吧,那腥气。

第三次去美国,在高高的丹佛他山居了两年。美国的西部,多山多沙漠,千里干旱,天,蓝似安格罗·萨克逊人的眼睛,地,红如印第安人的肌肤,云,却是罕见的白鸟。落基山簇簇耀目的雪峰上,很少飘云牵雾。一来高,二来干,三来森林线以上,杉柏也止步,中国诗词里"荡胸生层云",或是"商略黄昏雨"的意趣,是落基山上难睹的景象。落基山岭之胜,在石,在雪。那些奇岩怪石,相叠互倚,砌一场惊心动魄的雕塑展览,给太阳和千里的风看。那雪,白得虚虚幻幻,冷得清清醒醒,那股皑皑不绝一仰难尽的气势,压得人呼吸困难,心寒眸酸。不过要领略"白云回望合,青霭入看无"的境界,仍须回来中国,台湾湿度很高,最饶云气氤氲雨意迷离的情调。两度夜宿溪头,树香沁鼻,宵寒袭肘,枕着润碧湿翠苍苍交叠的山影和万籁都歇的岑寂,仙人一样睡去。山中一夜饱雨,次晨醒来,在旭日未升的原始幽静中,冲着隔夜的寒气,踏着满地的断柯折枝和仍在流泻的细股雨水,一径探入森林的秘密,曲曲弯弯,步上山去。溪头的山,树密雾浓,蓊郁的水汽从谷底冉冉升起,时稠时稀,蒸腾多姿,幻化无定,只能从雾破云开的空处,窥见乍现即隐的一峰半壑,要纵览全貌,几乎是不可能的。至少入山两次,只能在白茫茫里和溪头诸峰玩捉迷藏的游戏,回到台北,世人问起,除了笑而不答心自闲,故作神秘之外,实际的印象,也无非山在虚无之间罢了。云缭烟绕,山隐水迢的中国风景,由来予人宋画的韵味。那天下也许是赵家的天下,那山水却是米家的山水。而究竟,是米氏父子下笔像中国的山水,还是中国的山水上纸像宋画。恐怕是谁也说不清楚了吧?

　　雨不但可嗅,可观,更可以听。听听那冷雨。听雨,只要不是石破天惊的台风暴雨,在听觉上总有一种美感。大陆上的秋天,无论是疏雨滴梧桐,或是骤雨打荷叶,听去总有一点凄凉、凄清、凄楚,于今在岛上回味,则在凄楚之外,更笼上一层凄迷了。饶你多少豪情侠气,怕也经不起三番五次的风吹雨打。一打少年听雨,红烛昏沉。二打中年听雨,客舟中,江阔云低。三打白头听雨在僧庐下,这便是亡宋之痛,一颗敏感心灵的一生:楼上,江上,庙里,用冷冷的雨珠子串成。十年前,他曾在一场摧心折骨的鬼雨中迷失了自己。雨,该是一滴湿漓漓的灵魂,窗外在喊谁。

　　雨打在树上和瓦上,韵律都清脆可听。尤其是铿铿敲在屋瓦上,那古老的音乐,属于中国,王禹在黄冈,破如椽的大竹为屋瓦。据说住在竹楼上面,急雨声如瀑布,密雪声比碎玉,而无论鼓琴、咏诗、下棋、投壶,共鸣的效果都特别好。这样岂不像住在竹筒里面,任何细胞的声响,怕都会加倍夸大,反而令人耳朵过敏吧。

　　雨天的屋瓦,浮漾湿湿的流光,灰而温柔,迎光则微明,背光则幽暗,对于视觉,是一种低沉的安慰。至于雨敲在鳞鳞千瓣的瓦上,由远而近,轻轻重重轻轻,夹着一股股的细流沿瓦槽与屋檐潺潺泻下,各种敲击音与滑音密织成网,谁的千指百指在按摩耳轮。"下雨了",温柔的灰美人来了,她冰冰的纤手在屋顶拂弄着无数的黑键啊灰键,把响午一下子奏成了黄昏。

　　在古老的大陆上,千屋万户是如此。二十多年前,初来这岛上,日式的瓦屋亦是如此。先是天暗了下来,城市像罩在一块巨幅的毛玻璃里,阴影在户内延长复加深。然后凉凉的水意弥漫在空间,风自每一个角落里旋起,感觉得到,每一个屋顶上呼吸沉重都覆着灰云。雨来了,最轻的敲打乐敲打这城市,苍茫的屋顶,远远近近,一张张敲过去,古老的琴,那细细密密的节奏,单调里自有一种柔婉与亲切,滴滴点点滴滴,似幻似真,若孩时在摇篮里,一曲耳熟的童谣摇摇欲睡,母亲吟哦鼻音与喉音。或是在江南的泽国水乡,一大筐绿油油的桑叶被啃于千百头蚕,细细琐琐屑屑,口器与口器咀咀嚼嚼。雨来了,雨来的时候瓦这么说,一片瓦说千亿片瓦说,说轻轻地奏吧沉沉地弹,徐徐地叩吧挞挞地打,间间歇歇敲一个雨季,即兴演奏从惊蛰到清明,在零落的坟上冷冷奏挽歌,一片瓦吟千亿片瓦吟。

在日式的古屋里听雨,听四月,霏霏不绝的黄梅雨,朝夕不断,旬月绵延,湿黏黏的苔藓从石阶下一直侵到他舌底,心底。到七月,听台风台雨在古屋顶上一夜盲奏,千层海底的热浪沸沸被狂风挟来,掀翻整个太平洋只为向他的矮屋檐重重压下,整个海在他的蜗壳上哗哗泻过。不然便是雷雨夜,白烟一般的纱帐里听羯鼓一通又一通,滔天的暴雨滂滂沛沛扑来,强劲的电琵琶忐忑忑忑忐忑,弹动屋瓦的惊悸腾腾欲掀起。不然便是斜斜的西北雨斜斜,刷在窗玻璃上,鞭在墙上打在阔大的芭蕉叶上,一阵寒濑泻过,秋意便弥漫日式的庭院了。

在日式的古屋里听雨,春雨绵绵听到秋雨潇潇,从少年听到中年,听听那冷雨。雨是一种单调而耐听的音乐是室内乐是室外乐,户内听听,户外听听,冷冷,那音乐。雨是一种回忆的音乐,听听那冷雨,回忆江南的雨下得满地是江湖下在桥上和船上,也下在四川在秧田和蛙塘下肥了嘉陵江下湿布谷咕咕的啼声。雨是潮潮润润的音乐下在渴望的唇上舐舐那冷雨。

因为雨是最最原始的敲打乐从记忆彼端敲起。瓦是最最低沉的乐器灰蒙蒙的温柔覆盖着听雨的人,瓦是音乐的雨伞撑起。但不久公寓的时代来临,台北你怎么一下子长高了,瓦的音乐竟成了绝响。千片万片的瓦翩翩。美丽的灰蝴蝶纷纷飞起,飞入历史的记忆。现在雨下下来下在水泥的屋顶和墙上,没有音韵的雨季。树也砍光了,那月桂,那枫树,柳树和擎天的巨椰,雨来的时候不再有丛叶嘈嘈切切,闪动湿湿的绿光迎接。鸟声减了啾啾,蛙声沉了阁阁。秋天的虫吟也减了唧唧。七十年代的台北不需要这些,一个乐队接一个乐队便遣散尽了。要听鸡叫,只有去诗经的韵里寻找。现在只剩下一张黑白片,黑白的默片。

正如马车的时代去后,三轮车的时代也去了。曾经在雨夜,三轮车的油布篷挂起,送她回家的途中,篷里的世界小得多可爱,而且躲在警察的辖区以外。雨衣的口袋越大越好,盛得下他的一只手里握一只纤纤的手。台湾的雨季这么长,该有人发明一种宽宽的双人雨衣,一人分穿一只袖子,此外的部分就不必分得太苛。而无论工业如何发达,一时似乎还废不了雨伞。

只要雨不倾盆、风不横吹,撑一把伞在雨中仍不失古典的韵味。任雨点敲在黑布伞或是透明的塑胶伞上,将骨柄一旋,雨珠向四方喷溅,伞缘便旋成了一圈飞檐。跟女友共一把雨伞,该是一种美丽的合作吧。最好是初恋,有点兴奋,更有点不好意思,若即若离之间,雨不妨下大一点。真正初恋,恐怕是兴奋得不需要伞的,手牵手在雨中狂奔而去,把年轻的长发和肌肤交给漫天的淋淋漓漓,然后向对方的唇上颊上尝凉凉甜甜的雨水。不过那要非常年轻且激情,同时,也只能发生在法国的新潮片里吧。

大多数的雨伞想不会为约会张开。上班下班,上学放学,菜市来回的途中,现实的伞,灰色的星期三。握着雨伞,他听那冷雨打在伞上。索性更冷一些就好了,他想。索性把湿湿的灰雨冻成干干爽爽的白雨,六角形的结晶体在无风的空中回回旋旋地降下来,等须眉和肩头白尽时,伸手一拂就落了。二十五年,没有受故乡白雨的祝福,或许发上下一点白霜是一种变相的自我补偿吧。一位英雄,经得起多少次雨季?他的额头是水成岩削成还是火成岩?他的心底究竟有多厚的苔藓?厦门街的雨巷走了二十年与记忆等长,一座无瓦的公寓在巷底等他,一盏灯在楼上的雨窗子里,等他回去,向晚餐后的沉思冥想去整理青苔深深的记忆。前尘隔海。古屋不再。听听那冷雨。

(1974年春分之夜)

思乡词四首

苏幕遮(碧云天)*

范仲淹

碧云天,黄叶地,秋色连波,波上寒烟翠。山映斜阳天接水①,芳草无情,更在斜阳外②。黯乡魂③,追旅思④,夜夜除非,好梦留人睡⑤。明月楼高休独倚。酒入愁肠,化作相思泪。

〔注释〕

① "山映"句:斜阳映山,远水接天。

② "芳草"两句:芳草远接斜阳外的天涯(暗指远方的故乡),是那么无情地惹人愁苦。

③ 黯乡魂:思念家乡,黯然销魂。江淹《别赋》:"黯然销魂者,唯别而已矣。"黯然:心神颓丧的样子。

④ 追旅思(sì):羁旅的愁思缠扰不休。思:一作"意"。

⑤ "夜夜"两句:夜里除开睡时偶然有好梦外,别无慰藉。按词意,似不是两句,而是一句。

---

* 范仲淹(989—1052),字希文。北宋政治家、文学家,著有《范文正公集》。本文选自《宋词选》,胡云翼选注,上海:上海古籍出版社1982年版。

苏幕遮(燎沉香)*

周邦彦

燎沉香,消溽暑①。鸟雀呼晴,侵晓窥檐语②。叶上初阳乾宿雨③。水面清圆,一一风荷举④。故乡遥,何日去?家住吴门,久作长安旅⑤。五月渔郎相忆否?小楫轻舟,梦入芙蓉浦⑥。

〔注释〕

① 燎(liáo)沉香:烧香。沉香:一种可作熏香用的木材,又名沉水,是一种香气很浓的香料。溽(rù)暑:夏天潮湿闷热的天气。

② 侵晓:清晨天刚亮的时候。

③ 宿雨:昨夜的雨水。

④ "水面"两句:水面上青翠圆润的荷叶,在晨风中一张张擎举着。连上面一句,王国维《人间词话》称:"真能得荷之神理者。"

⑤ 吴门:苏州是古代吴国的首都,有吴门、吴中等名称。这里指诗人的故乡钱塘。钱塘原属吴郡(为三吴之地),故称。作者《满庭芳·忆钱塘》:"似梦魂迢递,长到吴门。"长安:今陕西西安市,这里指北宋京城汴梁。

⑥ 芙蓉浦:有溪涧可通的荷花塘。古时称荷花为芙蓉。

前　　调**

郑光祖

弊裘尘土压征鞍,鞭倦袅芦花①。弓剑萧萧②,一竟入烟霞③。动羁怀:西风禾黍,秋水兼葭④;千点万点、老树寒鸦;三行两行,写高寒呀呀、雁落平沙⑤;曲岸西边,近水涡、鱼网纶竿钓⑥;断桥东下,傍溪沙、疏篱茅舍人家。见满山满谷,红叶黄花。正是凄凉时候,离人又在天涯。

〔注释〕

① "弊裘"两句:写马上游子穿着破裘,满身尘土,连马鞭都懒得举了。

② 萧萧:萧条。

---

* 周邦彦(1056—1121),字美成,号清真居士。北宋词人,著有《清真居士集》等。本文选自《宋词选》,胡云翼选注,上海:上海古籍出版社1982年版。

** 郑光祖(生卒年不详),字德辉。元戏曲作家,著有《倩女离魂》等。本文选自《元明清散曲选》,王起主编,洪柏昭、谢伯阳选注,北京:人民文学出版社1988年版。

③ 一竟：一直。烟霞：无人的荒野。
④ 羁怀：游子的情怀。蒹葭：芦苇。
⑤ 高寒：天空。雁飞空中，常常排成"人"字或"一"字形，仿佛在写字，故说"写高寒"。呀呀：状声词。
⑥ 水涡：水流旋转处。纶竿：钓鱼竿。钓：钓鱼船。

长 相 思*

纳兰性德

山一程，水一程，身向榆关那畔行①。夜深千帐灯。风一更，雪一更，聒碎乡心梦不成。故园无此声。

〔注释〕

① 榆关：山海关。那畔：那边，关外。

---

* 纳兰性德(1655—1685)，原名成德，字容若，号楞伽山人。清词人，著有《通志堂集》。本文选自《中国历代诗歌选》下集(二)，林庚、冯元君主编，北京：人民文学出版社1979年版。

本章词语

1. **骚体诗**：又称楚辞体，指战国时以屈原、宋玉为代表的楚地诗人所创造的一种诗歌形式。骚体诗突破了《诗经》的四言诗句式，采用了散文化的句法，篇幅宏大，句子长短不一，参差多变，能够用纵横恣肆的文笔来酣畅淋漓地抒写情怀，自由奔放地表达思想情感。

2. **诗有虚实**：明代屠隆《与友人论诗文》："顾诗有虚、有实，有虚虚，有实实，有虚有实，有实有虚，并行错出，何可端倪。"此处的虚、实分别指虚构、幻想与写实。诗歌创作不用一法，精于此者，用虚用实，均可创造出精品。

3. **赋**：汉代兴起的一种文学样式——汉赋。在写作上讲究运用华丽词藻，注重铺陈排比，能够多方位、多层次地描写对象，以尽事态、物貌与人情。汉赋与楚辞的区别是：赋属于有韵的散文，而辞属于诗歌的范畴。唐代孔颖达《毛诗·关雎传·正义》中指出："诗文直陈其事不譬喻者，皆赋辞也。"

4. **词**：文体名，也称长短句、乐府，因出现于诗之后，又称诗余，是一种能伴乐歌唱的新诗体。词萌芽于南朝，形成于隋唐，兴盛于宋代。词的调名称词调，每调在片（阕）数、名数、字数、用韵、韵的平仄、对仗方面都有固定格式。王国维说："诗之境阔，词之言长。"

链　接

1. 张汝伦：《乡愁》，见《世界华人学者散文大系》（第九卷），郑州：大象出版社2003年版。

2. 牛汉：《绵绵土》，见《中国当代散文检阅》（学者卷），西安：陕西人民出版社1997年版。

3. 苇岸：《放蜂人》，见苇岸著《大地上的事情》，北京：中国对外翻译出版公司1995年版。

4. 普列姆昌德：《这是我的祖国》，见《外国经典散文100篇》，北京：人民文学出版社2003年版。

5. 荷尔德林：《故乡吟》，见《荷尔德林诗选》，顾正祥译注，北京：北京大学出版社1994年版。

6. 董桥：《给后花园点灯》，见《董桥散文》，江迅选编，杭州：浙江文艺出版社1996年版。

编者的话

自从亚当、夏娃偷吃了智慧树的果子,被耶和华神逐出伊甸园,踏上"失乐园"与"复乐园"的漫漫旅程,人类便把"家园"和"故乡"揣进了心里,埋入了梦中。一缕与生俱来的绵绵的乡愁(nostalgia),便是一首始终与人类相伴的生命之歌。

父亲的草原母亲的河。家园和故乡是父母之邦,是生命之根,是心灵的憩园。它不仅是每个人空间的、时间的、自然的母体,更是每个人心理的、精神的、文化的母国。也许家园和故乡本是圣洁乐土,也许人的记忆把家园和故乡美化、神化了,在人们心中,故乡始终是彩蝶翩飞在游子的梦中,始终是月光融会在游子的泪里。在游子的记忆里,故乡是淙淙的小河,是河边吱吱唱歌的水磨;是袅袅的炊烟,是小路上赶集的牛车;是晶莹的渔火,是沙滩上美丽的海螺;是幽远的星空,是青山映在水面的倒影;是童年的梦想,是青春的挥洒;是指点江山的盛气,是刻骨铭心的悔恨;是第一次接吻时的心跳,是微风细雨里的悠悠遐思;是兄弟姐妹的惦念,是师长亲朋的祝福;是父亲路上的叮咛,是母亲望穿云水的目光。一句话,故乡是游子永远的安魂曲!海子诗云:"故乡/一个姓名/一句/美丽的诗行/故乡的夜晚醉倒在地。"

从根本上说,每个人都是游子,在生存环境(物质——精神)严重恶化、人文精神严重匮乏的现代社会,尤其如此。克尔凯郭尔说对了,一个人即使在家也会生出乡愁。乡愁是游子的凝视与眺望。这凝视和眺望源自人类与母体和母国的距离,源自人类两种伟大片面性的宿命般的冲突。"三千里兮家未归,恨难得兮仰天悲"(张翰),"丛菊两开他日泪,孤舟一系故园心"(杜甫)。正是这距离的无法弥合、无计望穿,正是这冲突的无可止息或调和,才使游子的凝视与眺望显得柔韧、绵长、悲壮、富有诗意,乃至具有救赎性。由此,乡愁便成为"一棵没有年轮的树,永不老去"(席慕容),便成为"某种人类疏离(estrangement)的基本状况"(罗兰·罗伯森),便成为人类悖论式、悲剧性生存的真实境况。

人长两只脚,就是要离开故乡;人有一颗心,就是要思念故乡。"人是把家园带在自己身边流浪的。"(列维·斯特劳斯)人在家时,心在外头;人在外时,家在心头。人世间赞赏火热的太阳,因为我们奋发的生命需要像太阳那样升腾;人世间牵挂故乡黄昏里的那缕炊烟和静夜明月,因为我们漂泊的生命渴望像故乡炊烟那样悠然,像故乡明月那样安恬。

帕斯卡尔说:"肉体不可思议,灵魂更不可思议,最不可思议的是肉体和灵魂居然结合在一起。"对人类的离乡与思乡,亦可做如是观。为了"梦中的橄榄树"(三毛),多少人执手凝噎,多少人"仰天大笑出门去"(李白)。他们跋涉在西风凛冽的古道,漂泊于夕阳西下的异乡。可是,他们心中却时时吟唱着一支无字的思乡曲。人啊,厮守田园唯恐平庸,而浪迹天涯似又转为不幸。人是一棵树,既有伸向蓝天的万丈雄心,又有叶落归根的千古乡情。人是一条河,既有奔向大海的不息追求,又有回归源头的永恒期盼。人是一只鸟,站在大地上,向往天空;飞上天空后,又眷恋大地。

游子的心中永远寂寞地唱着一首飘向故乡的歌,游子的酒杯永远挂着思乡的泪,游子永远枕着乡愁入梦,在枕下那无尽的涛声中,永远有一只飘向白云深处的家园的船。游子的梦永远是被泪水打湿的梦,那梦中的牵牛花,永远是挂着泪滴的牵牛花。只有浪迹天涯的游子,才能吟唱出最凄楚动人、最令人荡气回肠的思乡曲。

也许乡愁并不能带领我们回到家园和故乡,但乡愁是人类灵魂深处的倔强要求,是人的生命难以遏制的激越冲动。西晋文学家张翰旅官于外,"见秋风起,乃思关中菰菜、莼菜、鲈鱼脍,曰:'人生贵得适志,何能羁宦数千里以要名爵乎!'遂命驾而归"。深怀"济世"之情的东晋大诗人陶渊明扪心自责:"田园将芜胡不归?既自以心为形役,奚惆怅而独悲!"于是,"悟已往之不谏,知来者之可追;实迷途其未远,觉今是而昨非。舟遥遥以轻飏,风飘飘而吹衣",欣然返归故里,隐居田园,"躬耕自资",实现了人生的一大超越。东汉名将班超一生效法西汉的傅介子和张骞,投笔从戎,万里封侯,可是晚年却顿生"依风首丘"之思,上书皇帝,乞归故土。伟大的夏加尔用甜蜜的色彩描绘出对老俄罗斯的怀念,虽然几十年的流浪生涯使他的画笔流淌出淡淡的酸楚,但铭心刻骨的记忆仍能使那童年美丽纯真的时光倒流,带给人无限的缅怀。尽管诸多国人的故乡并不在长城外,但整个民族的命运,使得抗战歌曲《我的家在东北松花江上》成了整个民族的乡愁,歌声一起,那梦里故乡会让每个歌者都热泪盈眶。

什么是人类真正的故乡？哪里是值得人类永远眷念与追寻的家园？孔子说："君子怀德，小人怀土"。人类梦中的故乡是金光闪闪的"麦田"，是"流着奶和蜜"的"伊甸园"，它昭示着人类永恒的普世价值，引领我们的灵魂和肉体一同回归。

崔颢唱出了百代过客的惆怅："日暮乡关何处是，烟波江上使人愁。"沈从文道出了千年游子的心声："一个士兵要不战死沙场，便是回到故乡。"蒋捷诉说出芸芸众生的沧桑与沉重："少年听雨歌楼上，红烛昏罗帐。壮年听雨客舟中，江阔云低，断雁叫西风。而今听雨僧庐下，鬓已星星也。悲欢离合总无情，一任阶前点滴到天明。"我们则应记住泰戈尔的告诫："每一个孩子出生时所带的神示说：上帝对于人尚未灰心失望呢。""上帝等待着人在智慧中重新获得童年。"真正的安宁、幸福、爱、信仰不在未知的迷茫里，而在被我们遗弃的家园里。离家的孩子该回家了，迷途的孩子该回头了。即使同处山穷水尽的绝境，有家的孩子也永远比无家可归的孩子幸福。在凄迷的行旅中，在苍茫的岁月里，我们，诗意栖居的"风雪夜归人"（刘长卿），应该和荷尔德林一起边走边唱："请赐我们以双翼／让我们满怀赤诚／返回故园"。

（王东成）

为了忘却的记忆

活着的伤疤*

牛 汉

从口外草地回来的人，身上多半带着大大小小深深浅浅的伤疤。如果伤在手上脸上，谁都看得见，而有些伤是很难看见的；首先，他就不愿让谁看见，而有些伤，即使让你看，你也看不见。这些伤，痛在骨头里，深深地藏在倔强而沉默的心灵里，只能从他们艰难的步态（并非由于衰老，他们大都不过三十几岁的人）和深重的哮喘声中，猜想到他们曾经遭受过难以想象的磨难和病痛，小灾小病难不倒他们。

秃手伯失去双手，一目了然，他无法瞒过谁，但是他那满胸脯的伤，却从来不让人看。

我也只见过一回。

有一年夏天，他一个人在河里洗身子，我悄悄地游到他身边，想帮他擦擦后背，才第一次窥见他胸脯的伤疤（只听说狼差点把他的胸脯子撕开），不见则已，一见真让我吓得目瞪口呆。这哪里是伤疤？我心想，他回来已有两三年，再重的伤也早该结疤，但现在看见的却是血淋淋的一个胸脯，我觉得血还不住地在流，映着夕阳的光辉，秃手伯的满胸脯伤疤，像多年之后我见

---

* 牛汉（1923— ），现代诗人。本文选自《中华散文珍藏本·牛汉卷》，北京：人民文学出版社1997年版。

到的红珊瑚,从形象到颜色,都十分相像。

我惊奇地对秃手伯说:"伤口还在流血,可不能见水!"

秃手伯很平静地说:"不碍事,早已不见血了,这叫红疤,很不吉利。"

"为什么不吉利?"

秃手伯用手抚摩着自己多难的胸口,叹了口气,说:"红疤,就是说这伤还没有死。"

"还没死?"伤还有不死的,我还是第一次听说。

"是的,没有死,伤还活着,天阴下雨时它不让我安生,整个心口还像那只狼在咬我撕我。"

我禁不住去摸摸秃手伯痛苦的血红的胸脯,他没有阻拦我,我不敢用手摸,生怕血冒了出来。

"愿意摸就摸摸,不碍事。"

"疼吗?"

"不疼。"

是的。伤疤显然没有死。我觉得它还在折磨他,哪有不疼的伤?尤其这红疤,还活着的伤疤,更不能轻信它。

几乎没有摸到一点光滑的好皮肤,蚯蚓似的隆起的密密的伤疤,仿佛在蠕动着,它们比好皮肤还要硬得多。

一条条隆起的弯曲的伤疤里,似乎都生出了自己的筋骨,自己的血管,自己的神经,自己的记忆,难怪它不死!

几十年过后,我才知道伤疤也是一种生命。看得见的伤疤,有许多一直活着,看不见的伤疤,有的也一直不死。

记得过了好多天,我问秃手伯:"你胸脯上的那些伤疤为什么不愿意让人看见?"

他皱着眉头说:"伤疤千万不能露给别人看,不能让人为自己承当痛苦,更不愿让谁可怜。"

以后我再不向他提伤疤的事。我跟他常常一起吼唱西口调。

……

有关伤疤的道理,半个多世纪之前,秃手伯就对我讲过,当时我并不理解。直到我的身上心灵上,带上了许多伤疤,也很大,也很深,而且有的到我死后,可能仍然活着不死,我才真正地悟知了伤疤这个活东西。

吃 相 凶 恶*

莫 言

在我的脑袋最需要营养的时候,也正是大多数中国人饿得半死的时候。我常对朋友们说,如果不是饥饿,我绝对要比现在聪明,当然也未必。因为生出来就吃不饱,所以最早的记忆就与食物有关。那时候我家有十几口人,每逢开饭,我就要哭一场。我叔叔的大女儿比我大几个月,当时都有四五岁光景,每顿饭奶奶就分给我和这个姐姐每人一片霉烂的薯干,而我总认为奶奶偏心,把大一点的薯干给了姐姐,于是眼泪便夺眶而出。有时候伸手把姐姐那片薯干抢过来,把自己那片扔过去,抢过来又觉得原先分给我那片大,于是再抢回来。一抢两抢,婶婶的脸便拉长了,姐姐也哭了,我当然一直是双泪长流。母亲无可奈何地叹气,奶奶便数落我的不是。母亲便连声赔不是,抱怨我肚量大,说千不该万不该生这么个大肚子。

吃完了那片薯干,就只有野菜团子了。那些黑色的、扎嘴的东西,吃不下去,又必须吃,一边吃一边哭。究竟是靠着什么营养长大的,我怎么能知道。那时想:什么时候能饱饱地吃上一顿红薯干子呢? 能吃饱红薯干就心满意足了。

---

* 莫言(1955—),当代小说家。本文选自《小说名家散文百题》,武汉:长江文艺出版社 1994 年版。

一九六〇年春天,在人类历史上恐怕也是一个黑暗的春天。能吃的东西似乎都吃光了,草根、树皮、房檐上的草。村子里几乎天天死人。都是饿死的。起初死了人亲人还呜呜哇哇地哭着到村头土地庙里去注销户口,后来就哭不动了。抬到野外去,挖个坑埋掉了事。很多红眼睛的狗在旁边等待着,人一走,就扒开坑吃尸。据说马四从他死去的老婆腿上割肉烧着吃,没有确证,因为很快马四也死了。粮食,粮食都哪里去了呢?粮食都被谁吃了呢?村里人也老实,饿死也不会出去闯荡。后来盛传南洼里那种白色的土能吃,便都去挖来吃。吃了拉不下来,又死了一些人。于是不敢吃土了。那时我已经上学。冬天,学校里拉来一车煤块,亮晶晶的,是好煤。有一个生痨病的杜姓同学对我们说那煤很香,越嚼越香。于是我们都去拿着吃。果然这批煤好吃,果然越嚼越香。一上课,老师在黑板上写,我们在下边嚼煤,咯咯崩崩一片响。老师说你们吃什么,我们一张嘴都乌黑。老师批评我们:煤怎么能吃呢?我们说:香极了,老师不信吃块试试。老师是个女的,姓俞,也饿得不轻,脸色蜡黄,似乎连胡子都长出来了,饿成男人了。她狐疑地说,煤怎么能吃呢?有一个女生讨好地把块煤递给俞老师,俞老师先试探着咬了一点,品滋味,然后就咯崩崩地吃起来了。她也说很香。这事儿有点魔幻,我现在也觉着不像真事。但去年我见到王大爷说这事,王大爷说:你们的屎填到炉子里呼呼地着呢。幸亏国家发了救济粮来,豆饼,每人两斤。奶奶分给我们每人杏核大一块,嚼着,舍不得咽,舍不得咽就没了,好像在口腔里化掉了。我家西邻的孙家爷爷,把两斤豆饼一气吃下去,口渴、喝水,豆饼发开,胃和肠子破了,孙家爷爷死了。十几年后痛定思痛,母亲说那时人的肠胃薄得像纸一样,一点脂肪也没有。大人都水肿,我们一班小孩都挺着个水罐一样的大肚子,肚皮似乎透明,绿色的肠子在里边也蠢蠢欲动。都特别能吃,五六岁的孩子,一次能喝八大碗野菜汤。

后来生活好了一点,能半年糠菜半年粮了。我叔叔又走后门买了一麻袋棉籽饼,放在缸里,我夜里起来小解,也忘不了去偷摸一块,拿到被窝里吃,香极了。

村里的牲口都饿死了,在生产队里架起大锅煮,一群群的孩子嗅着煮死物的味道在锅边转。有一个叫"运输"的大孩子领着我们唱歌:

　　骂一声刘表好大的头,
　　你爹十五你娘十六,
　　一辈子没捞到饱饭吃,
　　叽叽喳喳啃了些牛羊骨头。

手持棍棒的大队长把我们轰走,一转眼我们又嗅着味来了,在大队长的心里我们比苍蝇还讨厌。

趁着大队长上茅房,我们扑上去。我二哥抢了一只马蹄子,捧回家去,像宝一样。点一把火,燎掉蹄上的毛,剁开,放锅里煮。煮熟了喝汤,那汤味道鲜美无比,至今难忘。

"文革"期间,依然吃不饱,我便到生产队的玉米田里去找一种玉米上的菌瘤,掰下来,拿回家煮了,撒上盐,拌蒜吃,也是鲜美无比,味道好极了。

后来又听人说,癞蛤蟆的肉味比猪肉还要鲜美,母亲嫌脏,不许我去捉。

生活渐渐好起来,红薯干能管饱了,这时已是"文革"后期了。有一年,年终结算,我家分了二百九十元钱,这在当时是个令人吃惊的数字。我记得我一个六婶把我的一个堂妹的头都打肿了,因为她丢了一角钱。分了那么多钱,父亲下决心割了五斤猪肉,也许更多一点,煮了,每人一碗,我一口气就把一大碗肥肉吃下去了。还觉不够,母亲又把她碗中的分给了我。吃完了,胃承受不住,一股股的荤油往上涌,嗓子眼像被刀割着一样痛疼,这就是吃肉的感觉了。

我的馋是有名的,只要家里有点好吃的,我千方百计地要偷点吃,有时吃着吃着就控制不住自己,吃多了,剩下的干脆吃掉,豁出去挨骂就是。我的爷爷和奶奶住在婶婶家,要我送饭给他们吃,我总是利用送饭的机会揭开饭盒的盖子偷一点吃,为此母亲受了不少冤枉,这事儿现在我还感到深深的内疚。我为什么会那样馋呢?这恐怕不完全是饥饿所致,部分的是品质问题。一个嘴馋的孩子,往往都是意志薄弱、自制力较差的人,我就是。

七十年代中,去水利工地劳动,生产队用水利粮做大馒头,半斤干面一个,我的记录是一顿饭吃四个,有的人能吃六到七个。

一九七六年,我当了兵,从此和饥饿道了别。从新兵连分到新单位时,精粉的小馒头,我一次吃了八个,肚子里还有空,但不好意思再吃了。炊事员对食堂管理员说:"坏了,来了大肚子汉了。"管理员笑笑,说:"吃上一个月就吃不动了。"果然,一个月后,拳大的馒头,我一顿饭只吃两个就够了。而现在,一个就够了。

尽管这些年不饿了,肚里也有了油水,但一上宴席,总是有些迫不及待,生怕捞不到吃够似的抢,也不管别人的目光怎样看着我。吃饱了也后悔:为什么我就不能慢悠悠地少吃一点呢?让人觉得我出身高贵、吃相文雅?因为在文明社会里,吃得多是没有文化没有教养的表现,好多人攻击我饭量大,吃起饭来奋不顾身啦,埋头苦干啦。我感到自尊心很受伤害,便下决心下次吃时文雅一点,但下次人家那些有身份的人依然攻击我吃得多,吃得快,好像狼一样。我的自尊心更被伤害了。再一次吃饭时我牢牢记着,少吃,慢吃,不到别人面前夹东西吃,吃时嘴巴不响,眼光不恶,筷子拿着最上端,夹菜时只夹一根菜梗或一棵豆芽,像小鸟一样,像蝴蝶一样,可人家还攻击我吃得多吃得快,我气坏了。因为我努力文雅吃相时观察到那些攻击我的公子王孙小姐太太们吃起来像河马一样,吃饱了时才文雅。于是怒火便在我胸中燃烧,下一次去吃不花钱的宴席,上来一盘子海参之类的玩意,我端起盘子,拨一半在我碗里,不顾烫坏口腔黏膜吞下去,他们说我吃相凶恶。我又把盘子里的全拨来,吃掉,他们却友善地笑了。

　　我回想三十多年的吃的经历,感到自己跟一头猪、一条狗没什么区别,一直哼哼着,转着圈儿,拱点东西,填这个无底洞。为吃我浪费了最多的智慧,现在吃的问题解决了,脑筋也不灵光了。

小狗包弟*

巴　金

　　一个多月前,我还在北京,听人讲起一位艺术家的事情,我记得其中一个故事是讲艺术家和狗的。据说艺术家住在一个不太大的城市里,隔壁人家养了小狗,它和艺术家相处很好,艺术家常常用吃的东西款待它。"文革"期间,城里发生了从未见过的武斗,艺术家害怕起来,就逃到别处躲了一段时期。后来他回来了,大概是给人揪回来的,说他"里通外国",是个反革命,批他,斗他。他不承认,就痛打,拳打脚踢,棍棒齐下,不但头破血流,一条腿也给打断了。批斗结束,他走不动,让专政队拖着他游街示众,衣服撕破了,满身是血和泥土,口里发出呻唤。认识的人看见半死不活的他,都掉开头去。忽然一只小狗从人丛中跑出来,非常高兴地朝着他奔去。它亲热地叫着,扑到他跟前,到处闻闻,用舌头舔舔,用脚爪在他的身上抚摸。别人赶它走,用脚踢,拿棒打,都没有用,它一定要留在它的朋友的身边。最后专政队用大棒打断了小狗的后腿,它发出几声哀叫,痛苦地拖着伤残的身子走开了。地上添了血迹,艺术家的破衣上留下几处狗爪印。艺术家给关了几年才放出来,他的第一件事就是买几斤肉去看望那只小狗。邻居告诉他,那天

---

　　* 巴金(1904—2005),现代作家,著有小说《家》、《春》、《秋》等。本文选自其《探索集》,北京:人民文学出版社 1986 年版。

狗给打坏以后,回到家里什么也不吃,哀叫了三天就死了。

听了这个故事,我又想起我曾经养过的那条小狗。是的,我也养过狗。那是1959年的事情,当时一位熟人给调到北京工作,要将全家迁去,想把他养的小狗送给我,因为我家里有一块草地,适合养狗的条件。我答应了,我的儿子也很高兴。狗来了,是一条日本种的黄毛小狗,干干净净,而且有一种本领:它有什么要求时就立起身子,把两只前脚并在一起不停地作揖。这本领不是我那位朋友训练出来的。它还有一位瑞典旧主人,关于他我毫无所知。他离开上海回国,把小狗送给接受房屋租赁权的人,小狗就归了我的朋友。小狗来的时候有一个外国名字,它的译音是"斯包弟"。我们简化了这个名字,就叫它做"包弟"。

包弟在我们家待了七年,同我们一家人处得很好。它不咬人,见到陌生人,在大门口吠一阵,我们一声叫唤,它就跑开了。夜晚篱笆外面人行道上常常有人走过,它听见某种声音就会朝着篱笆又跑又叫,叫声的确有点刺耳,但它也只是叫几声就安静了。它在院子里和草地上的时候多些,有时我们在客厅里接待客人或者同老朋友聊天,它会进来作几个揖,讨糖果吃,引起客人发笑。日本朋友对它更感兴趣,有一次大概在1963年或者以后的夏天,一家日本通讯社到我家来拍电视片,就拍摄了包弟的镜头。又有一次日本作家由起女士访问上海,来我家做客,对日本产的包弟非常喜欢,她说她在东京家中也养了狗。两年以后,她再到北京参加亚非作家紧急会议,看见我她就问:"您的小狗怎样?"听我说包弟很好,她笑了。

我的爱人萧珊也喜欢包弟。在三年困难时期,我们每次到文化俱乐部吃饭,她总要向服务员讨一点骨头回去喂包弟。1962年我们夫妇带着孩子在广州过了春节,回到上海,听妹妹们说,我们在广州的时候,睡房门紧闭,包弟每天清早守在房门口等候我们出来。它天天这样,从不厌倦。它看见我们回来,特别是看到萧珊,不住地摇头摆尾,那种高兴、亲热的样子,现在想起来我还很感动,仿佛又听见由起女士的问话:"您的小狗怎样?"

"您的小狗怎样?"倘使我能够再见到那位日本女作家,她一定会拿同样的一句话问我。她的关心是不会减少的。然而我已经没有小狗了。

1966年8月下旬红卫兵开始上街抄四旧的时候,包弟变成了我们家的一个大"包袱",晚上附近的小孩时常打门大喊大嚷,说是要杀小狗。听见包弟尖声吠叫,我就胆战心惊,害怕这种叫声会把抄四旧的红卫兵引到我家里来。当时我已经处于半靠边的状态,傍晚我们在院子里乘凉,孩子们都劝我把包弟送走,我请我的大妹妹设法。可是在这时节谁愿意接受这样的礼物呢?据说只好送给医院由科研人员拿来做实验用,我们不愿意。以前看见包弟作揖,我就想笑,这些天我在机关学习后回家,包弟向我作揖讨东西吃,我却暗暗地流泪。

形势越来越紧,我们隔壁住着一位年老的工商业者,原先是某工厂的老板,住屋是他自己修建的,同我的院子只隔了一道竹篱。有人到他家去抄四旧了。隔壁人家的一动一静,我们听得清清楚楚,从篱笆缝里也看得见一些情况。这个晚上附近小孩几次打门捉小狗,幸而包弟不曾出来乱叫,也没有给捉了去。这是我六十多年来第一次看见抄家,人们拿着东西进进出出,一些人在大声叱骂,有人摔破坛坛罐罐。这情景实在可怕。十多天来我就睡不好觉,这一夜我想得更多,同萧珊谈起包弟的事情,我们最后决定把包弟送到医院去,交给我的大妹妹去办。

包弟送走后,我下班回家,听不见狗叫声,看不见包弟向我作揖、跟着我进屋,我反而感到轻松,真有一种摔掉"包袱"的感觉。但是在我吞了两片眠尔通、上床许久还不能入睡的时候,我不由自主地想到了包弟,想来想去,我又觉得我不但不曾摔掉什么,反而背上了更加沉重的"包袱"。在我眼前出现的不是摇头摆尾、连连作揖的小狗,而是躺在解剖桌上给割开肚皮的包弟。我再往下想,不仅是小狗包弟,连我自己也在受解剖。不能保护一条小狗,我感到羞耻;为了想保全自己,我把包弟送到解剖桌上,我瞧不起自己,我不能原谅自己!我就这样可耻地开始了十年浩劫中逆来顺受的苦难生活。一方面责备自己,另一方面又想保全自己,不要让一家人跟自己一起堕入地狱。我自己终于也变成了包弟,没有死在解剖桌上,倒是我的幸运。……

整整十三年零五个月过去了。我仍然住在这所楼房里,每天清早我在院子里散步,脚下是一片衰草,竹篱笆换成了无缝的砖墙。隔壁房屋里增加了几户新主人,高高墙壁上多开了两扇窗,有时倒下一点垃圾。当初刚搭起的葡萄架给虫蛀后早已塌下来扫掉,连葡萄藤也被挖走了。右面角上却添了一个大化粪池,是从紧靠着的五层楼公寓里迁过来的。少掉了好几株花,多了几棵不开花的树。我想念过去同我一起散步的人,在绿草如茵的时节,她常常弯着身子,或者坐在地上拔除杂草,在午饭前后她有时逗着包弟玩。……我好像做了一场大梦。满园的创伤使我的心仿佛又给放在油锅里熬煎。这样的熬煎是不会有终结的,除非我给自己过去十年的苦难生活作了总结,还清了心灵上的欠债。这绝不是容易的事。那么我今后的日子不会是好过的吧。但是那十年我也活过来了。

即使在"说谎成风"的时期,人对自己也不会讲假话,何况在今天,我不怕大家嘲笑,我要说:我怀念包弟,我想向它表示歉意。

(1980年1月4日)

结局或开始

——献给遇罗克

北　岛

我，站在这里
代替另一个被杀害的人
为了每当太阳升起
让沉重的影子像道路
穿过整个国土

悲哀的雾
覆盖着补丁般错落的屋顶
在房子与房子之间
烟囱喷吐着灰烬般的人群
温暖从明亮的树梢吹散
逗留在贫困的烟头上
一只只疲倦的手中
升起低沉的乌云

---

* 北岛(1949—)，当代诗人。本文选自其《北岛诗歌》，海口：南海出版公司 2003 年版。

以太阳的名义
黑暗在公开地掠夺
沉默依然是东方的故事
人民在古老的壁画上
默默地永生
默默地死去
啊,我的土地
你为什么不再歌唱
难道连黄河纤夫的绳索
也像绷断的琴弦
不再发出鸣响
难道时间这面晦暗的镜子
也永远背对着你
只留下星星和浮云

我寻找着你
在一次次梦中
一个个多雾的夜里或早晨
我寻找春天和苹果树
蜜蜂牵动的一缕缕微风
我寻找海岸的潮汐
浪峰上的阳光变成的鸥群
我寻找砌在墙里的传说
你和我被遗忘的姓名

如果鲜血会使你肥沃
明天的枝头上
成熟的果实
会留下我的颜色

必须承认
在死亡白色的寒光中
我,战栗了
谁愿意做陨石
或受难者冰冷的塑像

看着不熄的青春之火
在别人的手中传递
即使鸽子落在肩上
也感不到体温和呼吸
它们梳理一番羽毛
又匆匆飞去
我是人
我需要爱
我渴望在情人的眼睛里
度过每个宁静的黄昏
在摇篮的晃动中
等待着儿子第一声呼唤
在草地和落叶上
在第一道真挚的目光上
我写下生活的诗
这普普通通的愿望
如今成了做人的全部代价

一生中
我曾多次撒谎
却始终诚实地遵守着
一个儿时的诺言
因此,那与孩子的心
不能相容的世界
再也没有饶恕过我

我,站在这里
代替另一个被杀害的人
没有别的选择
在我倒下的地方
将会有另一个人站起
我的肩上是风
风上是闪烁的星群

也许有一天

太阳变成了萎缩的花环
垂放在
每一个不屈的战士
森林般生长的墓碑前
乌鸦,这夜的碎片
纷纷扬扬

本章词语

1. **历史**：此词含义至少有三。一是指过去岁月发生过的事，可谓史实；二是指史家编撰的历史著述（含教材），可谓史书；三是你经历过或虽不曾经历过，却值得整个民族乃至人类刻骨铭心、经久不忘的历史遗训，堪称史鉴。鉴者，镜也。人以史为镜。

2. **社会无意识**：这是美国哲学家弗洛姆提出的一个概念，它是指社会心理系统中的那层因秩序所需，而不宜让公众普遍觉知的禁忌性情思。孔子所谓"民可使由之，不可使知之"，似近之。这将使公众在相当长时期只听到一种声音。

3. **血统论**：这是1966年"文革"初期泛滥的一股极"左"思潮。它声称任何人的政治归属乃至存在价值，基本上先验地取决于其生理性血缘，所谓"老子英雄儿好汉，老子反动儿混蛋"，即是。它强化了特殊阶层子弟的政治特权，其后果则是在全国范围内，受歧视子女遭到大面积迫害。

链　接

1. 杨小凯：《"牛鬼蛇神"录》，见互联网。

2. 刘小枫：《苦难记忆——为奥斯维辛集中营解放四十五周年而作》，见《这一代的怕和爱》，北京：三联书店1996年版。

3. 杨显惠：《上海女人》，见《告别夹边沟》，上海：上海文艺出版社2003年版。

4. 彼得·魏斯：《我的营地》，见《世界经典散文新编·我们的历史家园》，王建政译，天津：百花文艺出版社1999年版。

5. 蓝英年：《冷月葬诗魂——俄国诗人曼德尔施塔姆寻踪》，见《冷月葬诗魂》，蓝英年著，北京：学苑出版社1999年版。

编者的话

记忆,首先是指向历史的。

人类不应失却对历史的记忆,是因为世界总得一步步地从昨天走到今天。当日历掀开新的一页,虽表示昨天已经过去,但社会生存的日常绵延又在默默告诫人们:"过去"其实从来不曾简单逝去,纠缠苟活者的大脑,使其举步维艰的,往往是死者的幽灵。

历史的残骸固然酷似遗体,可被葬入棺材与坟墓,但它所弥散的尸臭,不会不玷污现实的空气。

不是所有人的鼻子皆灵敏得像狗,于是,那群对人类命运怀有责任感的作家,便犹如猎犬过敏于血染的历史,可能这历史与其生平无涉,也可能这历史本是"活着的伤疤",血淋淋得像红珊瑚,长在诗人的胸口。

作家痛感于历史的苦难,属个人行为,但绝非只具"私人性",不具"公共性"。若置于本土语境,它更像耻辱柱,站在历史与现实的接壤处,劝诫国人应拒绝遗忘苦难,并进而从苦难中提炼出现代民族新一轮觉醒的精神资源。

那群作家用心良苦,因为多少年来,诸代国人确乎传承着"健忘症",从未被根治,而今大概已弥漫成一股叫"历史虚无主义"的思潮。那些靠"通编教材"才触及历史的新生代,他们或许能熟读列祖列宗的秦砖汉瓦、唐诗宋词乃至清宫后庭花,但对祖国在晚近百年所熬的苦难,尤其是对半世纪来的风云变幻,何以忽如风雨似磬,何以忽如苍穹放晴,何以忽如晨曦滴血……则对不起,四顾茫然。他们几乎成了没有记忆的一代,当然责任不在他们。

这意味着什么呢? 这意味着中华民族的未来让人忧心。人有两根骨头:一根叫"风骨",铭记历史遗训,祈愿避免历史在低层次重复;另一根叫"贱骨",吃亏了,流血了,转眼便忘,好了伤疤忘了痛,其实有些伤疤并没好,痛已经忘了,这样的民族未免可悲。

正是在这意义上,可谓那群敢说真话的作家,是在当代文坛亲证了鲁迅精神不死。当年鲁迅在"三·一八"烈士倒下时奋笔疾书《纪念刘和珍君》，其内心未必不是因哀叹"国民劣根性"的病症之一是惯于"健忘"；而今，当代作家凝视历史时的眼光所以忧患如焚，也是企盼点燃读者的良知不再昏睡，但又各具千秋：假如说，莫言对"大饥荒"的回忆（饥民竟能从煤块中嚼出黑巧克力式的芳香）近乎魔幻，巴金则是以悲悼"小狗包弟"之死重温了昔日噩梦。

"记忆"作为文学母题，不乏中国特色，但同时也是颇具世界性的文化现象。占全球人口六分之一的中国人所遭逢的历史悲剧，本就该读作人类本身的悲剧。这不仅因为一个中国人受难，即意味着地球人的六分之一有所不幸；更重要的史实是，某些在中国接踵演出的悲剧，其实在境外早已彩排。所以，当有人借《红楼梦》林黛玉的五言诗"冷月葬诗魂"，来隐喻曼德尔施塔姆在苏联的厄运，这是否也在传达某种普世性悲悯呢：即不论故土，还是域外，在"冷月"般无情的专制政体下，一切神往真善美的诗性存在恐很难有好下场。

于是想到，鉴于整个人类的福祉，联合国教科文组织在全球范围精心遴选观赏性的世界自然遗产时，能否郑重考量，还应设立旨在启示且净化人性的世界人文教育基地，比如彼得·魏斯所魂魄萦绕的"奥斯维辛集中营"，又如劳力所扼腕浩叹的"红卫兵公墓"……以期为今日乃至未来的青年回眸历史时多些"入口处"。

据说，一个生于1980年代的孩子，随其当过红卫兵的父亲来到重庆沙坪坝的"红卫兵公墓"，孩子指着墓碑，曾这么问父亲：

——他们是好人吗？

——不是；

——他们是坏人吗？

——也不是；

——他们是谁？

——他们是"历史"……

（夏中义）

英雄不仅是神话

报 任 安 书*(节选)

司马迁

  仆闻之：修身者，智之符也①；爱施者，仁之端也；取与者，义之表也②；耻辱者，勇之决也③；立名者，行之极也④。士有此五者，然后可以托于世，而列于君子之林矣。故祸莫憯于欲利⑤，悲莫痛于伤心，行莫丑于辱先，诟莫大于宫刑。刑余之人，无所比数⑥，非一世也，所从来远矣。昔公与雍渠同载，孔子适陈⑦；商鞅因景监见，赵良寒心⑧；同子参乘，袁丝变色⑨：自古而耻之。夫以中才之人，事有关于宦，莫不伤气，而况于慷慨之士乎？如今朝廷虽乏人，奈何令刀锯之余⑩，天下之豪俊哉！仆赖先人绪业，得待罪辇毂下⑪，二十余年矣。所以自惟，上之不能纳忠效信⑫，有奇策才力之誉，自结明主；次之又不能拾遗补阙，招贤进能，显岩穴之士；外之又不能备行伍，攻城野战，有斩将搴旗之功⑬；下之不能积日累劳，取尊官厚禄，以为宗族交游光宠。四者无一遂，苟合取容，无所短长之效⑭，可见于此矣。向者仆常厕下大夫之列⑮，陪外廷末议⑯，不以此时引纲维，尽思虑，今以亏形为扫除之隶，在阘茸之中⑰，乃欲仰首伸眉，论列是非，不亦轻朝廷，羞当世之士邪？嗟乎！嗟乎！如仆尚何言哉！尚何言哉！

---

  * 司马迁(公元前145—约前87)，字子长。西汉历史学家、文学家，著有《史记》。本文选自《古代汉语》(校订重排本)第三册，王力主编，北京：中华书局1999年版。

〔注释〕

① 符：信，这里是凭证的意思。

② 表：标志，表现。

③ "耻辱"两句：如何对待耻辱，是断定一个人是否勇敢的标准。

④ 行(xìng)：品行。极：指最高的境界。

⑤ 憯(cǎn)：同惨。

⑥ "无所"句：没有（把他们）放在一起来计算的。比：比并，放在一起。数(shǔ)：计算。

⑦ 公和他的夫人同车出游，让宦者雍渠参乘，孔子为次乘。孔子感到很耻辱，说，"我没见过像好色那样好德的"，于是离开了卫国。

⑧ 商鞅是靠着秦孝公宠信的宦官景监引见而得官的。赵良：当时秦之贤者。他认为商鞅得官的方法不当，而且伤王族过甚，曾劝说商鞅引退，商鞅不听。

⑨ 同子：指汉文帝的宦官赵谈，司马迁为避父讳，改称他为同子。袁丝：姓袁名盎，丝是字。汉文帝时人，官至太常，以敢于直谏闻名，后来被梁王派人刺死。在他任中郎时，见赵谈参乘，就伏在汉文帝的车前谏阻说："我听说天子只和天下的豪杰英雄同车。现在汉虽缺乏人才，陛下怎么偏偏和宦者同车呢？"事详《史记·袁盎列传》。

⑩ 刀锯之余：指受过刑的人。

⑪ 待罪：即做官，谦词。辇：皇帝坐的车。辇穀下：京城的代称。

⑫ 效：献出。

⑬ 搴(qiān)：拔取。

⑭ 短长：是偏义复词。无所短长，等于说无所长，即无所建树。效：效果，这里用于贬义。"苟合取容，无所短长"是"效"的定语。

⑮ 厕：夹杂，谦词。下大夫：周代太史属下大夫，这也是谦词。

⑯ 外廷：外朝。汉代把官员分为外朝官（丞相以下至六百石）和中朝官（大司马、侍中等）。太史令属外朝。末议：谦词。

⑰ 闒茸(tà rǒng)：下贱，指下贱的人。

且事本末未易明也。仆少负不羁之才，长无乡曲之誉。主上幸以先人之故，使得奏薄技，出入周卫之中①。仆以为戴盆何以望天，故绝宾客之知，忘室家之业，日夜思竭其不肖之才力，务一心营职，以求亲媚于主上。而事乃有大谬不然者！夫仆与李陵俱居门下②，素非能相善也。趣舍异路③，未尝衔杯酒，接殷勤之余欢。然仆观其为人，自守奇士④：事亲孝，与士信，临财廉，取与义，分别有让，恭俭下人，常思奋不顾身，以徇国家之急⑤。其素所蓄积也，仆以为有国士之风。夫人臣出万死不顾一生之计，赴公家之难，斯已奇矣。今举事一不当⑥，而全躯保妻子之臣，随而媒其短⑦，仆诚私心痛之。

且李陵提步卒不满五千,深践戎马之地,足历王庭⑧,垂饵虎口,横挑强胡⑨,仰亿万之师⑩,与单于连战十有余日,所杀过当⑪。虏救死扶伤不给,旃裘之君长咸震怖⑫。乃悉征其左右贤王,举引弓之民,一国共攻而围之。转斗千里,矢尽道穷,救兵不至,士卒死伤如积。然陵一呼劳军,士无不起,躬自流涕,沫血饮泣⑬,更张空弮,冒白刃,北向争死敌者⑭。陵未没时,使有来报,汉公卿王侯皆奉觞上寿⑮。后数日,陵败书闻⑯,主上为之食不甘味,听朝不怡,大臣忧惧,不知所出。仆窃不自料其卑贱,见主上惨怆怛悼⑰,诚欲效其款款之愚,以为李陵素与士大夫绝甘分少⑱,能得人死力,虽古之名将,不能过也。身虽陷败,彼观其意,且欲得其当而报于汉⑲。事已无可奈何,其所摧败,功亦足以暴于天下矣。仆怀欲陈之,而未有路,适会召问,即以此指⑳,推言陵之功㉑。欲以广主上之意,塞睚眦之辞。未能尽明,明主不晓,以为仆沮贰师㉒,而为李陵游说,遂下于理㉓。拳拳之忠,终不能自列㉔,因为诬上,卒从吏议㉕。家贫,货赂不足以自赎;交游莫救,左右亲近不为一言。身非木石,独与法吏为伍,深幽囹圄之中,谁可告愬者!此真少卿所亲见,仆行事岂不然乎?李陵既生降,隤其家声㉖,而仆又佴之蚕室㉗,重为天下观笑㉘。悲夫!悲夫!事未易一二为俗人言也。

〔注释〕

① 周:环绕(依朱骏声说);卫:宿卫。周卫:即宫禁之中。

② 李陵:汉景帝、武帝时名将李广的孙子,善骑射。率兵入匈奴,被匈奴包围,矢尽援绝,投降匈奴。事详《史记·李将军列传》及《汉书·李陵传》。李陵曾任侍中,司马迁当时任太史令,都是能出入宫门的官,所以说"俱居门下"。(后代有门下省,侍中属之,名称即本此。)

③ "趣舍"句:各人走或不走的道路彼此不同。这是比喻各人志向不同。趣:向前走。舍:止。

④ 自守:指能守住自己的节操。"自守"修饰"奇士"。

⑤ 徇:同"殉"。

⑥ 举:等于说行。

⑦ 媒:酒曲。蘖:同,也是酒曲。"媒蘖"在这里用如动词,当"酿"讲。媒蘖其短:指把李陵的过失酿成大罪。

⑧ 王庭:指匈奴君王所居之地。

⑨ 横挑:四处挑战。

⑩ 仰:仰攻。汉军北向,匈奴南向,北方地高,所以说"仰"。

⑪ 这是说所杀之敌超过汉军的数目。当(dàng):相当的,相等的,用如名词。

⑫ 旃:同毡。旃裘:匈奴人穿的衣服,这里指匈奴。

⑬ 沫(huì):洗脸。血:以血洗脸,等于说血流满面。

⑭ 死敌:死于敌,等于说跟敌人拼命。这里的"者"字和上文"无不"相应。

⑮ 觞:盛了酒的爵。上寿:献祝寿之辞。一般是指在宴会上向尊者进酒祝寿。这里是指祝捷。

⑯ 闻:被动用法。陵败书闻:关于李陵战败的奏章让皇上知道了。

⑰ 惨怆(chuàng)怛(dá)悼:都是悲伤的意思。

⑱ 绝甘分少:自己不吃甘美的东西,把不多的东西分给大家。

⑲ 当(dāng):有抵罪的意思,这里用如名词,指足以抵罪之功。

⑳ 指:意思。

㉑ 推:推广。推言:等于说阐述。

㉒ 沮:毁坏。贰师:指贰师将军李广利,其妹为武帝宠妃。贰师本是当时大宛国的地名。太初元年(公元前104年),武帝派李广利至该地夺取良马,因而以贰师为广利之号。征和三年,武帝派李广利征匈奴,令李陵为助。李广利出兵祁连山,李陵率五千步卒出居延北,以分散匈奴兵势。李陵被围,李广利却按兵不动。此次李广利功少,武帝就以为司马迁存心诋毁李广利。

㉓ 理:指大理,亦即廷尉,九卿之一,掌诉讼刑狱之事。此官在秦时称廷尉,景帝时改称大理,武帝又改为廷尉,这里是用旧名。

㉔ 列:陈述。

㉕ "因为"两句:狱吏因而定司马迁为诬上之罪(应处宫刑),武帝最后同意了狱吏的判决。

㉖ 货赂:财货。依汉律,可以用钱赎罪。

㉗ 隤(tuí):败坏。

㉘ 佴(èr):次,指罪居李陵之次(依王先谦说)。蚕室:指像蚕室那样的密封之室。受过宫刑的人怕风寒,所居之室必须严密而温暖,就像养蚕的屋子一样,所以称蚕室。

㉙ 重(chóng):等于说深深地。

仆之先非有剖符丹书之功①;文史星历②,近乎卜祝之间③,固主上所戏弄,倡优畜之,流俗之所轻也。假令仆伏法受诛,若九牛亡一毛,与蝼蚁何以异?而世又不与能死节者比,特以为智穷罪极,不能自免,卒就死耳。何也?素所自树立使然也④。人固有一死,或重于泰山,或轻于鸿毛,用之所趋异也⑤。太上不辱先,其次不辱身,其次不辱理色⑥,其次不辱辞令,其次诎体受辱⑦,其次易服受辱⑧,其次关木索、被箠楚受辱⑨,其次剔毛发、婴金铁受辱⑩,其次毁肌肤、断肢体受辱,最下腐刑极矣!传曰:"刑不上大夫。"此言士节不可不勉励也。猛虎在深山,百兽震恐,及在槛穽之中⑪,摇尾而求食,积威约之渐也⑫。故士有画地为牢,势不可入,削木为吏,议不可对,定计于鲜也⑬。今交手足,受木索,暴肌肤,受榜箠,幽于圜墙之中。当此之时,见狱吏则头枪地,视徒隶则心惕息。何者?积威约之势也。及以至是⑭,言不辱者,所谓强颜耳,曷足贵乎?且西伯⑮,伯也⑯,拘于羑里;李斯,相也,具于五刑⑰;淮阴,王也,受械于陈;彭越、张敖,南面称孤,系狱抵罪⑱;绛侯诛诸吕⑲,权倾五伯,囚于请室⑳;魏其,大将也,衣赭衣,关三木㉑;季布为朱家钳奴㉒;灌夫受辱于居室。此人皆身至王侯将相,声闻邻国,及罪至罔加㉓,不能引决自裁,在尘埃之中。古今一体㉔,安在其不辱也?由此言之,勇怯,势也;强弱,形也㉕。审矣,何足怪乎?夫人不能早自裁绳墨之外,以稍陵迟㉖,至于鞭箠之间,乃欲引节㉗,斯不亦远乎!古人所以重施刑于大夫者㉘,殆为此也。夫人情莫不贪生恶死,念父母,顾妻子。至激于义理者不然,乃有所不得已也。今仆不幸,早失父母,无兄弟之亲,独身孤立,少卿视仆于妻子何如哉?且勇者不必死节,怯夫慕义,何处不勉焉?仆虽怯懦,欲苟活,亦颇识去就之分矣㉙,何至自沉溺缧绁之辱哉㉚!且夫臧获婢妾㉛,犹能引决,况仆之不得已乎?所以隐忍苟活,幽于粪土之中而不辞者,恨私心有所不尽,鄙陋没世,而文采不表于后也。

〔注释〕

① 剖符:分剖之符。古代符分作两块,君臣各执其一,以示信守。丹书:又称丹书铁券,是在铁券上用朱砂写上誓词,作为后世子孙免罪的凭信。

② 星:指天文。历:历算。"文史星历"都是太史令掌管的事。

③ 卜:卜官。祝:祭祀时赞辞的人。

④ 所自树立:自己用来立身于世的。

⑤ 用之所趋异也:应用死节的地方不同。趋:向。

⑥ 理:腠理。色:脸上的气色。"理色"在这里泛指脸面。

⑦ 诎:同"屈"。诎体:指被系缚。

⑧ 易服:换上(罪人的)衣服(赭色)。

⑨ 关:贯,指戴上。木:指枷。索:绳。被:遭受。箠:杖。楚:荆条。"箠楚"都是当时用来打犯人的。

⑩ 剔:同"剃"。剔毛发:剃去头发,即所谓髡(kūn)刑。婴:绕。婴金铁:以铁圈束头,即所谓钳(qián)刑。

⑪ 槛:养兽之圈(juàn)。穽:同"阱",捕兽的陷阱。

⑫ 渐:浸渍,用如名词,指浸渍的结果,亦即逐步发展的结果。

⑬ "定计"句:准备未遇刑就自杀以免受侮辱。鲜:不以寿终为鲜(依沈钦韩说)。

⑭ 以:同"已"。

⑮ 西伯:即周文王。据《史记》,文王之被囚,是由于崇侯虎潜文王于纣,说文王积善累德,将不利于纣。

⑯ 伯:方伯,周时一方诸侯之长。

⑰ 具:具备。五刑:据《汉书·刑法志》,汉初"尚有夷三族之令。令曰:'当三族者皆先黥劓,斩左右趾,笞杀之,枭其首,菹(即醢,剁成肉酱)其骨肉于市,其诽谤詈诅者又先断舌'。故谓之具五刑"。汉初系承用秦制,秦时之五刑,也当如此。

⑱ 彭越：昌邑（今山东金乡县西北）人，字仲，最初事项羽，不久降刘邦，多建奇功，封梁王。后来被人诬告谋反，夷三族。《史记》有《彭越列传》。张敖：张耳之子（张耳事参看《淮阴侯列传》），张耳死，张敖嗣立赵王，他曾因人诬告谋反而被囚。抵：抵挡。

⑲ 绛侯：周勃。诸吕：刘邦之妻吕后的亲族吕产、吕禄等。惠帝、吕后死后，吕禄为上将军，吕产任相国，将要颠覆汉朝。周勃与陈平等共诛诸吕，迎立刘邦次子代王恒，是为文帝。

⑳ 请室：官署名。皇帝出，请室令在前先驱。请室有特设的监狱。周勃后来也曾因人诬告谋反而被囚于请室。

㉑ 赭衣：罪人之服。三木：加在颈手足三处的刑具，即枷及桎梏。

㉒ 季布：楚人，好任侠，有名于楚。初事项羽，数窘刘邦。项羽灭，刘邦以重金购求季布。布藏于濮阳周氏，周氏与季布定计，使布钳为奴，卖给鲁之大侠朱家，朱家劝汝阴侯夏侯婴去劝说刘邦赦免季布。季布遇赦，拜为郎中，后官至河东太守。《史记》有《季布列传》。

㉓ 罔：同"网"，罗网。这里比喻"法"。

㉔ 一体：等于说一样。

㉕ "强弱"两句：勇怯强弱都是形势所决定的。

㉖ 以：以此，因此。稍：渐。陵迟：衰颓，指志气衰微。

㉗ 引节：等于说死节。

㉘ 重：等于说难。

㉙ 去就：指舍生就义。

㉚ 缧（léi）：大绳子。绁（xiè）：长绳子。

㉛ 臧获：古人骂奴婢的贱称。

　　古者富贵而名摩灭，不可胜记，唯倜傥非常之人称焉。盖文王拘而演《周易》；仲尼厄而作《春秋》；屈原放逐，乃赋《离骚》；左丘失明，厥有《国语》；孙子膑脚，兵法修列；不韦迁蜀，世传《吕览》；韩非囚秦，《说难》《孤愤》；《诗》三百篇，大底圣贤发愤之所为作也。此人皆意有所郁结，不得通其道，故述往事，思来者。乃如左丘无目，孙子断足，终不可用，退而论书策，以舒其愤，思垂空文以自见。仆窃不逊，近自托于无能之辞，网罗天下放失旧闻，略考其行事，综其终始，稽其成败与坏之纪，上计轩辕，下至于兹，为十表，本纪十二，书八章，世家三十，列传七十，凡百三十篇。亦欲以究天人之际，通古今之变，成一家之言。草创未就，会遭此祸。惜其不成，是以就极刑而无愠色。仆诚以著此书，藏之名山，传之其人，通邑大都，则仆偿前辱之责，虽万被戮，岂有悔哉！然此可为智者道，难为俗人言也！

西　铭[*]

张　载

乾称父，坤称母；予兹藐焉，乃混然中处①。故天地之塞，吾其体；天地之帅，吾其性②。民，吾同胞；物，吾与也③。大君者，吾父母宗子；其大臣，宗子之家相也④。尊高年，所以长其长；慈孤弱，所以幼（其）[吾]幼⑤。圣其合德，贤其秀也。凡天下疲癃残疾惸独鳏寡，皆吾兄弟之颠连而无告者也⑥。于时保之，子之翼也；乐且不忧，纯乎孝者也⑦。违曰悖德，害仁曰贼，济恶者不才，其践形，唯肖者也⑧。知化则善述其事，穷神则善继其志⑨。不愧屋漏为无忝，存心养性为匪懈⑩。恶旨酒，崇伯子之顾养；育英才，颖封人之锡类⑪。不弛劳而底豫，舜其功也；无所逃而待烹，申生其恭也⑫。体其受而归全者，参乎⑬。勇于从而顺令者，伯奇也⑭。富贵福泽，将厚吾之生也；贫贱忧戚，庸玉女于成也⑮。存，吾顺事，没，吾宁也。

〔注释〕

　　① 乾称父，坤称母：语本《周易·说卦》："乾，天也，故称乎父；坤，地也，故称乎母。"混然中处：谓与天地相合而位于天地之中。

＊　张载（1020—1077），字子厚。北宋哲学家，著有《易说》、《正蒙》等。本文选自《张载集》，章锡琛点校，北京：中华书局1985年版。

② "故天地"四句：语本《孟子·公孙丑上》："我善养吾浩然之气。……其为气也,至大至刚,以直养而无害,则塞于天地之间。"又说:"夫志,气也帅也;气,体之充也。"塞：充塞。帅：统帅。吾其体：一说谓天地之气构成我的身体;一说我的身体即天地之体。

③ 同胞：亲兄弟。与：同伴。

④ 大君：君主。宗子：宗法社会里享有继承权的嫡长子。家相：一家的总管。

⑤ 吾：依吕祖谦《皇朝文鉴》改。

⑥ 疲癃(lóng)：衰老多病。茕(qióng)：没有弟兄,孤独。颠连：狼狈困苦的样子。无告：无所告诉。

⑦ 于时保之：语本《诗·周颂·我将》："畏天之威,于时保之。"时：是。翼：扶助,恭敬。

⑧ 违：指不服从父母之命。悖德：指不遵守道德的行为。济：帮助,接济。践形：语本《孟子·尽心上》,"惟圣人然后可以践形",意谓将仁义实践于形色之中。肖者：像父母的儿子。

⑨ 穷神、知化：语本《周易·系辞》："穷神知化,德之盛也。"善述其事：语本《中庸》："夫孝者,善继人之志,善述人之事也。"其：这里指天地。

⑩ 屋漏：室内隐僻处。忝：羞辱。匪懈：不怠。

⑪ 旨酒：美酒。崇伯子：即禹。《孟子·离娄下》说："禹恶旨酒而好善言。"顾养：指善于保养本性。颖封人之锡类：出自《左传》隐公元年："颖考叔,纯孝也,爱其母,施及庄公。诗(《大雅·既醉》)曰'孝子不匮,永锡尔类',其是之谓乎!"锡：通赐。锡类：把恩德赐给朋类。"育英才"两句：是说教育英才的人,对天就像颖考叔的纯孝,能使同类都成为天之孝子。

⑫ 不弛劳而底豫：出自《孟子·离娄上》："舜尽事亲之道而瞽瞍底豫,瞽瞍底豫而天下化。""不弛劳：谓竭尽全力。底：至、到。豫：安乐、快乐。无所逃而待烹：出自《礼记·檀弓》："晋献公将杀其世子申生,申生辞于狐突,……再拜稽首乃卒,是以为恭世子也。"恭：是申生死后的谥号,因为他顺从父亲,所以谥为恭。申生是自缢死的,待烹是等待杀戮的意思。

⑬ 参：孔子弟子曾参。《礼记·祭义》："曾子问诸夫子曰:'父母全而生之,子全而归之,可谓孝矣;不亏其体,不辱其亲,可谓全矣。'"体其受：身体受之于父母。

⑭ 伯奇：周大夫尹吉甫的儿子,被父所逐。《颜氏家训·后娶篇》："吉甫,贤父也;伯奇,孝子也。贤父御孝子,合得终于天性,而后妻间之,伯奇逐放。"

⑮ 庸：用。玉女：即玉汝。玉女于成：是说天器重你,使你得到成就。

光荣的荆棘路*

安徒生

从前有一个古老的故事："光荣的荆棘路：一个叫作布鲁德的猎人得到了无上的光荣和尊严，但是他却长时期遇到极大的困难和冒着生命的危险。"我们大多数的人在小时已经听到过这个故事，可能后来还读到过它，并且也想起自己没有被人歌诵过的"荆棘路"和"极大的困难"。故事和真事没有什么很大的分界线。不过故事在我们这个世界里经常有一个愉快的结尾，而真事常常在今生没有结果，只好等到永恒的未来。

世界的历史像一个幻灯。它在现代的黑暗背景上，放映出明朗的片子，说明那些造福人类的善人和天才的殉道者在怎样走着荆棘路。

这些光耀的图片把各个时代、各个国家都反映给我们看。每张片子只映几秒钟，但是它却代表整个的一生——充满了斗争和胜利的一生。我们现在来看看这些殉道者行列中的人吧——除非这个世界本身遭到灭亡，这个行列是永远没有穷尽的。

我们现在来看看一个挤满了观众的圆形剧场吧。讽刺和幽默的语言像潮水一般地从阿里斯托芬的云喷射出来。雅典最了不起的一个人物，在人

---

* 安徒生（1805—1875），丹麦童话作家。本文选自《安徒生童话全集》，叶君健译，上海：上海译文出版社 1978 年版。

身和精神方面,都受到了舞台上的嘲笑。他是保护人民反抗三十个暴君的战士。他名叫苏格拉底,他在混战中救援了阿尔西比亚得和生诺风,他的天才超过了古代的神仙。他本人就在场。他从观众的凳子上站起来,走到前面去,让那些正在哄堂大笑的人可以看看,他本人和戏台上嘲笑的那个对象究竟有什么相同之点。他站在他们面前,高高地站在他们面前。

你,多汁的、绿色的毒萝卜树,雅典的阴影不是橄榄树而是你①!

七个城市国家②在彼此争辩,都说荷马是在自己城里出生的——这也就是说,在荷马死了以后!请看看他活着的时候吧!他在这些城市里流浪,靠朗诵自己的诗篇过日子。他一想起明天的生活,他的头发就变得灰白起来。他,这个伟大的先知者,是一个孤独的瞎子。锐利的荆棘把这位诗中圣哲的衣服撕得稀烂。

但是他的歌仍然是活着的;通过这些歌,古代的英雄和神仙也获得了生命。

图画一幅接着一幅地从日出之国,从日落之国现出来。这些国家在空间和时间方面彼此的距离很远,然而它们却有着同样的光荣的荆棘路。生满了刺的蓟只有在它装饰着坟墓的时候,才开出第一朵花。

骆驼在棕榈树下面走过。它们满载着靛青和贵重的财宝。这些东西是这国家的君主送给一个人的礼物——这个人是人民的欢乐,是国家的光荣。嫉妒和毁谤逼得他不得不从这国家逃走,只有现在人们才发现他。这个骆驼队现在快要走到他避乱的那个小镇。人们抬出一具可怜的尸体走出城门,骆驼队停下来了。这个死人就正是他们所要寻找的那个人:费尔杜西③——光荣的荆棘路在这儿告一结束!

在葡萄牙的京城里,在王宫的大理石台阶上,坐着一个圆面孔、厚嘴唇、黑头发的非洲黑人,他在向人求乞。他是加莫恩④的忠实的奴隶。如果没有他和他求乞得到的许多铜板,他的主人——叙事诗《路西亚达》的作者——恐怕早就饿死了。

---

① 雅典政府逼迫苏格拉底喝毒葡萄酒自杀。
② 古代希腊的每个城市是一个国家。
③ 费尔杜西:波斯的伟大诗人曼苏尔(Abul Kasim Mansur, 940—1020)的笔名,叙事诗《帝王颂》(Shahnama)的作者。这部诗有六万行,是波斯国王请他写的,并且答应给他每行一块金币。但是诗完成后,国王的大臣却给他每行一块银币。他在盛怒之下写了一首诗讽刺国王的恶劣。这首诗现在就成了《帝王颂》的序言。待国王追捕他时,他已经逃出了国境。
④ 加莫恩:全名是 Luiz Vaz de Comoëns(1524—1580),葡萄牙最伟大的诗人。他的叙事诗《路西亚达》(Os Lusiadas)是葡萄牙最伟大的史诗。他生前曾多次下狱。

现在加莫恩的墓上立着一座贵重的纪念碑。

还有一幅图画！

铁栏杆后面站着一个人。他像死一样的惨白，长着一脸又长又乱的胡子。

"我发明了一件东西——一件许多世纪以来最伟大的发明，"他说。"但是人们却把我放在这里关了二十多年！"

"他是谁呢？"

"一个疯子！"疯人院的看守说。"这些疯子的怪想头才多呢！他相信人们可以用蒸汽推动东西！"

这人名叫萨洛蒙·得·高斯①，李西流②读不懂他的预言性的著作，因此他死在疯人院里。

现在哥伦布出现了。街上的野孩子常常跟在他后面讥笑他，因为他想发现一个新世界——而且他也就居然发现了。欢乐的钟声迎接着他的胜利的归来，但嫉妒的钟声敲得比这还要响亮。他，这个发现新大陆的人，这个把美洲黄金的土地从海里捞起来的人，这个把一切贡献给他的国王的人，所得到的酬报是一条铁链。他希望把这条链子放在他的棺材上，让世人可以看到他的时代所给予他的评价③。

图画一幅接着一幅的出现，光荣的荆棘路真是没有尽头。

在黑暗中坐着一个人，他要量出月亮里山岳的高度。他探索星球与行星之间的太空。他这个巨人懂得大自然的规律。他能感觉到地球在他的脚下转动。这人就是伽利略。老迈的他，又聋又瞎，坐在那儿，在尖锐的苦痛中和人间的轻视中挣扎。他几乎没有气力提起他的一双脚：当人们不相信真理的时候，他在灵魂的极度痛苦中曾经在地上跺着这双脚，高呼道："但是地在转动呀！"

这儿有一个女子，她有一颗孩子的心，但是这颗心充满了热情和信念。她在一个战斗的部队前面高举着旗帜；她为她的祖国带来胜利和解放。空中起了一片狂热的声音，于是柴堆烧起来了：大家在烧死一个巫婆——冉·

---

① 萨洛蒙·得·高斯（Salomon de Caus, 1576—1626）：法国科学家，他的著作有《动力与各种机器的关系》（*Raisons des forces mouvantes avec diverses machines*），说明蒸汽的原理。

② 李西流（Richelieu, 1585—1642）：法国首相，曾有一段时期拥有国家最高的权力。

③ 1500 年 8 月 24 日西班牙政府派人到美洲去把哥伦布逮捕起来，用铁链子把他套着，送回西班牙。

达克①。是的,在接着的一个世纪中人们唾弃这朵纯洁的百合花,但智慧的鬼才伏尔泰却歌颂拉·比塞尔②。

在微堡的宫殿里,丹麦的贵族烧毁了国王的法律。火焰升起来,把这个立法者和他的时代都照亮了,同时也向那个黑暗的囚楼送进一点彩霞。他的头发斑白,腰也弯了;他坐在那儿,用手指在石桌上刻出许多线条。他曾经统治过三个王国。他是一个民众爱戴的国王;他是市民和农民的朋友:克利斯仙第二世③。他是一个莽撞时代的一个有性格的莽撞人。敌人写下他的历史。我们一方面不忘记他的血腥的罪过,一方面也要记住:他被囚禁了二十七年。

有一艘船从丹麦开出去了。船上有一个人倚着桅杆站着,向汶岛作最后的一瞥。他是杜却·布拉赫④。他把丹麦的名字提升到星球上去,但他所得到的报酬是讥笑和伤害。他跑到国外去。他说:"处处都有天,我还要求什么别的东西呢?"他走了;我们这位最有声望的人在国外得到了尊荣和自由。

"啊,解脱!只愿我身体中不可忍受的痛苦能够得到解脱!"好几个世纪以来我们就听到这个声音。这是一张什么画片呢?这是格里芬菲尔德⑤——丹麦的普洛米修士⑥——被铁链锁在木克荷尔姆石岛上的一幅图画。

我们现在来到美洲,来到一条大河的旁边。有一大群人集拢来,据说有一艘船可以在坏天气中逆风行驶,因为它本身具有抗拒风雨的力量。那个相信能够做到这件事的人名叫罗伯特·富尔登⑦。他的船开始航行,但是它忽然停下来了。观众大笑起来,并且还"嘘"起来——连他自己的父亲也跟大家一起"嘘"起来:

---

① 冉·达克(Jeanne d'Arc, 1412—1431):又名拉·比塞尔(La Pucelle),是法国的女英雄。她在1429年带领六千人打退英国的侵略者。后来她被人出卖给英国人,被当作巫婆烧死。

② 伏尔泰(Voltaire, 1694—1779):法国著名作家。《拉·比塞尔》是他写的一部关于冉·达克的史诗。

③ 克利斯仙第二世(Christian den Anden, 1481—1559):丹麦国王,曾联合农民和市民反对贵族的专权,但他终于被贵族推翻,而被囚禁起来。他曾经连年对外进行过战争。

④ 杜却·布拉赫(1546—1601):丹麦著名天文学家。丹麦在汶岛(Hveen)的天文台就是他建立的。"杜却星球"就是他发现的。

⑤ 格里芬菲尔德(Peder Grilfenfeld, 1635—1699):丹麦的大政治家。他的政策是发展工商业以增加国富;但首要的条件是保持国际间的和平,特别是与丹麦的邻邦瑞典保持和平。1675年丹麦对瑞典宣战,1676年3月格里芬菲尔德被捕,被判处死刑,后改为终身囚禁。

⑥ 普洛米修士:今译为普罗米修斯。

⑦ 罗伯特·富尔登(Robert Fulton, 1765—1815):美国的发明家。他设计和建造了美国的第一艘用蒸汽机推动的轮船。

"自高自大！糊涂透顶！他现在得到了报应！应该把这个疯子关起来才对！"

一根小钉子摇断了——刚才机器不能动就是因了它的缘故。轮子转动起来了，轮翼在水中向前推进，船在开行！蒸汽机的杠杆把世界各国间的距离从钟头缩短成为分秒。

人类啊，当灵魂懂得了它的使命以后，你能体会到在这清醒的片刻中所感到的幸福吗？在这片刻中，你在光荣的荆棘路上所得到的一切创伤——即使是你自己所造成的——也会痊愈，恢复健康、力量和愉快；噪音变成谐声；人们可以在一个人身上看到上帝的仁慈，而这仁慈通过一个人普及到大众。

光荣的荆棘路看起来像环绕着地球的一条灿烂的光带。只有幸运的人才被送到这条带上行走，才被指定为建筑那座连接上帝与人间的桥梁的、没有薪水的总工程师。

历史拍着它强大的翅膀，飞过许多世纪，同时在光荣的荆棘路的这个黑暗背景上，映出许多明朗的图画，来鼓起我们的勇气，给予我们安慰，促进我们内心的平安。这条光荣的荆棘路，跟童话不同，并不在这个人世间走到一个辉煌和快乐的终点，但是它却超越时代，走向永恒。

西西弗的神话*

加　缪

　　诸神处罚西西弗不停地把一块巨石推上山顶,而石头由于自身的重量又滚下山去。诸神认为再也没有比进行这种无效无望的劳动更为严厉的惩罚了。

　　荷马说,西西弗是最终要死的人中最聪明最谨慎的人。但另有传说说他屈从于强盗生涯。我看不出其中有什么矛盾。各种说法的分歧在于是否要赋予这地狱中的无效劳动者的行为动机以价值。人们首先是以某种轻率的态度把他与诸神放在一起进行谴责,并历数他们的隐私。阿索玻斯的女儿埃癸娜①被朱庇特劫走。父亲对女儿的失踪大为震惊并且怪罪于西西弗。深知内情的西西弗对阿索玻斯说,他可以告诉他女儿的消息,但必须以给柯兰特城堡供水为条件。他宁愿得到水的圣浴,而不是天火雷电。他因此被罚下地狱。荷马告诉我们西西弗曾经扼住过死神的喉咙。普洛托②忍受不了地狱王国的荒凉寂寞。他催促战神把死神从其战胜者手中解放出来。

---

　　* 加缪(1913—1960),法国作家、思想家,1957年获诺贝尔文学奖。著有长篇小说《鼠疫》等。本文选自其《西西弗的神话》,杜小真译,北京:三联书店1987年版。
　　① 阿索玻斯:希腊神话中的河神,埃癸娜是他的女儿。——译注
　　② 普洛托:罗马神话中的冥王。——译注

还有人说，西西弗在临死前冒失地要检验他妻子对他的爱情。他命令她把他的尸体扔在广场中央，不举行任何仪式。于是西西弗重堕地狱。他在地狱里对那恣意践踏人类之爱的行径十分愤慨，他获得普洛托的允诺重返人间以惩罚他的妻子。但当他又一次看到这大地的面貌，重新领略流水、阳光的抚爱，重新触摸那火热的石头、宽阔的大海的时候，他就再也不愿回到阴森的地狱中去了。冥王的召令、气愤和警告都无济于事。他又在地球上生活了多年，面对起伏的山峦，奔腾的大海和大地的微笑他又生活了多年。诸神于是进行干涉。墨丘利①跑来揪住这冒犯者的领子，把他从欢乐的生活中拉了出来，强行把他重新投入地狱，在那里，为惩罚他而设的巨石已准备就绪。

我们已经明白：西西弗是个荒谬的英雄。他之所以是荒谬的英雄，还因为他的激情和他所经受的磨难。他藐视神明，仇恨死亡，对生活充满激情，这必然使他受到难以用言语尽述的非人折磨：他以自己的整个身心致力于一种没有效果的事业。而这是为了对大地的无限热爱必须付出的代价。人们并没有谈到西西弗在地狱里的情况。创造这些神话是为了让人的想象使西西弗的形象栩栩如生。在西西弗身上，我们只能看到这样一幅图画：一个紧张的身体千百次地重复一个动作：搬动巨石，滚动它并把它推至山顶；我们看到的是一张痛苦扭曲的脸，看到的是紧贴在巨石上的面颊，那落满泥土、抖动的肩膀，沾满泥土的双脚，完全僵直的胳膊，以及那坚实的满是泥土的人的双手。经过被渺渺空间和永恒的时间限制着的努力之后，目的就达到了。西西弗于是看到巨石在几秒钟内又向着下面的世界滚下，而他则必须把这巨石重新推向山顶。他于是又向山下走去。

正是因为这种回复、停歇，我对西西弗产生了兴趣。这一张饱经磨难近似石头般坚硬的面孔已经自己化成了石头！我看到这个人以沉重而均匀的脚步走向那无尽的苦难。这个时刻就像一次呼吸那样短促，它的到来与西西弗的不幸一样是确定无疑的，这个时刻就是意识的时刻。在每一个这样的时刻中，他离开山顶并且逐渐地深入到诸神的巢穴中去，他超出了他自己的命运。他比他搬动的巨石还要坚硬。

如果说，这个神话是悲剧的，那是因为它的主人公是有意识的。若他行的每一步都依靠成功的希望所支持，那他的痛苦实际上又在哪里呢？今天的工人终生都在劳动，终日完成的是同样的工作，这样的命运并非不比西西

---

① 墨丘利：罗马神话中的商业神。——译注

弗的命运荒谬。但是,这种命运只有在工人变得有意识的偶然时刻才是悲剧性的。西西弗,这诸神中的无产者,这进行无效劳役而又进行反叛的无产者,他完全清楚自己所处的悲惨境地:在他下山时,他想到的正是这悲惨的境地。造成西西弗痛苦的清醒意识同时也就造就了他的胜利。不存在不通过蔑视而自我超越的命运。

如果西西弗下山推石在某些天里是痛苦地进行着的,那么这个工作也可以在欢乐中进行。这并不是言过其实。我还想象西西弗又回头走向他的巨石,痛苦又重新开始。当对大地的想象过于着重于回忆,当对幸福的憧憬过于急切,那痛若就在人的心灵深处升起:这就是巨石的胜利,这就是巨石本身。巨大的悲痛是难以承担的重负。这就是我们的客西马尼①之夜。但是,雄辩的真理一旦被认识就会衰竭。因此,俄狄浦斯不知不觉首先屈从命运。而一旦他明白了一切,他的悲剧就开始了。与此同时,两眼失明而又丧失希望的俄狄浦斯认识到,他与世界之间的唯一联系就是一个年轻姑娘鲜润的手。他于是毫无顾忌地发出这样震撼人心的声音:"尽管我历尽艰难困苦,但我年逾不惑,我的灵魂深邃伟大,因而我认为我是幸福的。"索福克勒斯的俄狄浦斯与陀思妥耶夫斯基的基里洛夫都提出了荒谬胜利的法则。先贤的智慧与现代英雄主义汇合了。

人们要发现荒谬,就不能不想到要写某种有关幸福的教材。"哎,什么!就凭这些如此狭窄的道路……?"但是,世界只有一个。幸福与荒谬是同一大地的两个产儿。若说幸福一定是从荒谬的发现中产生的,那可能是错误的。因为荒谬的感情还很可能产生于幸福。"我认为我是幸福的。"俄狄浦斯说,而这种说法是神圣的。它回响在人的疯狂而又有限的世界之中。它告诫人们一切都还没有也从没有被穷尽过。它把一个上帝从世界中驱逐出去,这个上帝是怀着不满足的心理以及对无效痛苦的偏好而进入人间的。它还把命运改造成为一件应该在人们之中得到安排的人的事情。

西西弗无声的全部快乐就在于此。他的命运是属于他的。他的岩石是他的事情。同样,当荒谬的人深思他的痛苦时,他就使一切偶像哑然失声。在这突然重又沉默的世界中,大地升起千万个美妙细小的声音。无意识的、秘密的召唤,一切面貌提出的要求,这些都是胜利必不可少的对立面和应付的代价。不存在无阴影的太阳,而且必须认识黑夜。荒谬的人说"是",但他的努力永不停息。如果有一种个人的命运,就不会有更高的命运,或至少可

---

① 客西马尼:福音书中所说的耶稣被犹大出卖而遭大祭司抓捕前所在的地方,位于橄榄山下。耶稣在此作最后的祷告,而门徒们都在沉睡。——译注

以说，只有一种被人看作是宿命的和应受到蔑视的命运。此外，荒谬的人知道，他是自己生活的主人。在这微妙的时刻，人回归到自己的生活之中，西西弗回身走向巨石，他静观这一系列没有关联而又变成他自己命运的行动，他的命运是他自己创造的，是在他的记忆的注视下聚合而又马上会被他的死亡固定的命运。因此，盲人从一开始就坚信一切人的东西都源于人道主义，就像盲人渴望看见而又知道黑夜是无穷尽的一样，西西弗永远行进。而巨石仍在滚动着。

　　我把西西弗留在山脚下！我们总是看到他身上的重负。而西西弗告诉我们，最高的虔诚是否认诸神并且搬掉石头。他也认为自己是幸福的。这个从此没有主宰的世界对他来讲既不是荒漠，也不是沃土。这块巨石上的每一颗粒，这黑黝黝的高山上的每一颗矿砂唯有对西西弗才形成一个世界。他爬上山顶所要进行的斗争本身就足以使一个人心里感到充实。应该认为，西西弗是幸福的。

本章词语

1. **神话**：上古流传至今的故事与传说，表现了先民对宇宙起源、自然景观及社会构成的原始想象或理解。中国上古神话在《山海经》、《淮南子》等古籍中保存甚丰。

2. **荒诞**：难以理喻的虚妄，无法用日常情理说明白。加缪痛感人与世界的关系也存在着"荒诞"，这就是：个体生命的有限偶在，与他所面对的永恒世界（时间与空间），处于有悖情理的断裂。加缪笔下的西西弗，是一个以有限生命来挑战"荒诞"的精神英雄造型。

3. **命运**：人类难以预测与驾驭，却不得不面对的某种必然。《论语·颜渊》中的"生死由命，富贵在天"，也流露出类似无奈。明知命运很难抗拒，却依然斗胆抗拒者，便近乎英雄，虽然往往是悲剧性英雄。

链　接

1. 迪特里希·朋霍费尔：《狱中书简》，高师译，何光沪校，成都：四川人民出版社1992年版。

2. 何光沪：《〈作门徒的代价〉中译本序》，见《作门徒的代价》，迪特里希·朋霍费尔著，安希孟译，成都：四川人民出版社2000年版。

编者的话

英雄概括来说，就是伟大人格，确切点说，英雄就是永恒价值的代表者或实现者。永恒价值乃是指真美善的价值而言，能够代表或实现真美善的人就可以叫作英雄。英雄崇拜比圣贤崇拜更积极，更有生气，更有战斗的精神。圣贤表示静穆圆满的图画，英雄却表示生活上的战斗性和奋斗性。

崇拜和佩服有别。佩服是佩服一个人的绝技绝学，佩服他独一无二的特长。但所佩服的对象，同自己的精神生活，并不发生密切关系。

至于崇拜却不是崇拜别人所有自己所无的，乃是崇拜别人和自己所共同有的。别人有，自己也有，不过别人所有或比我自己深切著明，足以代表启发我之所有。所以我之崇拜他，多少含有同声相应，惺惺惜惺惺之意，以勇崇拜勇，以仁崇拜仁，以智崇拜智，这完全是一种精神上互相吸引沟通的关系。所以黑格尔说："崇拜是一种精神与精神的交契。"真正的崇拜，就是自己的精神与崇拜对象的精神相交契，因为这样，所以崇拜的对象，也就是自己精神上所寄托，为自己内心深处之所企望仰慕者，一旦得着崇拜的对象，自己的精神，也就因此而得着安息之所。所以崇拜的对象，就是意志的目标，也是追效的模范。所以必定要有精神生活和修养的人，方足以言崇拜，必定要求情志安顿的人，方足以言崇拜。

崇拜英雄和服从领袖不同。一个人服从领袖，他就是一个国家良善的公民，一个团体忠实的分子。至于崇拜英雄，乃所以修养高尚的人格，体验伟大的精神生活。简言之，英雄崇拜不是属于政治范围的实用行为，乃是增进学术文化和发展人格方面的事。

谈到个人修养，古今中外的哲人，大都主张要先找一个模范人格来作追效的对象。程子提出"志伊尹之所志，学颜子之所学"作为他努力的方向。西洋人讲修养，首先注意"基督的追效"(the imitation of Christ)。许多宗教能够成为宗教，就是因为里面有伟大的人格，值得一般人仿效。许多政党能够发起伟大的政治运动，就是因为里面有伟大的人格，可以作一般人的模范。

凡是根本反对英雄，抱定主张绝对不崇拜英雄的人，就是"英雄盲"。这和生理学上所谓"色盲"是一样的。凡能够崇拜英雄的人，就是不害"价值盲"的人，他不但能够认识英雄，而且能借崇拜英雄，扩充自己的人格，实现自己潜伏的价值意识，发挥他自己固有的"英雄本性"（heroism）。

崇拜英雄既然是普遍的、必然的心理事实，所以最要紧的问题，倒不是应不应崇拜英雄，乃是怎么样引导人类崇拜英雄的普遍心理，使大家崇拜真正的英雄，不要盲目地崇拜虚伪的英雄。孔子说："非其鬼而祭之，谄也。"我们也可以同样说："非其英雄而崇拜之，奴也！"愿意崇拜英雄，是事理的必然；由学养，由认识而崇拜所应崇拜的英雄，且依理性的指导，崇拜之得其正道，才是真正的理想。

就教育方面言，英雄崇拜就包含中国人名言所谓"以身教从"的以身作则的"身教"。假如抹杀英雄崇拜，就无异于抹杀人格教育，不注重身教，一切教育的学术工作，就会成为机械化、工场化、商业化，教员和学生、教员和教员，都没有精神交契、人格感召的关系。这一种非人格（depersonalization）的趋势，使得学校生活枯燥苦闷，无意趣，无生命，实是中国近代教育最大危机。一种学问的继长增进，并不是由于机械式的自然演化，其有赖于负荷此门学问之人的精神感召。所以我们认为精神与精神的交契，人格与人格的感召，是英雄崇拜的真义所在，亦是推动并促进学术文化使之活跃而有生气的主要条件。

（以上所述，节选自贺麟《论英雄崇拜》一文，因实在说得太好，不妨掠美，代编者言。）

（尤西林）

坚忍的山峦

火　光[*]

弗·柯罗连科

很久以前,在一个漆黑的秋天的夜晚,我泛舟在西伯利亚一条阴森森的河上。船到一个转弯处,只见前面黑魆魆的山峰下面,一星火光蓦地一闪。

火光又明又亮,好像就在眼前……

"好啦,谢天谢地!"我高兴地说,"马上就到过夜的地方啦!"

船夫扭头朝身后的火光望了一眼,又不以为然地划起桨来。

"远着呢!"

我不相信他的话,因为火光冲破朦胧的夜色,明明在那儿闪烁。不过船夫是对的:事实上,火光的确还远着呢。

这些黑夜的火光的特点是:驱散黑暗,闪闪发亮,近在眼前,令人神往。乍一看,再划几下就到了……其实却还远着呢!……

我们在漆黑如墨的河上又划了很久。一个个峡谷和悬崖,迎面驶来,又向后移去,仿佛消失在茫茫的远方,而火光却依然停在前头,闪闪发亮,令人神往,——依然是这么近,又依然是那么远……

现在,无论是这条被悬崖峭壁的阴影笼罩的漆黑的河流,还是那一星明

---

[*] 弗·柯罗连科(1853—1921),俄国作家,著有小说《我的同时代人的一生》等。本文选自《世界优秀散文诗精选》,钟星编选,张铁夫译,哈尔滨:北方文艺出版社1990年版。

亮的火光,都经常浮现在我的脑际。在这以前和在这以后,曾有许多火光,似乎近在咫尺,不只使我一人心驰神往。可是生活之河却仍然在那阴森森的两岸之间流着,而火光也依旧非常遥远。因此,必须加劲划桨……

然而,火光啊……毕竟……毕竟就在前头……

阳光中的向日葵

芒 克

你看到了吗
你看到阳光中的那棵向日葵了吗
你看它,它没有低下头
而是在把头转向身后
它把头转了过去
就好像是为了一口咬断
那套在它脖子上的
那牵在太阳手中的绳索

你看到它了吗
你看到那棵昂着头
怒视着太阳的向日葵了吗
它的头几乎已把太阳遮住
它的头即使是在太阳被遮住的时候
也依然在闪耀着光芒

---

* 芒克(1951—),当代诗人。本文选自《自由诗篇》,林贤治编选,北京:中国工人出版社2002年版。

你看到那棵向日葵了吗
你应该走近它去看看
你走近它你便会发现
它的生命是和土地连在一起的
你走近它你顿时就会觉得
它脚下的那片泥土
你每抓起一把
都一定会攥出血来

帕斯捷尔纳克*

王家新

不能到你的墓地献上一束花
却注定要以一生的倾注,读你的诗
以几千里风雪的穿越
一个节日的破碎,和我灵魂的战栗

终于能按照自己的内心写作了
却不能按一个人的内心生活
这是我们共同的悲剧
你的嘴角更加缄默,那是

命运的秘密,你不能说出
只是承受、承受,让笔下的刻痕加深
为了获得,而放弃
为了生,你要求自己去死,彻底地死

这就是你,从一次次劫难里你找到我
检验我,使我的生命骤然疼痛

---

* 王家新(1957—),当代诗人。本文选自《自由诗篇》,林贤治编选,北京:中国工人出版社 2002年版。

从雪到雪,我在北京的轰响泥泞的
公共汽车上读你的诗,我在心中

呼喊那些高贵的名字
那些放逐、牺牲、见证,那些
在弥撒曲的震颤中相逢的灵魂
那些死亡中的闪耀,和我的
自己的土地!那北方牲畜眼中的泪光
在风中燃烧的枫叶
人民胃中的黑暗、饥饿,我怎能
撇开这一切来谈论我自己?

正如你,要忍受更疯狂的风雪扑打
才能守住你的俄罗斯,你的
拉丽萨,那美丽的、再也不能伤害的
你的,不敢相信的奇迹

带着一身雪的寒气,就在眼前!
还有烛光照亮的列维坦的秋天
普希金诗韵中的死亡、赞美、罪孽
春天到来,广阔大地裸现的黑色

把灵魂朝向这一切吧,诗人
这是幸福,是从心底升起的最高律令
不是苦难,是你最终承担起的这些
仍无可阻止地,前来寻找我们

发掘我们:它在要求一个对称
或一支比回声更激荡的安魂曲
而我们,又怎配走到你的墓前?
这是耻辱!这是北京的十二月的冬天

这是你目光中的忧伤、探询和质问
钟声一样,压迫着我的灵魂
这是痛苦,是幸福,要说出它
需要以冰雪来充满我的一生

(1990年12月)

山峦^{*}

筱 敏

俄国十二月党人起义,被历史称之为贵族革命。那是一个极其黑暗极其龌龊的时代,除了匍匐于王权靴下的草芥,任何生命都不能生长。然而,恰恰是窒息生命的统治,使自由成为一种焦灼的渴望;恰恰是腐质土的堆积,迫使一种名叫崇高的生物直立起来,以流血的方式,不顾一切地生长。

为废除农奴制,为反抗专制制度,一群心怀使命感的贵族青年站到了起义队伍的前列,并且沿着这条因自由的火把而延伸的道路,走到了绞刑架下或者西伯利亚矿坑的底层。要理解这种崇高的生命必须有同样崇高的心灵。一位政客说:欧洲有个鞋匠想当贵族,他起来造反这理所当然,而我们的贵族闹革命,难道是想当鞋匠?这样一种无耻的"幽默",除了表明其躯壳能增长腐质土的堆积,其灵魂卑贱地受着王权专制的役使之外,难道可以给予崇高的生命些许蚀损吗?人和人有时是不屑于对话的,一种是以渴望自由为高尚的人,另一种是以博取豢养为荣耀的人。

百余名十二月党人带着镣铐到西伯利亚去了,并将在苦役和囚禁之下终其一生。他们的罪证是对祖国的忧虑和挚爱,对奴隶的关注与同情。在

---

* 筱敏(1955—),当代作家。本文选自其《女神之名》,广州:花城出版社1997年版。

那条被他们的歌声和镣铐敲击过的驿道上,那条漫长的,永无终了的,直插入蛮荒和苦难的驿道上,远远地追踪而来的,是他们年轻的妻子。

俄罗斯妇女的形象,常常使人想起山峦,有傍黑时分的落霞裁成披巾裹住双肩,以整整一生的坚忍,伫立眺望的山峦。而脚下的土地古老并且厚重,以致夜因眺望而退缩,终竟成为一颗露珠,在她浓密的发丛中消失。她不会告诉你,她是否感觉到了冰冷。

这些年轻的女性,这些在乳母的童谣里和庄园的玫瑰花丛中长大的女性,这些曾在宫廷的盛大舞会上流光溢彩的女性,这些从降生之日起,就被血缘免除了饥馑、忧患和苦难的女性。歌剧院中不曾演过,噩梦中也不曾见过,那些属于旷古和另一世界的悲剧,突然集中在一个流血的日子里,利刃一样直刺入体内。生活因此断裂。狂泻的泪水,突然就把她们冲到春季的彼岸了。

如果没有经历过苦难,如果没有用自己的肌肤,触摸过岩壁的锋利和土地的粗砺,我们凭什么确知自己的存在呢?如果没有一座灵魂可以攀登的峰峦,如果没有挣扎和重负,只听凭一生混同于众多的轻尘,随水而逝,随风而舞,我们凭什么识别自己的名字呢?面对昏蒙了数百年的天空那一线皎白的边幕,那一线由她们的丈夫们的英勇而划开的皎白的边幕,选择难道是必要的吗?

她们的选择是不假思索的,因为她们的爱是不假思索的。

像踏过彼得堡街角的积雪,她们踏过沙皇那纸特许改嫁的谕令,在"弃权书"上,签署她们从此成为高贵的标志的姓名:放弃贵族称号,放弃财产,放弃农奴管理权,甚至放弃重新返回故乡的权利;——难道那一切是人的真正的权利吗?那些虚荣的玩具曾经掏空了多少生命?在目睹了男人们英勇的佩剑刺穿天幕,流泻出一线自由的颜色之后,她们就从庸常走向一种崇高的义务。怎么可以忍辱屈膝,把青春重新搅拌入豪奢的腐朽和华贵的空洞呢?

那一年的冬天,日照极短,枢密院广场的落日惨红,如同一环火漆,永不启封地封存了轻盈的过去。从此,她们站到悲惨和苦难之中了。——到囚徒那里去!女性的爱,其最本质的激情是母性。于是她们一夜之间成长为山峦。就让病弱者和受难者靠在她们肩头吧,她们的臂弯里,不是有一种浴雪的乔木在生长吗?

叶尼塞河划开俄罗斯大地,哑默着,向北流去。越过河谷,西伯利亚旷古的荒芜和无尽的严冬就在触摸之中了。俄罗斯的巍峨,以及巍峨之上珠母一般令人迷醉的辉泽,原是因了沐育旷古的荒漠中旷古的风雪。假如上帝不曾赐予一个民族如此博大如此残酷的浸泡，或许是一件幸事，然而这个民族的魂魄，将汲吮什么生成？又依凭在哪里上升呢？

无边无沿的蛮荒之中，一个人影瞬息就被吞没了，一种琐碎的人生瞬息就被吞没了，假如有所存留，存留的只能是与荒漠的博大相匹配的崇高。自从那一个冬天，她们把自己的终生交付予荒漠，并且把一个充满女性柔情的人的单字书写在荒漠，她们就成为有资格为自由而受难的人了。

> 在西伯利亚矿坑的深处，
> 望你们保持着骄傲的忍耐的榜样，
> 你们悲惨的工作和思想的崇高志向，
> 决不会就那样徒然消亡。
> ……

当她们以永诀的伤恸吻别熟睡的幼子，以微笑排开威吓和阻挠，任由恐怖和厄运箭矢一样穿过她们身心，孑然跋涉数千俄里，把这样的诗篇交到男人们的手上的时候，——爱情，还仅仅是一个花朝月夕的字眼吗？

灵魂是因痛苦而结合的。唯有一种博大的痛苦，有力量抗拒时间的流逝，恒久地矗立在历史深处，注视着驿道上后世的跋涉者们迷茫的眼睛。

贝加尔湖，西伯利亚硬利的冻土上，竟然有莹蓝得如此温软的贝加尔湖。贝加尔湖神圣的寂静呵！

即使泪水在眼眶里已经结冰，俄罗斯妇女的山峦之内，奔流的不依然是热血吗？

本章词语

1. **隐喻**：比喻中的一种，指不用比喻词，喻体和本体直接相合。《山峦》一文即以山峦隐喻一种高贵坚忍的精神。

2. **拟人**：把人类的特性、特点加于外界事物上，使之人格化。如《阳光中的向日葵》中那棵极具个性的向日葵，便是不屈的反抗者形象。

3. **悲剧**：戏剧中的一种形式，悲剧主人公在与邪恶命运和环境的抗争中与之同归于尽，但在其抗争过程中表现出一种崇高的精神。人们常常将此概念用于人类生活之中，形容某种人生境遇。

链　接

1. 鲁迅：《野草》，见《鲁迅全集》第二卷，北京：人民文学出版社 1981 年版。

2. 显克微支：《灯塔看守人》，见《世界文学金库·短篇小说卷》，朱雯、江曾培主编，斯言、廖敏编选，上海：上海文艺出版社 1994 年版。

3. 杰克·伦敦：《热爱生命》，见《杰克·伦敦中短篇小说选》，陆伟民译，南昌：百花洲文艺出版社 1996 年版。

4. 劳伦斯：《鸟啼》，见《外国散文百年精华》，丛培香等编选，北京：人民文学出版社 2001 年版。

5. 林清玄：《发芽的心情》，见《林清玄散文》，林清玄著，杭州：浙江文艺出版社 1994 年版。

6. 伏契克：《绞刑架下的报告》，蒋承俊译，北京：人民文学出版社 1983 年版。

编者的话

人生难免受难,无怪颇有人视人生为茫茫的苦海。人类本是从荆棘蔽日的荒原走来,世事艰难,苍生苦多。然而,人,终究没有倒下,而是尊严地挺立着;没有放弃,而是不息地追求着;没有停滞,而是坚毅地前行着。为的是什么?靠的是什么?回答是:为一个美好的希望,靠一种伟大的品格——坚忍。

有诗人唱道:"我的痛苦是大海,欢乐是大海里的珍珠。"唱得真实而深刻。但,比这咏叹更真实而深刻的启示则是:坚忍犹如水手,只有他才敢吞下苦涩的海水,潜入深黑的海底,捞起美丽的珍珠。

坚忍,作为一种伟大品格,在中华文化谱系并不鲜见,比如:"不怨天,不尤人","发愤忘食,乐以忘忧"。这些话是孔子说的,孔子也是这么做的:教诲一生,授徒三千,游说七十诸侯,漂泊三十余年,困于魏宋,厄于陈蔡,"累累若丧家之狗"。然而,就是这样的一介寒儒,最终成为了民族文化的血源之一。又比如屈原,"路漫漫其修远兮,吾将上下而求索"。他虽身处孤境,但决不放弃理想而从俗,宁死也不改自己的人格:"亦余心之所善兮,虽九死而犹未悔!""伏清白以死直兮,固前圣之所厚!"他把高贵的痛苦投入汨罗江,把更高贵的精神融入了民族的历史深处。至于司马迁,"意有所郁结,不得通其道,故述往事,思来者"。这是一颗崇高而痛苦的灵魂,咀嚼着腐刑的耻辱,"隐忍苟活","发愤著书",以一个学者对暴君淫威和残酷命运的沉默反抗,书写了"史家之绝唱,无韵之《离骚》"(鲁迅),把一部真实的历史,连同深刻的思考、精美的文字与沛乎天地的浩然之气,一起献给了中华文明。

不是吗?正是凭借了坚忍精神,越王勾践卧薪尝胆,商山四皓不食周粟,韩信宁受胯下之辱,苏武甘忍留胡之苦,张骞打通西域,玄奘西天取经,鉴真东渡传教,郑和七下西洋,苏东坡唱"大江东去",曹雪芹谱"红楼"悲歌。

不是吗?正是凭借了坚忍精神,凡·高的向日葵点燃了无数人的目光,马丁·路德·金的梦想飘进了万千人的睡乡,纳尔逊·曼德拉将牢底坐穿,耶稣把伟大的训诫传遍了世界的每个角落。

坚忍,源自一种洞察与确信,源自一种矜持与历练。它不是"拔剑而起,挺身而斗"的痛快与狂狷,而是"猝然临之而不惊,无故加之而不怒"的隐忍与节制;它不是毕其功于一役的突击与速成,而是滴水穿石、锲而不舍的执著与稳健;它不是疾风暴雨的狂躁与喧嚣,而是轻风细雨的润泽与宁静。它是大海的沉默与等待,是高原的磅礴与大气。

"子规夜半犹啼血,不信东风唤不回。"(王令)尽管对于尴尬与无奈的人世来说,人生如梦,"世间多少事,都付笑谈中"(杨慎);然而,具有"精卫"情结和"夸父"情结、满怀期盼与确信的人类,仍然是大梦不醒,大梦联翩,一梦方醒一梦醉。尽管在人生旅途中,仍然是一山才过一山拦,山重水复疑无路;但是,我们仍然可以自信、自豪地唱道:踏遍青山人未老,柳暗花明又一村。因为,我们拥有坚忍。

(王东成)

希望的红帆

圣诞老人真的存在吗？*

——回答孩子提出的问题

弗朗斯·比·恰奇

纽约太阳报社最近收到了下面这样一封来信。立即用社论的方式给以回答。

发出这封信的人，向我们提出了这么重要的问题，是对我们的信赖，我们全体记者感到非常高兴。

记者先生：

我八岁。我的朋友里边，有的小孩说"圣诞老人是没有的"。

我问爸爸，爸爸说："去问问太阳报看，报社说有，那就真的有了。"

因此，拜托了，请告诉我，圣诞老人真的有吗？

帕吉尼娅·欧汉劳恩

纽约市西 95 街 115 号

帕吉尼娅，让我们来回答你的问题。你的朋友说没有圣诞老人，那是错的。

在那个孩子的心中，肯定是形成了现时流行的什么都怀疑的习性。

---

* 作者情况不详。本文选自互联网，是美国新闻史上最为著名的一篇社论，发表于 1897 年 9 月 21 日纽约《太阳报》社论版。

什么都怀疑的人，只相信眼睛看得见的东西。

什么都怀疑的人，是心地狭窄的人。因为心地狭窄，不懂的东西就很多。虽然那样，还断定自己不懂的事情都是谎话。

不过，人的心这个东西，大人也好，小孩也好，本来是非常的小啊。

在我们居住的这个无限广阔的宇宙里，我们人的智慧，就像一条小虫那样，是的，就像蚂蚁一样小。

要想推测广阔的、深奥的世界，就需要能够理解所有事物，了解所有事物的巨大的、深邃的智慧。

是的，帕吉尼娅，圣诞老人是有的，这绝不是谎话。在这个世界上，如同有爱，有同情心，有诚实一样，圣诞老人也确确实实是有的。

你大概也懂得吧，正是充满这个世界的爱、诚实，才使得你的生活变得美好了，快乐了。

假如没有了圣诞老人，这个世界该是多么黑暗，多么寂寞！

就像没有你这样可爱的孩子，世界不可想象一样，没有圣诞老人的世界，也是不可想象的。

没有圣诞老人，减轻我们痛苦的孩子般的信赖、诗、爱情故事，也许全都没有了。

我们人类能体味得到的喜悦，大概只剩下眼睛能看到的，手能摸到的，身体能感觉到的东西了。并且，儿童时代充满世界的光明，说不定也会全都消失了。

怎么说没有圣诞老人呢？

不相信有圣诞老人，和不相信有精灵是一样的。

试试看，圣诞节前夜，让爸爸给你雇一个侦探，让他监视一下全纽约的烟囱怎么样？也许能抓住圣诞老人噢！

但是，即使看不到从烟囱里出来的圣诞老人的身影，那能证明什么呢？

因为，这个世界上最确实的东西，是孩子的眼睛、大人的眼睛都看不见的东西。

帕吉尼娅，你看到过精灵在草地上跳舞吗？肯定没有吧？虽然如此，也不能说精灵是胡编的瞎话。

这个世界上某些看不见的东西，不能看到的东西，绝不是人们在头脑中创造出来的，想象出来的。

我们能分解婴儿的哗啷棒，看它的声音是怎样出来的，里面是怎样组装的；但是，眼睛看不见的覆盖着世界的大幕，不管有多大力气的人，不，即使全世界的大力士一起上，也是拉不开的。

只有信赖、想象力、诗、爱、爱情,才能在某一个时刻,把它拉开,看到大幕后面的、无法形容的美好的、闪闪发光的东西。

那样美好闪光的东西,难道是人们编造的瞎话吗?

不,帕吉尼娅,那么确实、那么永恒的东西,就存在于这个世界之上。

说没有圣诞老人?

哪儿的话!让我们高兴的是,圣诞老人的确存在。不止如此,他大概永远不会死亡。

一千年以后,一百万年以后,圣诞老人也会同现在一样,让孩子们的心高兴起来。

红　　帆（节译）*

亚·格林

隆格连承担了所有的家务事：劈柴，担水，生炉子，做饭，洗熨衣服，同时还得匀出时间来干些零活儿挣钱。他等女儿阿索莉年满八岁时便教会她读书写字，偶尔还带她一块儿进城，到后来，干脆派她一个人到商店取款或者送货。当然，后一种情况不太多，虽说利斯城离卡波尔纳村总共不过四俄里，但要经过一片密林，林中有种种不测，可能惊着体弱的孩子，不能不防着点儿。

有一回女孩儿在进城途中，从篮子里取出一小块馅饼当早点，坐在路旁一面吃，一面逐个翻弄着篮子里的玩具。这都是隆格连夜里做成的。她看到有两三件玩具挺新鲜，尤其是一条小小的帆艇：洁白的船身，上面张着夺目的红帆。许是隆格连为有钱的顾客制作玩具轮船时糊舱壁剩下的边角绸料，顺手拿来制成了帆艇。阿索莉一见高兴极了：红彤彤的、欢快的颜色是那么鲜艳，拿在手里像是攥着一团火。路要经过一道小溪，溪上架有一座用树干编成的小桥，溪流两头直通林木深处。"我不妨把它放到水上溜一会儿，"阿索莉想，"收它起来时擦干就是了。"小姑娘走到桥下，小心翼翼地把

---

* 亚·格林（1880—1932），俄国作家，著有《红帆》等。本文选自《世界经典散文新编·明月般的朋友》，高莽主编，石忱川译，天津：百花文艺出版社2001年版。

那个使她着迷的小艇放到紧靠溪岸的水面上。清澈的溪流里顿时映出了鲜红的帆影,阳光透过红绸,在溪底白色的鹅蛋石上投下了斑驳光彩。"你从哪里来,船长?"阿索莉正经八百地向她想象中的人发问,接着自己回答自己:"我从……我从中国来。""你运的是什么呀?""运的什么,不告诉你。""好个船长,看我不把你放回篮子去!"船长刚打算赔笑脸,说他刚才这话只是开玩笑,他还准备给她看大象,蓦地一股从岸边折回的暗流把快艇船首拨向中游,小船就像真的一样,扬起了风帆离开了溪岸,向下游稳稳地驶去。眼前的景观眼见变了样,小姑娘觉得小溪成了大河,小船也变成一艘远洋巨轮了。她忙不迭向小船伸出双手,差点儿掉进水中。"船长害怕了,"她想,顺着溪岸朝漂走的玩具追去,满心指望它会搁到哪个浅滩上。阿索莉挽着那只不重却十分碍事的篮子奔跑,嘴里不断念叨:"哎哟,碰上这样的事……"她深一脚浅一脚地追赶,跌倒了又爬起来,尽可能不让那条美丽的扬帆小艇从她视野里消失。

阿索莉不知不觉间进入了密林深处。她只图追回玩具,哪有时间旁顾!在她奔跑的路上,许许多多障碍已够她操心的了。倒地的青苔斑斑的大树,大大小小的洼坑,纵横交错的蕨树、野蔷薇、茉莉花、榛树步步与她作难,费去了她许多力气。她渐渐地累了,不得不常常停下来喘气,或是拂去粘在脸上的蛛网。阿索莉来到一片长满苔草和芦苇的草丛,几乎望不见那个红光闪闪的帆影了,幸好转过溪湾,又见到了昂首直下的它。她朝四下一瞧,吃了一大惊:那枝叶间曾透过缕缕阳光、轻雾迷漫、五彩缤纷的树林,已变成了浓荫密集、黑糊糊的幽谷。她不由害怕,但立时想起了小船,于是提气连说了几个"呸!",又使足力气奔跑。

急急忙忙地追了一小时,终于松了口气,她惊喜地发现树木退到两旁,前面出现了溪水入注的大海,白云在它上面遨游,湛蓝的海水拍打着沙岸。她奔上一块岩石时几乎累倒在地上。这儿是溪水入海口,水很浅,溪面很宽,青青的碧流潺潺地经过石滩,溶进了迎面而来的浪卷。阿索莉从岩石上望下去,看见在溪边的一块平整石头上,背对她坐着个人,那人双手捧着从她那儿溜走的红帆,犹如大象抓到一只蝴蝶似的,正在好奇地端详。阿索莉见红帆好好的,放下了一半儿心,爬下岸岩,走到陌生人跟前,仔细打量他,等他把头抬起来。可是陌生人只顾瞧森林赠与的那个意外礼物,丝毫没有觉察旁边有人。小姑娘把他从头到脚看过一遍,断定不认识这个人,也从未见过他这样的。在她眼前的并非旁人,而是徒步旅行者埃格尔,一位大名鼎鼎的歌谣、传说、神话和民间故事的搜集家。在他帽檐下露着一簇簇的银色卷发。照那束在蓝裤子里的灰上衣和那双长筒靴看来,他像个猎人,瞧他那白净衣领、领带、镶有银环的腰带、手杖,以及带有一把镀镍小锁的皮包,他十有八九是城里人。如果能把密密扎扎的胡子、剽悍的倒八字唇髭和藏在后面的鼻子、嘴唇、眼睛统统叫作脸孔的话,那么可以说,这张脸是模糊不清的。但是他那双灰得像沙砾、亮得像纯钢似的眼睛却在熠熠生辉,其中充满勇敢和力量。

"该还给我啦,"小姑娘怯生生地说,"你已经把它玩了一会儿了。你是怎样抓住它的?"

阿索莉激动的小嗓音来得太突兀,埃格尔抬起头,失手掉落了小船。老人足足瞧了她一分钟,接着一笑,用青筋嶙嶙的大手捋了捋胡须。洗过多次的褪色花布裙勉强掩住小姑娘那双晒得黝黑的裸膝,她那花边头巾里的深色浓发此刻披散在肩头,她的每一细微动作和表情都像飞燕那样轻盈、灵巧,黑黑的,略带忧伤的疑虑眼睛比起稚气的脸庞来似乎老气得多,而不甚均匀却十分柔和的黛黑鹅蛋脸此刻泛着健美的红晕,半启的小嘴挂着浅笑。

埃格尔忽儿看看小姑娘,忽儿看看小帆船,说道:"我以格林兄弟、伊索和安徒生的名义起誓,这太神奇了!告诉我,小姑娘,这小船是你的吗?"

"是的,为它我跑遍了小溪,都快要累死了。它停在这儿的吗?"

"就在我脚边。我,陆地上的海盗,就把这缴获品赠与你吧!这只被船员们遗弃的海船被三寸激浪抛上滩头,刚好搁浅在我右脚后跟和杖头之间,"他磕了磕手杖说。"你叫什么名字,小姑娘?"

"阿索莉,"她边答边把递给她的玩具放进篮子。

"好哇,"老人继续说着叫人摸不着边的话。他瞧定阿索莉,眼睛深处闪烁着愉快的善意微笑。"其实我没有必要问你的名字。好哇,这名字听来多美妙,多富音乐感!就像出弦的飞箭或风吹空海螺的声音。你要是叫一个好听的、可同美丽想象不符的、俗不可耐的名字,那可叫我怎么办呢?再说,我并不想知道你是谁,你的父母是什么人,你的生活怎样——何必破坏这迷人气氛呢?我正坐在这块大石头上对比芬兰和日本的童话题材,倏地小溪抛来这只红帆,紧跟着你就出现了……以你现在的模样。亲爱的,我虽没写过诗,但我心里激荡着无数诗句。你篮子里装着什么呀?"

"几只小舢板,"阿索莉抖抖篮子答,"一条轮船,另外,三个插小旗的房子,里面还住有士兵。"

"好哇,打发你去城里卖,可你在路上玩了起来,放小快艇到水上溜溜,没想到它真的溜跑了,是这样吗?"

"难道你见了?"阿索莉疑惑地问。她竭力回想自己有否讲过这事。"谁对你说了的?要么是你猜到的?"

"我知道。"

"怎知道的？"

"因为，我呀，是个神通广大的魔法师。"

阿索莉不由羞红起脸，紧张超过了害怕。荒凉的海岸，悄无声息的四周，红帆的奇遇，老人令人不解的说话和他光熠熠的眼睛、头上乱蓬蓬的头发和胡子，都使她心情紧张。如若对方扮个鬼脸或者高声嚷嚷，她准会拔腿就跑。可在阿索莉瞪大眼睛的当儿，情况起了急剧变化。

"你无须害怕，"他正容说道，"我还想跟你说说心里话哩。"说到这儿，他发现小姑娘脸上布满着期待的表情，期待美好而幸福的下落。老人暗忖："为什么我生来不是作家？这里有多好的题材可供发挥啊！"于是他以善圆神话的本领，说了不管别人理解不理解的一番话："好哇，阿索莉，仔细听着。我到过那个村子，许就是你居住的卡波尔纳。我喜爱民间故事和民歌，我坐在村子里一整天，想听听没人说或唱过的轶事。可你们那里谁也不提那些，若提起，也都是说狡狯的男人和士兵为何欺诈。故事像沾满泥污的裸腿，歌谣似同肚子里打的咕噜，以及糟糕透顶的四行诗……呀，我说走了题，现在重说。"

他想了想，续道：

"我说不上再过多少年，不过在卡波尔纳村将会发生一桩永远流传的神话般的盛事。你，阿索莉，已经长大成人。有天早晨，在大海上，远处有风篷在阳光下闪烁，一艘扬着红帆的白色巨轮正劈浪朝你驶来，既不发出呐喊，也不发出枪声。岸上站着许许多多的人，都在惊奇地赞叹，其中也有你。那艘船在美妙的乐曲声中在离岸不远处下了锚，接着放下装饰着地毯和鲜花金碧辉煌的快艇。'你们干什么来了？寻找谁？'岸上人问。那时你会看到一位勇敢而英俊的王子，站在你面前伸出双手。'你好，阿索莉！'他说。'我在遥远的地方梦见过你，我来是为了接你去我的国土，在玫瑰深谷里与我同住，你要什么都将拥有，我们会生活得十分和睦、快乐，你决不会感到悲哀或忧伤。'他把你扶上小艇去他大船上，于是你将去那旖旎的国度，那里的太阳冉冉升起，繁星徐徐降下天幕，为的是欢迎你的到来。"

"都为了我？"小姑娘轻声问。她那紧张的眼色变得高兴了，亮亮的，充满信赖。当然啦，如果他是个阴险的魔法师，决不会说这样的话。她走上前些。"也许已经来了……那艘大船？"

"不会这么快，"埃格尔否定道。"首先像我说的，要等你长大，然后嘛……还用说？自会到来。到那时你将怎么办？"

"我吗？"她瞧瞧篮子，但，从里面虽然找不出值得拿来酬谢的东西。"我会喜欢他的,"她赶忙说。接着,她犹犹疑疑地补上一句:"要是他不跟我打架的话。"

"不,他不会跟你打架的,"魔法师诡秘地眨眨眼。"不会,我敢担保。去吧,小姑娘。别忘记我在喝了两口芬芳的伏特加酒、思考流放者唱的歌时给你说的这番话。去吧。愿你长着浓发的小脑袋得到安宁!"

隆格连正在菜园子里给土豆培土,抬头见阿索莉欢快地朝他急急奔来。

"啊,有这么件事……"她极力抑制急迫的呼吸,双手抓住她父亲的围裙。"听我跟你说……在离这儿很远的海岸上,坐着个魔法师……"

她兴奋得不能把前后经过讲得有条有理,先打从魔法师的有趣预言说起,其次描述了魔法师的外貌,最后再说她追赶帆船的事。

隆格连认真听着,并不打断她的说话。待她说完,在他想象中也出现了那个陌生老人,一手拿着芬芳的伏特加酒,一手拿着小玩具。他扭开头,但这时想到,孩子在生活中逢到如此重大的事,应该和她一道惊奇,并有个严肃的表示。故而他又转过脸来一字一顿地说:

"照一切情况看来,他一定是个通天魔法师,我也想会会他……不过,你下次进城,别再进那林子,在那里很容易迷路。"

他放下铲子,坐到低矮木栅墙柱上,把女儿抱在膝头。累极了的阿索莉还打算说个详细,但炎热、激动和困乏在催她入梦。她的眼合上了,头垂到了父亲坚实的肩上,再过一忽儿就将进入梦乡。但,阿索莉突生疑虑,虽闭着眼睛,却坐直起身子,两拳支着隆格连的坎肩,问:

"照你想,那艘神奇海船会不会来接我呀?"

"会来的,"她父亲安详地回答。"既然对你这么说了,那就一定会来。"

可他心里另有想法:"等她真的长大,也就把这忘了,用不着把玩笑点破。要知道,到将来看到的常常不是红艳艳的,而是肮脏的风帆。远看美丽、洁白,但靠近了一看,却破破烂烂,惹人恶心。一个过路人跟我女儿开个玩笑,那有什么呢?善意的玩笑罢了。"因此又补充说:"瞧,你这半天一直呆在林子里,累成了这样!至于红色的大帆船嘛,你照我说的去想吧,它肯定能来。"

相会在林阴大道上*

海因里希·伯尔

有时,每当万籁俱寂,机关枪沙哑的哒哒声消失之时,那标志发射榴弹炮的重浊的嘶嘎声也沉静下来之时,前沿阵地上,飘荡不定地出现某些莫可名状的现象,或许我们的父辈称之为安宁吧。每当这些时刻,我们就停止捉虱子,或者不再蒙眬欲睡。赫克少尉伸出他那长长的手去触摸那只弹药箱的盖子,这只箱子我们称它为酒柜,把它放在我们地下掩蔽部的墙角边。他用力地拉动皮条,于是皮条的扣针就从环舌上滑落下来,顿时我们财富的全部壮丽景象呈现在眼前:左边是少尉的酒瓶,右边是我的,中间则是公有的特别珍贵的财产,专门为那种时刻保留着的,即四周真正寂静一片的时候……

在几瓶颜色不太白的用土豆做的烧酒中间,夹放着两瓶真正的法国上等白兰地,这是我们喝过的酒中最为名贵的酒。运用了地地道道的秘密方式,历经了千百次可能被暗中侵吞的危险,通过了难以逾越的重重营私舞弊的关卡,这种真正的轩尼诗名酒才陆续地到达我们的掩蔽部,在这里我们必

---

* 海因里希·伯尔(1917—1985),德国作家,1972年获诺贝尔文学奖。著有《正点到达》、《与一位女士的合影》等。本文选自《诺贝尔文学奖金获奖作家小说选》,吕一旭译,贵阳:贵州人民出版社1985年版。

须与肮脏、虱子、绝望作无情的斗争。我们通常给那几个小伙子,用巧克力或其他糖果来补偿他们那份美味的、黄颜色的白兰地,因为他们也该有分的;然而他们见到各种烧酒时心里直打颤,但却像那些脸色苍白的孩子似的,贪婪地要求吃各种糖果和甜食。不过,要达成一项使双方都高兴的交易,也不是常有的事。

"过来,"当赫克扣上一条较为干净的领带,愉快地抚摸一下刮了胡子的下颚后,他惯于这样对我说。我慢腾腾地从我们掩蔽部的阴暗的后墙边站起身来,有气无力地用手拍掉军服上的枯草根屑,然后我有节制地再完成唯一的一项仪式,对此我是尚存一点气力的:我梳梳头发,接着又以一反常态的热忱,用赫克用过的刮胡子水,也就是盛在一个罐头盒中的那点喝剩的咖啡,我不慌不忙地洗着双手。赫克耐心地等着我,直到我把指甲也清洗干净为止。此时,他把一只弹药箱摆在我俩之间当作桌子,用一块手帕把我们用的两只酒杯擦净:那是两只坚固的、厚厚的玩意儿,我们常常如同保管我们的烟叶那样,总是小心翼翼地把它保管好。当他从背后的口袋里找出一大盒香烟时,我的一切准备工作也就完成了。

通常这总是在午后时分,我们把挡在掩蔽部前面的遮板推在一边,时而让淡淡的阳光暖暖我们的双脚……

我们相对而视,互相碰杯,边喝酒,边抽烟。某种美妙、庄严之感正寓于我们沉默无言之中。唯一的来自敌方的噪声,就是那狙击兵的炮弹,间隔一定时间,极其准确地落在支撑我们掩蔽部入口处斜坡的那根大梁上。炮弹轻轻地,略带温柔体贴地"噗啦"一声落在极易碎裂的土地上,这常常使我想起一只田鼠,在一个宁静的下午轻悄地、几乎不发响声地窜过路面时的情景。这种炮弹声使人内心产生一些平静之感,因为它使我们确信,由现在开始的珍贵时刻,的确不是梦幻,不是非现实的,而是我们真实生活中的一个片段。

喝了四五杯之后,我们才开始交谈。我们的连续不断怦怦作跳的心,早已疲惫不堪,然而这神奇的白兰地却唤起我们一线特别珍贵的思绪,大概我们的父辈可能称之为憧憬吧。

关于战争,关于现状,我们无需再费唇舌。战争的青面獠牙的狰狞面目我们看得太多了,对它太熟悉了,还有它那令人恐怖的喘息声。每当漆黑的夜晚,在敌我阵地之间,受伤的士兵各自用不同的语言在悲叹抱怨时,每每使我们胆战心惊。我们恨透了战争,我们不可能再去相信这方或那方的无耻之徒鼓吹起来的肥皂泡式的空话,以便使他们自己的"广播电台"还有点儿用场。

关于前途问题也不是我们谈话的材料。前途犹如充满锋利尖角的地道,那里我们会互相碰撞的,而且我们对前途望而生畏,因为,不得不当兵,又不得不盼战争快快失败,这一可怕的现实,使我们的心早已冷冰冰、空荡荡的了。

我们谈过去的事;谈那种艰难窘迫、而我们的父辈可能称之为生活的事儿;我们还谈那段留在人的记忆中唯一的过分短促的时期,它仿佛是夹在共和国①的腐烂的尸体和那个不可一世的大怪物国家②之间的,然而这个大怪物的军饷我们现在还必须领取。

"请你想象有那么一家小咖啡馆,"赫克说,"大约在秋天,甚而在树荫下。空气中略带潮湿和霉烂味;而你正在翻译一首魏尔仑③的诗。你脚上穿的是一双轻便的鞋子,后来,当夜幕沉落在稠密的云层里之后,你蹒跚地拖着脚步回家了,你是缓缓地拖着脚步,你明白吧。你的脚步是踩在湿漉漉的树叶上蹭着过去的,这时,你看见迎面过来几位姑娘,你凝视着她们的脸……"赫克把酒斟满,他宛若一位和蔼可亲的医生,给孩子动手术时用的那样悠然不慌的动作,和我碰杯,我们继续喝酒……"也许其中有一位姑娘对你嫣然一笑,而你也向她报以微笑,于是你们两人继续向前走,一次也不回头。你们这次互相交换的淡淡一笑,将永远不会消逝,我告诉你,永远不会的……倘使你们在另一种生活境遇下再度重逢时,也许这将成为你们彼此相识的标志。……一次微不足道的淡然一笑。……"

一丝神奇般的青春活力闪现在他的双眸之中,他笑呵呵地注视着我,我也腼腆地笑笑,并抓起酒瓶,斟上酒,我们接着先后又喝了三至四杯。烟与美味芳香的白兰地酒同时品尝,其烟味之醇香简直无与伦比。

这时又响起狙击兵的炮声,它警告我们,时间正在无情地流逝。在我们欢乐和尽情享受这一时刻的背后,生活中的无情和残忍又在威胁着我们。陡然响起的手榴弹声,一名哨兵的警报声,以及进攻或撤退的命令声,这一切又要使我们肝胆俱碎。我们立即开始匆匆忙忙地快喝,并彼此交换几句不大文雅的话,此时喜悦和仇恨融合在一起,均闪现在我们快乐的双眸之中。当酒瓶不可避免地喝尽见底的时候,赫克顿时变得说不出来的悲伤,他的双眼犹如两片渐渐变得模糊不清的小圆片,转过来对着我凝视,开始轻声地、略带惶惑地对我耳语:"你知道吧,那位姑娘就住在林阴大道的尽头,当

---

① 共和国:指1919—1933年的魏玛共和国。
② 大怪物国家:指希特勒第三帝国。
③ 魏尔仑(1844—1896):法国象征派诗人。

我最后一次休假时……。"

我清楚,这是我必须马上收场的信号。"少尉,"我冷静而严厉地说:"安静点,你听见没有?"少尉自己曾对我这样说过:"如果我开始谈起那位姑娘,她住在林阴大道的尽头,那你必须告诉我说,我该住嘴了。你要理解我,你必须这样,必须这样!"

我还是遵循了他的这一命令,尽管执行起来使我颇费心机,因为,当我提醒他时,他的迷惘恍惚似乎已渐渐消失,他的那对眼睛变得严酷和清醒,嘴角边又泛起了那道痛苦的皱纹……

不过我将要讲的那天的情况,跟往日截然不同。我们领到了新的内衣,完全是崭新的,还有新的白兰地酒。我刮净胡子,接着甚至用罐头盒里的水洗起脚来;可说是像洗了一次澡似的,因为人家还给我们送来了袜子,那袜子几道白色圈圈还真是白的哩……

赫克向后靠着躺在我们睡的地方,抽着烟,一边观看我怎么在洗。外面寂静无声,然而这种寂静是险恶的、麻痹人的,是一种危如累卵的宁静。当赫克拿出一根新的香烟接在原来那根上面时,我从他那双手就已经看出,他异常激动,并且十分害怕,因为我们大家都害怕,所有的人,只要他还有人之常情的话,都感到害怕。

突然我们听到了轻轻的"扑哧"声,这是狙击兵的炮弹通常落在斜坡上的声音;这柔和的声音顿时使周围的寂静不再使人感到令人胆战心惊。我们两人异口同声,高声大笑起来;赫克猛地跃起身子,双脚在地上跺了几下,孩子般地大声喊叫:"乌啦,乌啦,现在又可大喝一阵了,为那位伙伴的幸福喝吧,因为他总是把炮弹打在同一个地方,并且总是打不到真正目标!"

他打开酒箱盖子,拍拍我的肩膀,耐心地等着,直到我又穿好靴子,做好我们一起喝酒的那些准备工作。赫克在木箱上铺上一块新的手帕,从他的衣服的上口袋里掏出两支长长的、优质的、淡褐色的雪茄烟。

"这可是好东西啊,"他乐呵呵地说,"法国白兰地再加上等雪茄。"于是我们碰杯、喝酒,缓慢地抽,充分品尝其美味。

"讲点什么听听,"赫克嚷道,"你一定有讲的,讲吧,"他严峻地盯着我看。"你这家伙,你从来没讲过什么,总是让我胡诌一气。"

"我没那么多可讲的。"我低声地随口说了一句,此刻我目不转睛地看着他,接着又斟上酒和他对饮。一股清凉的、暗黄色的、醇美而暖人心田的白兰地,徐徐地流入我们的心窝,那真是神妙到了极点。"你知道,"我开始胆怯地说,"我比你幼稚,我在学校总留级,因此我后来不得不去当学徒,我本应该成为一名细木工。开始时感到很苦,不过后来,也就是一年之后,我从劳动中赢得了欢乐。做木工活儿,确是一件绝妙有趣的事。你把图样画在一张漂亮的纸上,准备好你的木料,当然要整洁的、纹理精细的木板,你精心地刨削,这时,一股木头的香气会直透你的鼻腔。我相信,我是能够成为一名完全合格的细木工的,可是,我十九岁时,不得不服兵役,我第一次感到心惊胆战,在我跨进兵营大门后,还是消除不了,即使过去了六年也未能消除,因而我说话不多……你们的情况不同……"我脸涨得绯红,因为我一生中从未说过这么多的话。

赫克沉思地打量我。"原来是这样,"他说,"我相信,当一名细木工,这是很美的。"

"可是你还从未有过一位女朋友?"他忽然高声说了起来。我已觉察到,我又该马上叫他结束谈话了。"从来没有过?从来没有?你从来还没有把你的脑袋靠在一个柔软的肩膀上,闻到了,闻到了她的头发的味……从来没有?"这次他又斟上酒,当倒上最后两杯后,酒瓶子已经空了。赫克以恐怖悲伤的神态环视四周。"这里没有墙,没法把瓶子往墙上摔碎它,是不是?"——"等一等,"他猝然大叫一声,狂笑起来,"那位伙伴也该有点什么的,他该用炮弹把这瓶子击碎。"

他向前挪动了一步,将瓶子摆在狙击兵的炮弹通常掉落的那块地方。我还来不及阻挡他,他已从我们的酒柜里拿出第二瓶酒,打开盖,斟上酒,我们又碰杯,就在这一刹那,在外面的斜坡上发出柔和的"砰"的一响,我们惊愕地举目张望,只见发出响声后的片刻,酒瓶还原封不动,几乎凝住似的,不过少顷瓶的上半截就掉落下来了,而瓶的下半截还完好地立在原处。一大块碎瓶子玻璃片滚落到我们的壕沟里,几乎就在我的脚边。我还清楚记得,我当时非常害怕,从瓶子被击碎的那一瞬间开始,我惊恐万状……

然而,当我同赫克斟酒,帮他把第二瓶酒也喝光时,一种深沉的无动于衷的心情油然而生。诚然,我既感到胆战心惊,又有些无动于衷。我看得出来,赫克当时也很害怕;我们痛苦地相互避开视线。而那一天,当他重新又谈起那位姑娘时,我已打不起精神去打断他的话……

"你知道的,"他匆匆地说,目光却不正视我,"她住在林阴大道的尽头,当我最后一次休假时,正是秋天,真正的秋天,一个午后时分,可我实在不会给你描绘,这林阴大道有多美啊——"一种粗犷的、媚人的,然而却有点恍惚迷离的幸福之花,闪现在他的双眸之中。我感到欣慰的是,正是为了这种幸福,我没有打断他的谈话。他在继续往下谈时紧扭双手,犹如某人想做一件事却不知该怎么做时的神态,我发觉,他是在寻找适当的表达语汇,以便给我描述林阴大道的情景。我倒上酒,我们两人很快一饮而尽,我又斟上,我们又把它喝干……

"这条林阴大道,"他声音嘶哑,说话结结巴巴,"这条林阴大道完全金黄一片,这不是瞎说,你看,这条林阴大道就是金黄色的,黑压压的树木,加上金黄色,而灰蓝色的树叶夹嵌在中间闪闪烁烁——当我从容不迫地漫步在林阴大道上直向那座房子走去时,我感到极大的幸福,我觉得自己也被交织在这无比瑰丽的美景中了。我竭力捕捉人生幸福中这令人陶醉,然而却转瞬即逝的刹那间。你明白吗?我确被这莫可名状的迷人魔力所感动……还有……还有……"

当他似乎又在寻找表达的词语时,赫克沉默了片刻,我又将酒杯斟满,和他碰杯,我们举杯痛饮,就在这一瞬间,放在坡地上的那个酒瓶子的下半截被击碎了,玻璃片一块接着一块地,缓缓掉进我们的战壕里。

赫克猛地站了起来,屈着身子推开掩体的盖板,我愕然了;我揪住他的衣袖不让他走,此时我清楚,为什么我在这整个时间里惊恐不安。"让我走,"他喊叫着,"让我走……我走,我要到林阴道上去……"在外面,我手握酒瓶,伫立在他旁边。"我走,"他低声说,"我要一直走到林阴大道的尽头,走到那座房子的地方!屋前有褐色的铁栏杆,她住在楼上……"我惊慌地屈下身躯,因为一颗炮弹从我身旁呼啸而过,落到了斜坡上,正巧落在刚才放过瓶子的地方。

赫克断断续续悄声地嘟囔那几句毫无意义的话,然而在他的面容上却现出一线亲切的、温存的幸福,也许还来得及如同他命令我做的那样,把他叫回来。从他无意义的唠叨中我听出来的总是那几句话:"我走,——我就是要走到我的姑娘住的地方去……"

我手里拿着白兰地酒瓶蹲在地上,深感自己胆怯懦弱;此刻我没有喝醉,头脑异常清醒,我觉得这似乎是一种过错;而在赫克的脸上却显现出一种无法形容的、可爱的、动人的醉态。他呆呆地凝视着处于黑压压一片向日葵秆和被炸得凌乱不堪的田园间的敌方阵地。我以锐利的目光观察他,他抽了一支烟。"少尉,"我低声说,"喝酒,过来,喝酒。"我把酒杯递到他的面前。然而当我想站立起来时,我感到,自己也喝醉了,我从心灵深处诅咒自己,没有及早把他叫回来,因为现在似乎已经来不及了。他没有听见我的喊声。我刚想张口再叫他一次,至少用酒瓶子把他从上面危险的地方引下来,我听到"砰"的一声炮弹爆炸声,异常响亮而动听。赫克猛然惊恐地转向我,对我短促而极为幸福地微微一笑,接着他把香烟撂在坡上,身子缩了下去,非常缓慢地倒在后面——我的心骤然冷缩了,酒瓶从我手中滑脱,我惊骇地双目盯着白兰地酒,酒咕嘟咕嘟轻轻地流出瓶子,形成了一个小小的水潭。

周围又恢复了寂静,然而这种寂静使人惶惶不安……

我终于敢举目瞥一眼赫克的脸:他的双颊已经凹陷,两眼呆滞无神,然而在他的面容上还残留着一丝微笑,那是当他迷惘地自言自语时在他面部闪现过的。我知道,他已经死了。我突然放声大叫,像一个疯子似的大喊大叫。什么慎重小心,此刻已经忘得一干二净。我趴在斜坡上,对着最邻近的那个掩体高声喊道:"海恩,救命! 海恩,赫克死啦!"我等不及回答,突然被一种恐怖的景象所惊住,倒在地上呜呜咽咽地哭了起来,因为赫克的脑袋稍微地抬动了一下,几乎是不明显的,然而却是可以看得出来的,血流如涌,还有一堆可怕的淡黄色的东西,我不得不相信,这是他的脑浆。血流呀流的,我只是惊悸地思索着:流不尽的这些血是从哪里流出来的,光从他的头部吗? 掩体的整个地面都布满了鲜血,黏土地吸水性差,血一直流到我刚才趴在酒瓶旁边的那块地方。

我孤独一人站在赫克淌着血泊的地方,因为海恩没有回答我。此刻狙击兵打炮的轻柔的哒哒声也听不到了。

突然一响爆炸声打破了周围的寂静,我丧魂落魄地惊跳起来,就在这一刹那间,我背部遭到一枪,然而奇怪的是我一点不感觉疼痛;我向前扑了过去,头倒在赫克的胸膛上。我周围的嘈杂声重新响起,从海恩掩体上发出机关枪的哒哒吼叫声,还有我们称之为大风琴的榴弹炮射中目标时发出的令人恐怖的呼啸声,此刻我却变得异常平静:因为和赫克一直还积在掩体地面上的暗红色的血凝在一起的,还有我的鲜红色的、出奇地鲜红色的血,我知道,这股温暖的血是我自己的;我觉得我一直在下沉,越沉越深,直到我幸福地、笑眯眯地到达林阴大道的路口。这条林阴大道赫克未能描绘它,因为树叶已经凋落,在惨淡的树荫间显得孤寂和荒凉;希望也在我的心间泯灭了,而同时我却远远地、非常远远地注视着赫克朝着一缕温和的金色阳光走去的剪影……

希望·过客

鲁　迅

希　　望

我的心分外地寂寞。

然而我的心很平安：没有爱憎，没有哀乐，也没有颜色和声音。

我大概老了。我的头发已经苍白，不是很明白的事么？我的手颤抖着，不是很明白的事么？那么，我的魂灵的手一定也颤抖着，头发也一定苍白了。

然而这是许多年前的事了。

这以前，我的心也曾充满过血腥的歌声：血和铁，火焰和毒，恢复和报仇。而忽而这些都空虚了，但有时故意地填以没奈何的自欺的希望。希望，希望，用这希望的盾，抗拒那空虚中的暗夜的袭来，虽然盾后面也依然是空虚中的暗夜。然而就是如此，陆续地耗尽了我的青春。①

---

*　鲁迅(1881—1936)，原名周树人，字豫才。现代文学家、思想家，著有《鲁迅全集》。《希望》选自《鲁迅全集》第2卷，北京：人民文学出版社1981年版。《过客》选自《野草》，北京：人民文学出版社1973年版。

①　作者在《南腔北调集·〈自选集〉自序》中说："见过辛亥革命，见过二次革命，见过袁世凯称帝，张勋复辟，看来看去，就看得怀疑起来，于是失望，颓唐得很了。……不过我却又怀疑于自己的失望，因为我所见过的人们，事件，是有限得很的，这想头，就给了我提笔的力量。'绝望之为虚妄，正与希望相同。'"

我早先岂不知我的青春已经逝去了？但以为身外的青春固在：星，月光，僵坠的蝴蝶，暗中的花，猫头鹰的不祥之言，杜鹃①的啼血，笑的渺茫，爱的翔舞……。虽然是悲凉飘渺的青春罢，然而究竟是青春。

然而现在何以如此寂寞？难道连身外的青春也都逝去，世上的青年也多衰老了么？

我只得由我来肉博这空虚中的暗夜了。我放下了希望之盾，我听到Petöfi Sándor(1823—1849)②的"希望"之歌：

　　希望是甚么？是娼妓：
　　她对谁都蛊惑，将一切都献给；
　　待你牺牲了极多的宝贝——
　　你的青春——她就弃掉你。

这伟大的抒情诗人，匈牙利的爱国者，为了祖国而死在可萨克③兵的矛尖上，已经七十五年了。悲哉死也，然而更可悲的是他的诗至今没有死。

但是，可惨的人生！桀骜英勇如Petöfi，也终于对了暗夜止步，回顾着茫茫的东方了。他说：

　　绝望之为虚妄，正与希望相同。④

倘使我还得偷生在不明不暗的这"虚妄"中，我就还要寻求那逝去的悲凉飘渺的青春，但不妨在我的身外。因为身外的青春倘一消灭，我身中的迟暮也即凋零了。

---

① 杜鹃：鸟名，亦名子规、杜宇，初夏时常昼夜啼叫。唐代陈藏器撰的《本草拾遗》说："杜鹃鸟，小似鹞，鸣呼不已，出血声始止。"

② Petöfi Sándor (1823—1849)：山陀尔·裴多菲，匈牙利诗人、革命家。曾参加1848年至1849年间反抗奥地利的民族革命战争，在作战中英勇牺牲。其主要作品有《勇敢的约翰》、《民族之歌》等。这里引的《希望》一诗，作于1845年。

③ 可萨克：通译哥萨克，原为突厥语，意思是"自由的人"或"勇敢的人"。他们原是俄罗斯的一部分农奴和城市贫民，十五世纪后半叶和十六世纪前半叶，因不堪忍受封建压迫，从俄罗斯中部逃出，定居在俄国南部的库班河和顿河一带，自称为"哥萨克人"。他们善骑战，沙皇时代多入伍当兵。1849年沙皇俄国援助奥地利反动派，入侵匈牙利镇压革命，俄军中即有哥萨克部队。

④ "绝望之为虚妄，正与希望相同"：这句话出自裴多菲1847年7月17日致友人凯雷尼·弗里杰什的信："……这个月的十三号，我从拜雷格萨斯起程，乘着那样恶劣的驽马，那是我整个旅程中从未碰见过的。当我一看到那些倒霉的驽马，我吃惊得头发都竖了起来……我内心充满了绝望，坐上了火车，……但是，我的朋友，绝望是那样地骗人，正如同希望一样。这些瘦弱的马驹用这样快的速度带我飞驰到萨特马尔来，甚至连那些靠燕麦和干草饲养的贵族老爷派头的马也要为之赞赏。我对你们说过，不要只凭外表作判断，要是那样，你就不会获得真理。"（译自匈牙利文《裴多菲全集》）

然而现在没有星和月光,没有僵坠的蝴蝶以至笑的渺茫,爱的翔舞。然而青年们很平安。

我只得由我来肉搏这空虚中的暗夜了,纵使寻不到身外的青春,也总得自己来一掷我身中的迟暮。但暗夜又在那里呢?现在没有星,没有月光以至笑的渺茫和爱的翔舞;青年们很平安,而我的面前又竟至于并且没有真的暗夜。

绝望之为虚妄,正与希望相同!

一九二五年一月一日

过　　客

时:
　　或一日的黄昏。
地:
　　或一处。
人:
　　老翁——约七十岁,白须发,黑长袍。
　　女孩——约十岁,紫发,乌眼珠,白地黑方格长衫。
　　过客——约三四十岁,状态困顿倔强,眼光阴沉,黑须,乱发,黑色短衣裤皆破碎,赤足著破鞋,胁下挂一个口袋,支着等身的竹杖。
　　东,是几株杂树和瓦砾;西,是荒凉破败的丛葬;其间有一条似路非路的痕迹。一间小土屋向这痕迹开着一扇门;门侧有一段枯树根。

（女孩正要将坐在树根上的老翁搀起）
翁——孩子。喂,孩子!怎么不动了呢?
孩——(向东望着)有谁走来了,看一看罢。
翁——不用看他。扶我进去罢。太阳要下去了。
孩——我,——看一看。
翁——唉,你这孩子!天天看见天,看见土,看见风,还不够好看么?什么也不比这些好看。你偏是要看谁。太阳下去时候出现的东西,不会给你什么好处的。……还是进去罢。
孩——可是,已经近来了。阿阿,是一个乞丐。
翁——乞丐?不见得罢。

（过客从东面的杂树间跄踉走出,暂时踌躇之后,慢慢地走近老翁去）

客——老丈,你晚上好?

翁——阿,好! 托福。你好?

客——老丈,我实在冒昧,我想在你那里讨一杯水喝。我走得渴极了。这地方又没有一个池塘,一个水洼。

翁——唔,可以可以。你请坐罢。(向女孩)孩子,你拿水来,杯子要洗干净。

(女孩默默地走进土屋去)

翁——客官,你请坐。你是怎么称呼的。

客——称呼?——我不知道。从我还能记得的时候起,我就只一个人,我不知道我本来叫什么。我一路走,有时人们也随便称呼我,各式各样地,我也记不清楚了,况且相同的称呼也没有听到过第二回。

翁——阿阿。那么,你是从那里来的呢?

客——(略略迟疑)我不知道。从我还能记得的时候起,我就在这么走。

翁——对了。那么,我可以问你到那里去么?

客——自然可以。——但是,我不知道。从我还能记得的时候起,我就在这么走,要走到一个地方去,这地方就在前面。我单记得走了许多路,现在来到这里了。我接着就要走向那边去,(西指)前面!

(女孩小心地捧出一个木杯来,递去)

客——(接杯)多谢,姑娘。(将水两口喝尽,还杯)多谢,姑娘。这真是少有的好意。我真不知道应该怎样感激!

翁——不要这么感激。这于你是没有好处的。

客——是的,这于我没有好处。可是我现在很恢复了些力气了。我就要前去。老丈,你大约是久住在这里的,你可知道前面是怎么一个所在么?

翁——前面? 前面,是坟。

客——(诧异地)坟?

孩——不,不,不的。那里有许多许多野百合,野蔷薇,我常常去玩,去看他们的。

客——(西顾,仿佛微笑)不错。那些地方有许多许多野百合,野蔷薇,我也常常去玩过,去看过的。但是,那是坟。(向老翁)老丈,走完了那坟地之后呢?

翁——走完之后? 那我可不知道。我没有走过。

客——不知道?!

孩——我也不知道。

翁——我单知道南边;北边;东边,你的来路。那是我最熟悉的地方,也许倒是于你们最好的地方。你莫怪我多嘴,据我看来,你已经这么劳顿了,还不如回转去,因为你前去也料不定可能走完。

客——料不定可能走完?……(沉思,忽然惊起)那不行!我只得走。回到那里去,就没一处没有名目,没一处没有地主,没一处没有驱逐和牢笼,没一处没有皮面的笑容,没一处没有眶外的眼泪。我憎恶他们,我不回转去!

翁——那也不然。你也会遇见心底的眼泪,为你的悲哀。

客——不。我不愿看见他们心底的眼泪,不要他们为我的悲哀!

翁——那么,你,(摇头)你只得走了。

客——是的,我只得走了。况且还有声音常在前面催促我,叫唤我,使我息不下。可恨的是我的脚早已经走破了,有许多伤,流了许多血。(举起一足给老人看)因此,我的血不够了;我要喝些血。但血在那里呢?可是我也不愿意喝无论谁的血。我只得喝些水,来补充我的血。一路上总有水,我倒也并不感到什么不足。只是我的力气太稀薄了,血里面太多了水的缘故罢。今天连一个小水洼也遇不到,也就是少走了路的缘故罢。

翁——那也未必。太阳下去了,我想,还不如休息一会的好罢,像我似的。

客——但是,那前面的声音叫我走。

翁——我知道。

客——你知道?你知道那声音么?

翁——是的。他似乎曾经也叫过我。

客——那也就是现在叫我的声音么?

翁——那我可不知道。他也就是叫过几声,我不理他,他也就不叫了,我也就记不清楚了。

客——唉唉,不理他……。(沉思,忽然吃惊,倾听着)不行!我还是走的好。我息不下。可恨我的脚早已经走破了。(准备走路)

孩——给你!(递给一片布)裹上你的伤去。

客——多谢,(接取)姑娘。这真是……。这真是极少有的好意。这能使我可以走更多的路。(就断砖坐下,要将布缠在踝上)但是,不行!(竭力站起)姑娘,还了你罢,还是裹不下。况且这太多的好意,我没法感激。

翁——你不要这么感激,这于你没有好处。

客——是的,这于我没有什么好处。但在我,这布施是最上的东西了。你看,我全身上可有这样的。

翁——你不要当真就是。

客——是的。但是我不能。我怕我会这样:倘使我得到了谁的布施,我就要像兀鹰看见死尸一样,在四近徘徊,祝愿她的灭亡,给我亲自看见;或者咒诅她以外的一切全都灭亡，连我自己，因为我就应该得到咒诅。但是我还没有这样的力量；即使有这力量，我也不愿意她有这样的境遇，因为她们大概总不愿意有这样的境遇。我想，这最稳当。（向女孩）姑娘，你这布片太好，可是太小一点了，还了你罢。

孩——（惊惧，退后）我不要了！你带走！

客——（似笑）哦哦，……因为我拿过了？

孩——（点头，指口袋）你装在那里，去玩玩。

客——（颓唐地退后）但这背在身上，怎么走呢？……

翁——你息不下，也就背不动。——休息一会，就没有什么了。

客——对咧，休息……。（默想，但忽然惊醒，倾听）不，我不能！我还是走好。

翁——你总不愿意休息么？

客——我愿意休息。

翁——那么，你就休息一会罢。

客——但是，我不能……。

翁——你总还是觉得走好么？

客——是的。还是走好。

翁——那么，你也还是走好罢。

客——（将腰一伸）好，我告别了。我很感谢你们。（向着女孩）姑娘，这还你，请你收回去。

（女孩惊惧，敛手，要躲进土屋里去）

翁——你带去罢。要是太重了，可以随时抛在坟地里面的。

孩——（走向前）阿阿，那不行！

客——阿阿，那不行的。

翁——那么，你挂在野百合野蔷薇上就是了。

孩——（拍手）哈哈！好！

客——哦哦……。

（极暂时中，沉默）

翁——那么，再见了。祝你平安。（站起，向女孩）孩子，扶我进去罢。你看，太阳早已下去了。（转身向门）

客——多谢你们。祝你们平安。（徘徊，沉思，忽然吃惊）然而我不能，我只得走。我还是走好罢……。（即刻昂了头，奋然向西走去）

（女孩扶老人走进土层，随即阖了门。过客向野地里跄踉地闯进去，夜色跟在他后面）

一九二五年三月二日

本章词语

1. **叙事视角**：指作品中对故事内容进行观察和讲述的角度，传统的区分主要从人称划分，即第一人称叙述、第三人称叙述。但在不同人称的叙述视角中，都存在着内在视角和外在视角的差别，而且在故事进行中还可以进行视角转换。

2. **废墟文学**：第二次世界大战后出现在德国的一个文学流派，其主要内容，一方面是清除纳粹意识形态的影响，用纯净的词汇写作；另一方面则是比喻在战后废墟上的创作。一批年轻作家，大都从战场上、俘虏营中返回，是战争的幸存者，他们写战争、写返乡，控诉战争给个人、国家造成的巨大创伤，属于反战文学。伯尔是废墟文学的代表性作家。

3. **创作个性**：指作家在创作实践中养成并表现在其作品中的性格特征，其中包含了作家的世界观、艺术观、审美趣味、艺术才能、气质禀赋等综合因素，它制约和影响着文学风格的形成和表现。像亚历山大·格林的童话想象、伯尔的悲怆、鲁迅的冷峻等，都在某种程度上显示着一种个性风格。

链　接

1. 楼肇明：《太阳和墓地》，见《世界文学》1995年第二期。
2. 史铁生：《墙下短记》，见《九十年代思想散文精品丛书·对话练习》，长春：时代文艺出版社2000年版。
3. 王家新：《在山的那边》，见《王家新的诗》，北京：人民文学出版社2001年版。
4. 普希金：《如果生活将你欺骗》，见《普希金诗选》，北京：人民文学出版社2003年版。
5. 朗费罗：《生之赞歌》，见《朗费罗诗歌精选》，太原：北岳文艺出版社2000年版。
6. 雪莱：《西风歌》，见《雪莱抒情诗选》，杨熙龄译，上海：上海译文出版社1981年版。
7. 薇·凯瑟：《神峰》，见《20世纪外国短篇小说编年·美国卷·上》，高兴选编，北京：人民文学出版社2002年版。
8. 加缪：《鼠疫》，南京：译林出版社1999年版。
9. 海明威：《老人与海》，桂林：漓江出版社1987年版。
10. 奥尼尔：《天边外》，桂林：漓江出版社1985年版。
11. 史铁生：《命若琴弦》，见《史铁生作品集》第二卷，北京：中国社会科学出版社1995年版。

编者的话

当普罗米修斯盗火给人类，并将许多生活知识传授给凡人们以后，天王宙斯一边惩罚普罗米修斯，一边给大地降下灾祸：他命令众神各施其能，合力打造了一个名叫潘多拉（意为"有着一切天赋的女人"）的美女，让她随身携带着一只大盒子来到人间，去找普罗米修斯的兄弟——后觉者埃庇米修斯。埃庇米修斯为其美色所惑，不顾兄长的警告，欢喜地将潘多拉迎进家中。由于好奇心驱使，潘多拉忍不住打开盒子，一瞬间里边飞出了瘟疫、疾病、战争、不幸等大群灾害，她急忙将盒子盖上，却恰恰将希望留在盒子的底部。

这是一则脍炙人口的古希腊神话。很明显，是关于人类生活的一个寓言。人间充斥灾难，但人类依然生生不息地在生存、创造，为什么？擅长哲理思考和具有丰富想象力的古希腊人，一定是在品尝了无数的灾难与不幸之后，反思这不易的活着，于是将许多经验形象化，讲述了这个灾难中蕴藏希望的故事。

我们也许并不常常思考这样的问题，但它毋庸置疑地存在于人的各种生活体验之中。有的时候，人们会有某种具象期待，如格林的《红帆》，那种对美好未来的殷殷期盼多么美丽动人。也许这不一定靠得住，"红帆"不一定如期到来，但这种期盼是人心中的梦。梦想会导引人生的不懈追求，增加勇气和信心，使人生活在希望之中，这该是梦想的价值。即使在有的时候它只是一缕回忆，一种诗意想象，一段曾经的情谊，但在特殊时刻也会成为一圈光晕，给惨烈的环境以温暖，让疼痛的心灵"相会在林阴大道"。

这也是圣诞老人的故事。其实谁不知道，从烟囱里钻出来送礼物的圣诞老人是不存在的，但多少年来西方人却恪守着这样的仪式，每年在圣诞之夜运演一次。而且这种运演已经蔓延到东方，在临近圣诞节的日子里，中国大地上到处游走着红帽子白胡子的圣诞老人。因为这已经成为象征，一个给充满不幸和灾难的人世间以温馨的符号。于是,当一个八岁的孩子对父亲提出疑问时,很有内涵的父亲并没做简单回答,而是慎重地要孩子去问《太阳报》,因为父亲一定知道这根本就不是一个"有"还是"没有"的问答题,而是一个现代人的信念论述题。于是我们看到纽约《太阳报》以社论的方式,郑重地解说关于圣诞老人的事。应该说,这是一道难解的题目,特别是面对一个八岁的孩子,一双纯真明亮的眼睛,该怎么说,才不会成为有意的欺瞒,也不会伤害一颗幼稚之心?记者一定为此字斟句酌,我们看到那些朴素而满含爱意的句子,叙说着一个最为简朴又最为深奥的人生道理,关于人类的有限性,关于有限中的心灵的无限,关于爱、诚实、同情心的永恒价值,这些普泛的却又在具体生活中常常被人忽略的东西,它们就是"圣诞老人"的内涵。

而在更为成熟的层面上,在个体的角度,真正的希望是对生命信念的坚守,并和人生意义接轨。当对人生有了深刻的洞察,分明知道许多期待也许落空,许多向往可能虚妄,但依然恪守生命的初衷,在不断的受挫中不断地求索、充实、创造,这时希望就渗透于生命过程,渗透在人生的每一段路途。鲁迅的"过客"分明知道,前方是墓地,是荒凉,人们也都告诉他别再走了,没什么好的东西在前头,他也时有疑惑,但他更为清楚的是:他不向前走生命就不能安宁。因此他要向前走,于是"向前走"就演绎为一个过程,这过程就成为希望本身。

于是,当人在自己独立的信守之中、在个体生命的勃勃涌动之中体味到意义,希望即从外在世界返回自身,并会由此产生个性的力量。在世界名著中,有很多这样的讲述。像海明威的《老人与海》,像加缪的《鼠疫》,像古希腊的悲剧,等等,在那些不灭的希望追索中,见证了"人类的伟大精神"。

我想,如果一个人热爱人生,就永远不会放弃希望。

(武跃速)

审视自我

自 画 像[*]

蒙 田

本人身材矮小粗壮,面部丰满而不臃肿。性情嘛,半开朗半忧郁,合乎多血质①与激动之间。

  双腿、前胸,满布浓毛。②

身子结实,体魄强壮,虽则年事相当,但极少受疾病之苦。也许这是我暂时的情况,因为我正步入衰老之年,四十大寿早已过去了……

  年岁渐长,体魄日衰,
  盛年不再,暮境即来。③

今后的我,将不是完全的人,再不复是原来的我。我一天天消逝,已再不属于自己。

---

* 蒙田(1533—1592),法国思想家、散文家,著有《蒙田随笔》等。本文选自《蒙田随笔》,梁宗岱、黄建华译,长沙:湖南人民出版社1994年版。
 ① 古代生物学用语,属多血质的人易患忧郁症。
 ② 古罗马诗人马提雅尔的诗句。
 ③ 古罗马诗人、思想家卢克莱修的诗句。

> 岁月之流,渐次将我们的一切带走。①

我的身体状况与精神状态,二者十分相称。我并不活跃好动,但精力充沛、持久。我能吃苦耐劳,但只有我主动去接受劳苦生涯的时候是如此,只有我乐于去这样做的时候是如此。

> 乐然后不知艰辛。②

否则,倘若我不能被某种乐趣所吸引,倘若不是纯粹出于我个人的意愿,而是受别的什么支配,我就会一事无成。因为我是这样的人:除了健康和生命能令我担忧之外,我是什么都不想去操心的,而且我也不愿意以身心之苦去换取任何东西。

> 如果竟以此为代价,
> 我宁愿不要那
> 奔流入海的塔古斯河
> 夹带而下的全部金沙。③

因为我性爱悠闲,而且十分喜欢无拘无束,我是有心要这样做的。

我尽量密切观察自己,眼睛不停地盯在自己身上,就像一个没有什么身外事的人那样。

> 不管北国谁家君主施威,
> 不问底里达特王因何失势。④

我发现自己的懦弱和虚荣心,好不容易才敢于直说出来。

我立足虚浮不稳,觉得会随时摇晃,失却平衡。我的目光无定,自感空腹、饭后都不一样。当我身强体壮或是风光明媚的时候,我便和颜悦色、喜气扬眉。但如果我的脚底长了鸡眼,我就会愁眉苦脸,对人不予理会。

同一匹马的步伐,有时我觉得沉重,有时则觉得轻快。同一段路,这一回我觉得很短,另一回我又觉得很长。同一样事物,有时觉得有趣,有时则感到乏味。某个时候我什么都能够做,换另一个时候我什么都做不了。今天我认为那是乐趣,明天也可能变成为烦恼。

千种易变无常的行为,万般反复不定的思绪,集于我一人之身。我既郁

---

① 古罗马诗人贺拉斯的诗句。
② 贺拉斯的诗句。
③ 古罗马诗人尤维纳利斯的诗句。
④ 贺拉斯诗句。

郁寡欢又暴跳如雷。有时是愁肠百结,不能自已,有时却满怀欢畅。某一时候我捧起书本,读到某些段落,会觉得美妙之极,激起内心的波澜;换一个时候再读这些段落,不管我如何反复翻阅,如何琢磨,我总觉得晦涩难懂,兴味索然。

即便就我自己所写的东西来说吧,我也有许多时候体会不出原先的想法。我不知道自己想说的是什么。我打算修改一下,加进一点新的意思,往往弄得更糟,以致失掉了原来较丰富的含义。

我不断前进,复又折回,反反复复。我的思想总不能笔直前行,它飘忽无定,东游西串。

　　　　宛如大海上一叶扁舟,
　　　　在狂怒的风暴中漂流。①

任何人只要像我那样观察自己,在谈及本人的时候,都会说出差不多类似的话来的。

---

① 古罗马诗人卡图卢斯的诗句。

勿自欺欺人

帕斯卡尔

自爱——自爱与人类的自我,其本性就是只爱自己并且只考虑自己。然而,他又能做什么呢?他无法防止他所爱的这个对象不充满错误和可悲:他要求伟大,而又看到自己渺小;他要求幸福,而又看到自己可悲;他要求完美,而又看到自己充满着缺陷;他要求能成为别人爱慕与尊崇的对象,而又看到自己的缺点只配别人的憎恶与鄙视。他发现自己所处的这种尴尬,便在自己身上产生了一种人们所可能想象的最不正当而又最罪过的感情;因为他对于在谴责他并向他肯定了他的缺点的那个真理怀着一种死命的仇恨。他渴望能消灭真理,但既然是摧毁不了真理本身,于是他就要尽可能地摧毁他自己认识中的以及别人认识中的真理;这就是说,他要费尽苦心既向别人也向他自己遮蔽起自己的缺点,他既不能忍受别人使他看到这些缺点,也不能忍受别人看到这些缺点。

毫无疑问,充满了缺点乃是一件坏事,但是充满了缺点而又不肯承认缺点,则是一件更大的坏事;因为它在缺点之上又增加了一项故意制造幻觉的缺点。我们不愿意别人欺骗我们;他们若想要得到我们的尊崇有甚于他们

---

* 帕斯卡尔(1623—1662),法国思想家,著有《思想录》等。本文选自其《思想录》,何兆武译,北京:商务印书馆1985年版。题目为编者所拟。

的应分,我们就会认为是不正当的;因而我们若是欺骗他们,我们若是想要他们尊崇我们有甚于我们的应分,那也是不正当的。

因此显然可见,当他们不外是发现了我们确实具有的缺陷和罪恶的时候,他们根本就没有损害我们,因为成其为损害原因的并不是他们;并且他们还对我们做了一件好事,因为他们帮助我们使我们摆脱一件坏事,即对于这些缺陷的无知。他们认识到这些并且鄙视我们,我们不应该生气;无论是他们认识到我们的真实面貌,还是他们鄙视我们,——假如我们是可鄙的——全都是正当的。

这就是一颗充满公道与正义的心所应产生的情操。可是当我们看到自己的心中有着一种全然相反的倾向时,我们对于自己的心又该说什么呢?难道我们不是真的在仇恨真理和那些向我们说出了真理的人吗?我们不是真的喜欢为了我们的利益而让他们受欺骗,并且愿意被他们评价为我们事实上所并不是的那种样子吗?

这里面有一个证明使我恐惧。天主教并不规定我们不加区别地向一切人都坦白自己的罪过:它容许我们向其他所有的人保持秘密;但其中只有一个唯一的例外,对于这个唯一者它却要求我们坦白出自己的内心深处并且让他看到我们的真实面貌。世上只有这个唯一的人,他命令我们不得欺骗并使他有义务担负起一种不可侵犯的秘密,那就是使这种知识仿佛对他根本就不存在似的。难道我们还能想象有什么更加慈爱、更加美好的事了吗?然而人类却是那么腐化,以至于他们还觉得这条法律太严苛;而这就是使得一大部分欧洲都要背叛教会①的主要原因之一。

人心是何等不公正而又不讲理啊!——我们只需对一个人做出在某种程度上本来是该向所有的人都做出来才能算公正的事,而我们却还觉得不好。因为,难道我们要欺骗所有的人才是公正吗?

这种对于真理的反感可以有各种不同的程度;但是我们可以说,它在某种程度上是人人都有的,因为它和自爱是分不开的。正是这种恶劣的娇气,才迫使那些有必要责备别人的人采取那么多的曲折婉转,以免激恼别人。他们一定要缩小我们的缺点,一定要做得好像是原谅我们的缺点,并且要在其中掺进称赞以及爱护与尊重的凭据。尽管有这一切,这副药对于自爱仍然不会是不苦口的。自爱会尽量可能地少服药,而且总是带着厌恶的心情,甚至于往往暗中嫉恨那些为他们开药方的人。

---

① 指 16、17 世纪蔓延大部分欧洲的宗教改革运动。

因此，就出现了这种情形：如果有人有某种兴趣想讨我们的喜欢，他们就会避免向我们做出一种他们明知是我们所不高兴的事；他们对待我们就正像我们所愿意受到的那样：我们仇恨真理，他们就向我们隐瞒真理；我们愿意受奉承，他们就奉承我们；我们喜欢被蒙蔽，他们就蒙蔽我们。

这就是形成了每一步使我们在世界上得以高升的好运道都会使我们越发远离真理的原因，因为人们最担心的就是怕伤害那些其好感是极为有用而其反感又是极其危险的人物。一个君主可以成为全欧洲的话柄，但唯有他本人却对此一无所知。我对这一点并不感到惊讶：说出真话来，对于我们向他说出真话来的人是有利的，但是对于那些说出真话来的人却是不利的，因为这使我们遭人嫉恨。可是与君主相处的人既然爱其自身的利益更有甚于爱他们所侍奉的那位君主的利益，因而他们就谨防给君主谋求一种利益而有损于他们自己。

这种不幸毫无疑问在最富贵的人们中间要来得更大而又更常见，然而就在下层人中间也并不能避免，因为讨别人喜欢总归是有某些好处的。因而人生就只不过是一场永恒的虚幻罢了；我们只不过是在相互蒙骗相互阿谀。没有人会当着我们的面说我们，像是他背着我们的面所说我们的那样。人与人之间的联系只不过建立在这种互相欺骗的基础之上而已；假如每个人都能知道他的朋友当他不在场的时候都说了他些什么，那就没有什么友谊是能持久的了，哪怕当时说这些话都是诚恳的而又不动感情的。

因此，人就不外是伪装，不外是谎言和虚假而已，无论是对自己也好还是对别人也好。他不愿意别人向他说真话，他也避免向别人说真话；而所有这些如此之远离正义与理智的品性，都在他的心底里有着一种天然的根源。

众生世相

克尔凯郭尔

1

我刚从一个晚会上回来,我是这个晚会的台柱和中心人物;我妙语连珠,令每一个人都开怀大笑,都喜欢上我,对我赞赏不已——但我还是抽身离去,其实这个破折号应像地球运行轨道的半径一样长——我想开枪打死自己。

2

死亡和诅咒,我能够和世上的一切但不能和我自己脱离关系;我甚至连睡着的时候也不能忘掉自我。

3

有位流浪的乐师用一支簧管乐器(因他站在隔壁人家的院落里,我看不

---

* 克尔凯郭尔(1813—1855),丹麦基督教思想家,著有《恐惧与战栗》等。本文选自《克尔凯郭尔日记选》,晏可佳、姚蓓琴译,上海:上海社会科学院出版社1992年版。

清那到底是什么乐器)吹奏《唐璜》里的小步舞曲,药铺老板在用碾槌捣药,女仆在冲洗院子(马夫在洗马,他用马刷子打着井栏,从镇子的那一头远远地传来了虾米贩子的叫卖声),等等。他们对一切视而不见,而且那吹乐的也大抵如此;而我感到是多么的惬意!

4

许多人对生活做出自己的结论的方式像小学生一样;他们抄袭算术课本里的答案以欺骗老师,而没有心思由自己算出得数。

5

我们每一个人都不得不走这条道——跨过叹息之桥①进入永恒。

6

往往是微不足道的捉弄令生活痛苦异常。我将乐意顶着怒号的狂风,热血沸腾,奋力前行;但是只要一阵和风吹来,将一颗纤尘吹进我的眼睛,就令我烦恼,竟至于裹足不前了。

这些琐屑的捉弄好比是一个人正要从事他自己的生活以及其他许多人的生活所依凭的一项伟大的工程、一桩伟大的事业的时候,一只牛虻落在了他的鼻尖上。

7

思想接踵而至;我刚刚有了一个想法,正要写下来,一个新的想法又喷涌而出——抓它、挠它——疯狂——神经错乱!

8

总而言之,我恨那些伪学者们——我在晚会上有几次不是故意端坐在

---

① 叹息之桥(il ponte dei sospiri):指威尼斯的一座桥,它是从总督府通向令人畏怖的土牢伊皮姆比的唯一桥梁,每一个判了刑的犯人都得经过此桥。

某个靠嚼家庭琐事为生的老处女身边,怀着最大的兴致听她唠叨呢?

9

我宁可和传播家丑的老妇交谈;其次是精神病人,最后才是非常理智的人们。

10

我不会对于诸如此类的事情感到烦恼①;我不会厌烦散步,这种尝试简直太美妙了;我也不会厌烦躺下,因为我愿意躺多久,就躺多久,不会厌烦;我也不会厌烦策马而行,这一运动对于我的冷漠的性情是极其剧烈的;我唯一厌烦的是乘坐马车,舒舒服服地,有时轻盈地摇晃着,各种物体从我眼前一晃而过,流连于每一样小小的景致,只是陡增我的消沉——我的思想和概念乏味得很,像太监的性冲动——甚至中世纪的精辟语言也不能掩去我周围弥漫的空虚。此刻我才真的理解基督的话是生命和灵魂一语究竟是什么意思了——总之,我不会厌烦我已经写下的文字,也不会厌烦把它们一笔抹掉。

11

人们几乎从未运用自己已经拥有的自由,比如思想自由;相反倒去要求什么言论自由。②

12

人人都报复这个世界。我的报复则是把内心深处积郁的痛苦和烦恼带给世人。我的笑声里便包含这一切。如果我看到有人陷于痛苦之中,我会向他表示同情,尽力劝慰他,静静地听他倾诉,使他相信我是一个幸运者。

---

① 克尔凯郭尔在《非此即彼》一书中以不同的、比较洗练的语言探讨同一个主题,风格上亦显得比较庄重一些。

② 当年自由的反对派正在为获得更多的出版自由而奔走;同时国王则计划引进审查制度。"正确运用出版自由研究会"成立于1835年。

倘若我直到死去的那天能够一直如此,就算已经报复了这个世界。

13

  几天前,我心中莫可名状地坐着,沉浸于自我(此情此景只有过去曾经历过的一次幻灭感才有体会),渐渐地丧失了自我,竟至于以一种泛神论的解体方式丧失了我的本我(ego)。当时我在读一部斯尼多尔夫-比奇编的古谣①
  克尔凯郭尔的本子是斯尼多尔夫-比奇选编的《丹麦民谣和民歌》(1837)。其中前五首是带歌谱的日德兰民歌。讲到一个姑娘星期六晚上等待她的情郎;但他却没有来——她睡觉也是"痛苦万分、泪流满面",起床也是"痛苦万分、泪流满面"。忽然,我的脑海里闪现出这样的场面:我看到日德兰原野,它那笔墨难以形容的苍莽、它那寂寥的云雀——又看到一代又一代的人起来,他们的少女为我唱歌,为我痛苦地流泪,然后又沉浸到她们抑郁的歌唱中去,而我和她们一同流泪。

14

  到审判日那天,所有的灵魂将重获生命,然后一个个全然形吊影只,相互间谁也不认识谁。

15

  一切的存在都在威胁我,从最微小的飞虻到道成肉身之谜;它整体上是不可解释的,我的自我尤其如此;一切的存在都是有害的,我的自我尤其如此。我的悲哀是巨大的、无限的;除了在天的上帝,没有人知道我的悲哀。而上帝是不会来安慰我的;除了在天的上帝没有人能够安慰我,而他是不会怜悯我的——年轻人、小伙子,你这站在道路起点的人啊,你若已经迷失了方向,就回到上帝那里去吧,他的教诲将使你青春不误,使你男子汉的行为刚毅顽强。你哪里知道这样一些人将承受怎样的折磨,他们把年轻时的勇气和力量消耗在反叛上帝上,而今灰心丧气、孤立无援,不得不开始从四面

---

  ① 指一首有名的民歌,名为《星期六晚上我等你……》。其中第2、3节大意如下(译文不压韵):我躺在床上,痛苦万分,泪流满面;每一次只要门一响,就以为是我的那个他。我星期日一早起床,痛苦万分,泪流满面;现在我想去教堂,瞧瞧你那亲切的面容。

为亵渎圣地的人,为风雨飘摇的城市和冒烟的毫无希望的废墟所包围的地区,从荣华失尽、安宁不再的颓败的土地和荒废的地区退走,不得不开始聊度漫长得好像无穷无尽的衰败的暮年。同时不断受到颠来倒去的那句怨言的搅扰,"那是我毫无喜乐的(时光)"①。

16

如今我的生活几乎好比是一局棋里的棋子的感受一样,对手说:"这只棋子不可动它——像一个无所事事的旁观者一样;因为我的时机未到。"

17

评　论②

正如一个伤员渴望拆掉缠绕在身上的绷带一样,我那健全的精神渴望赶去我肉体的羸弱(边注:那令人窒息的泥罨剂已被汗水浸湿:肉体和肉体的羸弱啊!);正如一个得胜的将军,当他的坐骑挨了一粒子弹时,便大叫大嚷着要换一匹新马一样——哦,但愿我的得胜的健全的精神一样勇敢地呼唤:给我换匹新马,给我一个全新的肉体(边注:因为只有肉体才会衰竭);正如一个人沉在海里,生命受到威胁,而另外一个快要淹死的人却企图抓住他的大腿,他自然是要拼命推开他一样,我的肉体像一块沉重的砝码,要把我拽倒在地似的,它纠缠着我的灵魂,使我困顿而死;就像一艘蒸汽船,它的引擎对船身的比例太大:这便是我遭受的痛苦。

18

从我很早的幼年时代起,一根悲哀的钩刺便已扎在我的心头。只要它还扎在那里,我便是一个冷嘲热讽的人——只要它一去掉,我便会死。

---

① 《新约·传道书》12:1:"你趁着年幼,衰败的日子尚未来到,就是你所说,我毫无喜乐的那些年日未曾临近之先,当纪念造你的主。"
② 收在《非科学的最后附言》里关于"存在性主题的本质表达:痛苦是指一个诗人的生活随着他的生命在死亡的折磨中衰落,他在肉体和精神方面承受的痛苦"这一节。但它也表达了一种苦恼,不是真正的天罚,因为(正如后文所详论的那样):那承当痛苦的人仍旧设想他的天罚或病痛是某种偶然性的东西,他可随意,并且能够把它去除掉,而对于灵魂,对于虔诚的心灵而言,痛苦是实在的,因为它将延续,直到永远。

说　郁　闷*

佩索阿

自从我被染上了郁闷,这种东西直到今天还颇为奇怪。我从来没有真正地想透它实际上包含着一些什么。

今天,我处在思想间隙的状态,大脑对生活或其他任何事情都毫无兴趣。我得以乘机在突然间发现,我从来没有真正想一想有关梦幻的感受,以及某些人为的相关分析为何不可避免地随之而来。我得就这一主题清理一下我的思考和半是印象的感受。

坦白地说,我不知道郁闷恰如苏醒,并且类同于闲人长期形成的昏睡,或者是比失聪的特别形式还要高贵得多的什么东西。我经常受害于郁闷,但是就我所能说出的而言,它在什么时候出现和为什么出现的问题上,毫无规律可循。我可以打发整整一个无所事事的星期天,并无郁闷的体验,但有的时候,我辛苦工作却有郁闷像乌云一样压过来。我无法把它与任何健康或缺乏健康的特殊状态联系起来。我不能将其视为自己任何明显状况的产生缘由。

说它是一种表达厌恶的形而上痛苦,是一种不可言喻的沮丧,是乏味灵

---

* 佩索阿(1888—1935),葡萄牙诗人、散文家,著有诗集《使命》等。本文选自其《惶然录》,韩少功译,上海:上海文艺出版社 1999 年版。

魂探身窗外拥抱生活时一首隐秘的诗歌,说它是这些东西,或者是这些东西的相似之物,可能会给郁闷遮盖上一种色彩。孩子们就是这样画出一些东西,然后给它们涂色和勾边的。但对于我来说,这只是一些思想地窖里词语的回声。

郁闷……是没有思想的思想,却需要人们竭尽全力投入思想;是没有感觉的感觉,却搅得正常卷入的感觉痛苦不堪;是无所期待时的期待,并且受害于对这种无所期待的深深厌恶。虽然郁闷包含了所有这一切,但它们并非郁闷本身,它们只是提供一种解释,一种翻译。如同直接感知的表达,郁闷像是环绕灵魂城堡的护城河上的一直收起来了的吊桥,留下我们但偏偏没有留下动力吊闸,让我们无力地远望周围永远无法再一次涉足的土地。我们在自己的内部疏离了自己,在这种疏离当中,分隔我们的东西与我们一样呆滞。一池污水围绕着我们理解的无能。

郁闷……是没有伤害的伤害,没有意向的期待,没有理由的思考……它像是被一种可恶的精灵所占有,被什么也不是的东西所完全蛊惑。人们说,女巫和少许男巫造出我们的模型然后加以折磨,以某些灵魂转化的方式,便可以在我们心中重新造成这些同样的折磨。郁闷在我的心中升起,就是这样一种模型的转化感觉,像一些小妖精不是把符咒施于模型而是施及幽灵的邪恶反应。这些符咒施及我的内在幽灵,施及我心灵中内在世界的表层,施及他们粘糊纸片后戳入钉子的部位。我像一个出卖幽灵的人,或者说,更像这个人出卖的幽灵。

郁闷……我工作得相当累。我履行了自己在实用道德主义者们眼中的社会责任,履行这种责任,或者说履行这种命运,不需要巨大努力也没有什么值得一提的困难。但在有些时候,正好在工作或休闲(同样按照那些道德主义者的说法,一些我应该享有的东西)的途中,我的灵魂被惯有的坏脾气所淹没,我感到疲惫,不是对工作或者休闲疲惫,而是对自己感到疲惫。

我甚至对自己无所思索,为什么会对自己感到疲惫?我曾经思索过什么东西吗?我苦苦算账或者斜靠在座椅上的时候,宇宙的神秘向我压了下来吗?生存的普遍性痛苦突然在我心灵的正中央结晶成形了吗?为什么被命为高贵的人甚至不知道自己是谁?

这是一种完全空虚的感觉,一种让人无心进食的悬虑,也许是一种同样高贵的感觉体验,来自你的大脑,或者来自你抽烟饮食过量以后的肠胃。

郁闷……也许,基本上是一种在我们灵魂最深处有所不满的表现,不是给予我们并且迫使我们相信的东西。它是我们所有人都深陷其中的孩子式的孤独,从来不是什么买来的神秘性玩具。它也许是人们需要一只援手来引导出路的不安,在感情深处的黑暗道路上无所意识的茫然,更是人们无能思考的寂静夜晚,是人们无能感觉的荒芜野道……

郁闷……我无法相信一个心有上帝的人会受害于郁闷。郁闷是神秘论的缺乏。对于没有信仰的人来说,甚至怀疑也是消极的,甚至怀疑主义也无力来解救绝望。

是的,郁闷就是这样的东西:灵魂失去了哄骗自己的能力,失去了虚拟的思想通道——灵魂只有凭借这个通道才可以坚定地登上真理之巅。

忧郁的乐趣*

杰罗姆

我能够享受忧郁所带来的乐趣,那是一种透彻的悲凉感所带给人的极大满足,然而没有谁会喜欢突如其来的坏心情。但人人都会遭遇这种糟糕时刻,虽然没人能说出个中缘由。这种现象真是无从解释。某一天,你突然继承了一大笔遗产,就像另一天你把自己的新绸伞忘在了火车上一样,你突然陷入情绪低落之中。它对你的影响,大致相当于牙疼、消化不良以及头疼脑热之类对你的一次联合袭扰,你变得愚蠢、烦躁、易怒,对陌生人粗鲁无礼,对朋友也相当危险。举止粗俗,感情脆弱,冲动好斗。成了一个使自己和旁人都甚为讨厌的家伙。

当是时也,你做无可做,想无可想,虽然你觉得好像应该做点什么,想点什么。你无法安静地坐下来,于是就戴上帽子出门散步,可没等走到街角,你就后悔不该出来,一边想一边就折身回返。你翻开书,试着读上几页,但很快发现莎士比亚满腔陈词滥调,狄更斯沉闷乏味,萨克雷①令人生厌,而卡

---

* 杰罗姆(1859—1927),英国作家,著有《三人同舟》等。本文选自其《懒人懒办法》,秦传安译,北京:中华书局 2004 年版。

① 威康・梅克皮斯・萨克雷(1811—1863):英国作家,其著名小说《名利场》,全面探讨了维多利亚时期的社会现实和伦理问题。

莱尔①,则过于多愁善感。你一边念叨着作者的名字,一边把书扔到一旁。你嘘地一声把猫轰到屋外,再飞起一脚踹上房门。你想要写几封信,刚戳下几行"最亲爱的姑妈:我刚好有五分钟的空余时间,所以匆匆给你写这封信"之后,足足愣了有一刻钟,再也想不起下面要写的句子。你把信纸塞进抽屉,将蘸水笔往桌布上一掷,站起身来,决定去汤普森家走走。可是,在你戴上手套的时候,突然想到汤普森家实在都是些白痴,他们从不吃晚饭,没准他们还指望你能逗他们的孩子玩耍。你一边骂着汤普森一家,一边打消了出门的念头。

现在,你觉得完全垮掉了。你把脸埋在双手之间,心想还不如死掉算了,这样可以去天国。你为自己描绘了一副缠绵病榻的悲惨模样,亲友们围在你的身边垂泪哭泣。你祝福他们所有的人,尤其是其中年轻漂亮的。你死后他们会对你做出评价,你这样告诉自己,并痛恨自己对他们所遭受的损失知之甚晚。比之于你所料定的他们应当给予你的尊敬,看看他们现在的表现,你的内心又不无苦涩。

这样的胡思乱想带给你些许快意,但稍纵即逝。接下来的那一刻,你会想到,有谁会对发生在你身上的什么事情感到悲伤难过呢?真是自欺欺人。谁会在乎两根稻草(不管这两根稻草的计量是如何精确),你是炸死吊死,还是打死淹死,没有人会对你感兴趣。你从未得到过恰如其分的赏识,也从来没人给你应有的奖励。回顾平生,想到自己从摇篮开始就受到不公正对待,不由得黯然神伤。

沉湎于这样的情绪状态足足有半个小时之久,你开始变得狂躁不安,对所有的人和事都怒不可遏,尤其是对你自己,仅仅是由于生物构造方面的原因,才避免了你把自己踢个稀烂。好不容易挨到了上床的时间,这才把你从危险的想入非非之中打捞上来。你连蹦带跳地上了楼,脱下衣服,把它们扔得满房间都是。吹灭蜡烛,跳到床上,就像是押了一个大的赌注,你做的全部事情,只是要和这该死的时间赌他一把。在床上,你颠来倒去,难以入眠,差不多有两三个小时之久。你一会儿扯下身上的衣服,一会儿又重新穿上,似乎是以此来打破单调。许久之后,你才断断续续地沉入睡梦,梦里险象环生,醒来已是早晨。

从最低限度说,我们这些可怜的单身汉面对此情此景,大概也只能如此。已婚男人则可以在老婆面前逞逞威风,吃饭的时候打鸡骂狗,睡觉之

---

① 托马斯·卡莱尔(1795—1881):英国历史学家和散文作家,其著作以对社会和政治的犀利批评和复杂的文风为特色。

前,命令兔崽子们先上床。这些做法虽说会在家里制造一些骚乱,但对于一个陷入低落情绪而不能自拔的男人来说,实在也是一种莫大的排遣,因为这种时候,吵架也许是他唯一可以提得起少许兴致的一项家庭娱乐。

形形色色的忧郁病所表现出来的症状大致一样,病因却各不相同。诗人们说"一种哀愁之感笼罩着他"。哈里提及这种难以描述的沉重心境时,就告诉吉姆他"心里堵得慌"。你妹妹不明白今晚到底怎么了,她沮丧透顶,希望不会有什么事情发生。每天总有年轻人因为"今晚太不爽了",而在见到你的时候来一句"老家伙,见到你真是高兴死了"。至于我自己,我通常会说"今晚我有一种古怪的心神不宁的感觉",而且,"心想我也许该出去走走"。

顺便说一下,忧郁从不在傍晚之前到来。阳光之下,满世界都是活蹦乱跳的生命,我们没有工夫停下来垂头丧气。工作日的喧嚣淹没了淘气精灵的声音,她曾在我们耳边低吟浅唱《我主垂怜》①。在白天,我们生气、扫兴,甚至发怒,但绝不会"陷入情绪低落",绝不会意气消沉。要是在上午十点钟出了什么差错,我们(或者最好是你们)就会大声诅咒,捶桌子打板凳;但是,如果倒霉事在晚上的十点降临,我们就阅读诗歌,或是坐在黑暗之中,冥想着这个世界竟是如此空虚。

通常情况下,使我们忧郁的并不是烦扰本身。明确的事实对于脆弱的感情未免是一桩太严酷的事情。我们在一幅画作面前低回落泪,但对现实中的原型却只投以匆匆一瞥,很快就移开我们的目光。真实的苦难中没有哀婉悲怆,一如实在的悲痛中也没有舒适享乐。我们既不舞弄锋利的刀剑,也不打算把噬人的狐狸拥入胸怀②。当一个男人或女人乐于咀嚼悲伤,并悉心守护,使之在记忆里新鲜如初,你就可以确信,那一切对他已不再是一种伤痛。最初的悲恸已经渐次消弭,事后的回忆反倒变成愉悦。一些老太太每天总要打开散发着薰衣草香的抽屉,查看她们小巧的鞋子,泪眼婆婆地想起一双小脚蹒跚学步的日子已经过去了许多年。那些面容姣好的年轻姑娘,每天晚上将几缕青丝珍藏于她们的枕下,那些发丝曾卷曲在一个少年的头上,伤心的泪水曾将它湿透。你们也许会认为我是个令人生厌、愤世嫉俗的冷血动物,我说的一切纯属胡说八道。但我仍然相信,假如她们诚实地扪心自问:如此沉湎于自己的悲伤难道真的能从中寻觅到一丝快乐?她们恐

---

① 《我主垂怜》:17世纪意大利人格雷戈里奥·阿列格里(1582—1652)为《旧约》诗篇第51首所谱写的合唱曲。

② 语出美国作家拉尔夫·爱默生(1803—1882)的《训诫》第150篇。

怕只好回答:"不是。"对某些人,泪水如同欢笑一样甘甜。臭名昭著的英国男人(我们从古代编年史家弗瓦萨尔①那里知道这一点)总是悲伤地感受快乐;而英国的女人则走得更远,她们直接从自己的悲伤里得到快乐。

我不是冷嘲热讽。在这个坚如铁石的古老世界里,我不会嘲讽任何能呵护我们温柔心灵的事物。尽管我们男人已经十足的冷漠而平庸,我们还是不愿意看到女人也变成这个样子。不,亲爱的女士们,还是像你们从前那样,多愁善感,柔肠百转,做我们这些干硬面包上甜腻的奶油吧。更何况伤感之于女人,正如说笑之于男人。她们对我们的幽默毫无兴致,再要她们拒绝悲伤就太不公平了。谁说女人的快乐方式不如我们男人的明智合理?假如说,涨红老脸,捧腹大笑,龇牙咧嘴地发出一连串震耳的尖叫,是一种幸福;那么,纤纤素手托腮凝思,温情脉脉、泪眼蒙蒙地穿越时间的黑暗隧道回首前尘往事,也该是一种幸福吧。谁能说前者就一定比后者更富于理智呢?

我很高兴地看到懊恨女神像朋友一样与我们相伴而行,因为我知道苦涩已从泪水中洗刷净尽,在悲伤女神把她的苍白的嘴唇贴紧我们的双唇之前,她娇美脸庞上的芒刺也已被悉数拔除。当我们回忆起曾经的伤痛带给我们的哀弱无助,而时间之手早已抚平滴血的伤口,抹去我们心头的酸楚和绝望。当我们从过去的烦恼中品尝出悲喜参半的甜蜜感受时,我们心头的负担已不再沉重。当骑士襟怀的纽康姆上校面对死神的点名,大声回答"到"的时候②,当汤姆和马吉·塔莉维尔冲开分隔他们的浓重迷雾,携手相对,紧拥着对方走向汹涌的弗洛斯河的时候③,内心也必定是同样的感受。

说到可怜的汤姆和马吉·塔莉维尔,使我联想到乔治·爱略特④关于忧郁主题的一句话。她曾在什么地方说过"夏夜的悲伤"。此语真切感人——就像她生花妙笔下的每一件事情,试想,谁不曾感怀流连那夕阳迟暮的迷离忧伤。那一刻,世界属于忧郁女神,她是一位沉思的、眼睛深陷的少女,她不喜欢白日耀眼的阳光。直到"夜色渐浓,乌鸦的翅膀掠过摇曳的树梢",她才偷偷地走出自己的小树林。她的宫殿坐落于昏暗之地,她就在那儿和我们会面。在阴影重重的门边,她牵着我们的手,陪我们穿过她黑暗的领地。我们看不见任何有形之物,只仿佛听到她翅膀的瑟瑟声。

---

① 简·弗瓦萨尔(约1333—约1405):法国历史学家,以其对百年战争(1337—1453)时期欧洲的生动描述而著名。
② 参见狄更斯的小说《纽康姆上校》的最后一章。
③ 这是乔治·爱略特的小说《弗洛斯河上的磨坊》最后一章中的情节。
④ 乔治·爱略特(1819—1880):英国女作家,维多利亚时期最重要的小说家之一,以其对人物心理的淋漓尽致的描绘而著称于世。

在疲乏单调的城市,她的灵魂来到我们身边。每一条昏暗的长街,都有她阴郁的仪容。幽暗的河流在黑黢黢的拱桥下像幽灵一样,静静流淌。混浊的波浪之下,仿佛隐藏着幽深的奥秘。

在冥寂无声的乡村,当树林和篱墙在渐浓的夜色里若隐若现,蝙蝠在我们的脸上扑动它的翅膀,田野里传来秧鸡可怕的啼鸣,这一刻,忧郁的符咒深深地沉入我们心底。我们仿佛肃立在一张看不见的灵床边,在榆树的摇曳中,我们听见垂死白昼的低沉叹息。

一种庄严的悲哀君临万物。巨大的寂静将我们包围。观照乎此,我们对于日常工作的眷注,就变得渺小琐碎,面包、奶酪——哦,甚至还有接吻,似乎没有什么是值得为之奋斗的唯一。此刻纷繁的思绪,难以言表,唯有静静地倾听自己内心的潮水,澎湃汹涌。站在黑暗苍穹下的寂静之中,我们感觉到自己生命的渺小。暗幕四垂,世界不再仅仅是个肮脏的工场,也是一座庄严的神殿,人们可以在其中祭祀天国的神明。在那里,人们在黑暗中摸索的双手,时时能触碰到上帝的手。

本章词语

1. **了解**：我们之所以能够生活在这个世界上，是基于对于这个世界的基本了解。而这种了解同时应当包括了解我们自身：既不迷失在世界之中，也不迷失在自我之内。知识(knowledge)就是力量，其中也应该包含自我了解的知识。我们了解自身之后，才更有力量。

2. **审视**：审视即反观，即安静下来反省自己的所作所为，用道德的眼光对自己进行评判。说到底，我们了解自己，也是为了改进自己。

3. **限制**：人性并不仅仅是美好的，同时还有许多杂芜的、幽暗的成分，了解到这一点并不可怕。接下来需要做的是，对于自身的人性恶加以限制，而不是一味地迁就纵容自己。经过修整之后的人性，才有可能发出光泽。

链　　接

1. 费尔南多·佩索阿：《惶然录》，韩少功译，上海：上海文艺出版社1999年版。

2. 卡夫卡：《卡夫卡中短篇小说选》，韩瑞祥、仝保民选编，北京：人民文学出版社2003年版。

3. 帕斯卡尔：《思想录》，何兆武译，北京：商务印书馆1985年版。

4. 克尔凯郭尔：《克尔凯郭尔日记选》，晏可佳、姚蓓琴译，上海：上海社会科学院出版社1992年版。

5. 康拉德：《黑暗的心》，见《康拉德小说选》，袁家骅等译，上海：上海译文出版社1985年版。

6. 凯尔泰斯：《船夫日记》，佘泽民译，北京：作家出版社2004年版。

编者的话

在古希腊德尔菲神庙的门楣上写着"认识你自己!"

这句话现在已经变得众所周知。但是,真正做起来谈何容易。出于可以理解的原因,人们更愿意接受一个经过"美化"的"自己":聪明、智慧、漂亮、有力量、有办法。当然,人需要自我激励,需要肯定自己身上积极向上的东西。

但是人们同时拥有另外一个"自己",他是粗糙、刺耳、幽暗和猛烈的,是不那么雅观的。对这样一个自己,人们往往熟视无睹、习焉不察,很少能够认真对待。经常出现这样的情况,我们对待别人的缺点,斤斤计较,决不轻易放过;而对待自己的缺点,则轻轻一笔带过。甚至暗中希望自己看不见的,别人也没有看见。这就像法国 17 世纪的哲人帕斯卡尔所说的:"他要费尽苦心既像别人也向他自己遮蔽起自己的缺点,他既不能忍受别人使他看到这些缺点,也不能忍受别人看到这些缺点。"

然而,所有被掩盖起来的东西,并没有因为我们不喜欢而自动消失。它们仍然蹲伏在某处,在某个不经意的时刻向我们发动袭击。比如我们会惊讶于自己在某件事情上会发这么大的脾气,如此盛怒乃至暴怒,那是我们身上原本就有这些凶猛的元素,它们始终伴随着我们,向我们发出不同的指令,暗中瓦解我们终日辛辛苦苦构筑的理性长城,如同噪音一般。对此我们经常感到困惑,不明白事情为什么会是这样。当我们不理解周围世界时,我们会感到气闷;而当我们不理解自身时,同样心中会感到堵塞。

那么,像诗人海子说的那样去做吧——"我虚心接受我自己"。接受自己的缺点和不足,接受自己软弱和无力,接受自己度过的那些苍白的日子。首先学会忍受自己,与自己相处,持续不断地与自己进行对话,不管是有声还是无声的。当蒙田说"我尽量密切关注我自己,眼睛不停地盯在自己身上",这不是一个自恋者的表白,而是体现了一种自我观察、自我审视的习惯。

同样，丹麦哲学家克尔凯郭尔以他不同寻常的奇思异想，抵达了远离世俗的纯粹思考的深度，展示了一个终日反省的人的存在状态。——"思想接踵而至"，那也是一种难以言传的幸福。一个善于自处、熟悉自己的人，才能关注和熟悉这个世界；一个对自身敏感、感觉敏锐的人，才能对他人敏感以及抱有适当的同情心。

葡萄牙作家佩索阿对于如今人们常挂在嘴边的"郁闷"做了精彩的描述和分析："郁闷……是没有思想的思想，却需要人们竭尽全力投入思想；是没有感觉的感觉，却搅得正常卷入的感觉痛苦不堪；是无所期待时的期待，并且受害于对这种无所期待的深深厌恶。""郁闷……是没有伤害的伤害，没有意向的期待，没有理由的思考。"

比较起佩索阿来，英国当代作家J.K.杰罗姆《忧郁的乐趣》更像是对于"忧郁"的"碎片整理"，没有处理同样题材的前辈作家的那种尖锐性，却是娓娓道来，从容不迫。可以说，本单元所选作家每人都有鲜明的、不可混淆的个性，但是有一点是比较近似的，即他们在理解自己和这个世界时，把心灵的灯光调得比较暗一点，比较弱一点，这样就能看清在强烈灯光映照下，容易抹杀掉的那些比较晦暗、微型的东西，因为更加"贴己"，它们听上去像是"思想地窖里的回声"。

（崔卫平）

反讽与幽默

帅克被当作装病逃避兵役的*

雅·哈谢克

在这大时代到来的时际,军医们念念不忘的是消灭装病逃避兵役和有这种嫌疑的人们的鬼胎,譬如那些肺结核、风湿症、脱肛、肾脏病、糖尿病、肺炎和各种杂症的患者。

装病逃避兵役的人们应受的苦刑都规定下来了,苦刑等级计分为:

一、绝对的饮食控制——不论患什么症候,一律早晚饮茶一杯,连饮三日;为了发汗,每次随服阿司匹林一剂。

二、为了避免他们以为军队都是吃喝玩乐,每人一律大量服用金鸡纳霜粉剂。

三、每天用一公升温水洗胃两次。

四、使用灌肠剂和肥皂水及甘油。

五、用冷水浸过的被单裹身。

有些勇敢的人五级苦刑全都受过,然后被装进一具小小的棺材,送往军用墓地去埋葬。可是也有胆小的,刚临到灌肠的阶段就宣称病症全消了,他们唯一的愿望就是随下一个先遣队马上进入战壕。

---

* 雅·哈谢克(1883—1923),捷克作家,著有《好兵帅克》等。本文选自其《好兵帅克》,萧乾译,南京:译林出版社1991年版。

一到军事监狱，帅克就被关进一间当作病房的茅棚里，几个这种胆小的装病逃避兵役的人已经待在那里了。

靠着入口，床上躺着一个奄奄一息的痨病鬼，身子就裹在一条冷水浸过的被单里。

"这是本星期里第三个了，"坐在帅克右首的人说。"你有什么病啊？"

"我有风湿症，"帅克回答说，周围的人们听了都略略笑起来。连那个快咽气的痨病鬼——那伪装患肺结核的，也笑了。

"风湿症到这儿来可不中用，"一个身体肥实的人用沉重的口气对帅克说。"风湿症免掉兵役的可能性比脚上生鸡眼大不了许多！"

"最好的办法就是装疯，"一个装病逃避兵役的说。"我的意思是先给他装作傻子，发宗教狂，宣扬教皇的至圣至贤；可是最后我想办法花上十五克郎，请街上一个理发匠在我胃上搞了点胃瘤。"

"我认得一个扫烟囱的，"又一个病人说。"你花上二十克郎，他可以叫你全身发高烧，烧得想从窗口跳出去。"

"那算不了什么，"又一个人说。"我们那一带有个接生婆，你只要给她二十克郎，她能叫你的踝骨脱节得那么干脆，保你残废一辈子。"

"我只花五克郎就把脚弄脱了节，"靠窗口的一排床上有个声音说。"花了五克郎，还请了三杯酒。"

"我这病已经耗掉我二百克郎也不止啦，"那人隔壁一个瘦得像只铁耙的人说。"我敢跟你打赌，天底下没有我没吃过的毒药。我肚子里简直填满了毒药啦。我嚼过砒霜，吸过鸦片，吞过盐卤，喝过含磷的硫酸。我毁了自己的肝、肺、肾和心脏——老实说吧，我的五脏六腑全都完蛋了。谁也说不清我究竟得了什么病症。"

"我看最好还是在胳膊的皮肤下面注射点煤油，"靠门的一个人解释道。"我一个表哥就是那么走的好运。他们把他的胳膊从肘部锯下来啦，从那以后，军队就再也不找他的麻烦了。"

"瞧，"帅克说，"你们为了皇上都得受多大罪呀，连胃都抽了出来。几年以前我在军队里的时候，那比这个还要糟。要是一个人病了，他们就把他胳膊倒绑起来，把他往牢里一丢，让他去养养。那儿可不像这里，没有床，没有褥垫，也没有痰盂。"

下午大夫查病房的时间到了。葛朗士坦大夫按着床查，一个军医处的传令兵跟在后边，拿着笔记簿。

"马昆那！"

"有！"

"给他灌肠药,吃阿司匹林。波寇尼!"

"有!"

"洗胃,吃金鸡纳霜。克伐里克!"

"有!"

"灌肠药和阿司匹林。阔塔可!"

"有!"

"洗胃,吃金鸡纳霜。"

于是,事情就这么一个挨着一个,无情地、机械地、迅速地进行下去。

"帅克!"

"有!"

葛朗士坦大夫对这新来的人盯了一眼。

"你什么病?"

"报告长官,我有风湿症。"

葛朗士坦大夫在他干医务工作期间,沿用了一种微带嘲讽的态度,他发现这比喊嚷还有效。

"啊,风湿症,"他对帅克说。"你这个病可真不轻!瞧,有多巧呀,早不得晚不得,偏偏在打起仗来必须服兵役的时候,你闹起风湿症来了。我想你心里一定非常着急吧。"

"报告长官,我确实非常着急!"

"哑,哑,你着急啦。你想让我们来对付你的风湿症,多妙呀!不打仗的时候,你这可怜的家伙欢蹦乱跳得像只山羊。可是刚一打仗,瞧瞧,马上你的风湿症就来了,膝盖也不灵了。膝盖痛吧?"

"报告长官,膝盖痛得厉害。"

"一夜一夜地睡不着觉,对不对,嗯?风湿症这种病可很危险,很难受,也很麻烦。我们这儿对付得风湿症的人,有包你满意的办法。绝对的饮食控制和种种疗法是百验百灵的。你看吧,你在这儿治比在皮斯坦尼①还好得快。随着你就大阔步地走上前线了,屁股后头会扬起一片尘土。"

然后他掉过身来对军士传令兵说:

"记下来:'帅克,绝对的饮食控制,每天洗胃两遍,灌肠一次。'到了适当时候我们再看看还得安排些什么。同时,把他带到手术室去,把他的胃洗个干净,等洗够了,再给他灌肠,灌得足足的,灌得他叫爹叫娘,那么他的风湿

---

① 皮斯坦尼:斯洛伐克地方的著名疗养地。

症就会吓跑了。"

接着他又朝所有的病床发表了一番演说,话里充满了机智和风趣十足的警句:

"你们千万别以为在这里是跟傻瓜打交道,以为随便你们玩些什么把戏都可以混得过去。我一点也不在乎你们那些借口。我晓得你们都是借着病来逃避兵役的,我也就照你们的路子来对付。像你们这种兵,我对付了不知道几百几千啦。这些床上曾收容过大批大批的壮丁,他们任什么毛病都没有,就是缺少点国民的尚武精神。他们的同胞在前线拼死拼活,他们却想赖在床上不起来,一顿顿吃着医院的饭,净等着战事结束。哼,可是他们打错算盘啦,而你们也都打错算盘啦。今后二十年以内,你们要是做梦想起当年打算瞒哄我的勾当,你们还会从梦里惊叫起来的。"

"报告长官,"靠窗口一张床上有个人轻声地说。"我完全好了。我的气喘病半夜里好像就无影无踪了。"

"你叫什么?"

"克伐里克。报告长官,我赞成灌肠。"

"好,出院以前给你灌肠,好给你路上助助神。"葛朗士坦大夫这么决定了。"你也就不能抱怨我们这儿没给你治病了。听着,我现在念到谁的名字,谁就跟军士来,他给你们服什么就照服下去。"

于是,每个人都接受了大夫开的一大副药。帅克表现得很吃得住苦头。

"别怜惜我,"他央求着那个给他灌肠的助手说。"别忘记你曾经宣誓效忠皇上。即使是你自己的爸爸或者兄弟躺在这里,你也得照样给他灌,一点情也别留。记住,奥地利全靠灌肠才能稳如磐石,胜利必属于我们。"

第二天葛朗士坦大夫查病房的时候问起帅克对军医院的印象。

帅克回答说,这是个顶呱呱的、管理良好的机构。大夫为了酬答他,除了头天的那份以外,又给他加上一些阿司匹林和三粒金鸡纳霜,叫他当场用一杯水冲服下去。

就是苏格拉底①当年饮他那杯毒人参的时候,也没有帅克服金鸡纳霜那么泰然自若。葛朗士坦大夫如今把各级的苦刑都在他身上试过了。

帅克站在大夫面前,身上裹了一条冷水浸过的被单。大夫问他觉得怎样时,他说:

"报告长官,就像在浴池里或者在海滨消夏一样。"

---

① 苏格拉底(约公元前469—前399):古希腊哲学家。他以不尊敬国家所供奉的神、煽惑青年蔑视规定的制度等罪,被判饮毒而死。

"你还有风湿症吗?"

"报告长官,我的病好像还没见好。"

于是新的折磨又来了。

第二天早晨,那个著名的委员会①的好几个军医都出场了。

他们一本正经地从一排排床铺旁边走过,只说:"伸出舌头来看看!"

帅克伸舌头把脸挤成个白痴般的怪相,眼睛眨巴眨巴的,他说:

"报告长官,这是我舌头的全部!"

随之,帅克和委员们之间开始了一段有趣的谈话。帅克辩解说,他所以声明那句是怕委员们疑心他有意把舌头藏了起来。

另一方面,委员们对帅克的意见却十分分歧。

有一半委员认为帅克是 ein blöder Kerl②,另一半认为他是个骗子,有意跟军部开玩笑。

"我们要是对付不了你,我们不是人!"主任委员对帅克大声嚷道。

帅克用一种孩稚般纯真安详的眼神呆望着全体委员们。

军医参谋长走近了帅克,对他说:"我很想知道你究竟想搞些什么鬼。你,你这海豚!"

"报告长官,我脑子里什么都不想。"

"Himmeldonnerwetter③!"一位委员腰刀铿然碰响着,气哼哼地说。"原来他什么都不想,对吗? 你为什么不思想思想,你这只暹罗④蠢象!"

"报告长官,我不思想,因为当兵的不许思想。许多年以前,当我还在九十一联队的时候,我们的官长总是对我们说:'当兵的不许思想。官长都替他们想好了。当兵的一旦思想起来,他就不成其为兵,他就变成一个臭老百姓啦。'思想并不能……"

"住嘴!"主任委员悍然打住帅克的话。"我们早知道你。你不是什么白痴,帅克。你就是调皮捣蛋,你很狡猾,你是个骗子、无赖,你是地痞子,你听懂了吗?"

"报告长官,听懂了,长官。"

"我不是告诉你住嘴吗! 你听见没有?"

"报告长官,我听见您说,要我住嘴。"

---

① 指体格检查委员会。
② 德语,意思是"一个白痴"。
③ 德语,是咒骂语,这里是"混蛋"的意思。
④ 暹罗:泰国旧称。

"Himmelherrgott①，那么你就住嘴！我说话的时候你该明白我不要你的嘴唇动一下。"

"报告长官，我知道您不叫我的嘴唇动一下。"

几位军官老爷们交换了个眼色，然后把军曹长喊过来说：

"把这个人带到办公室去，"军医参谋长指着帅克说。"等我们做出决定和报告。这家伙什么屁毛病也没有，他就是装病，想逃避兵役；同时，他还胡扯，拿他的长官开玩笑。他以为到这儿是来寻开心的。他把军队看成了一个大笑话，像个杂耍场。等你到了拘留营，他们就会叫你知道知道军队并不是儿戏。"

当值班的军官在传令室里对帅克嚷着说，像他这样的人该枪毙的时候，委员们在楼上病房里正恶狠狠地对付别的装病逃避兵役的哪。在七十个病人里头只饶了两名：一个是腿给炮弹炸掉了，另外一个得的是真正的胃溃疡。

只有在他们两个身上不能使用 tauglich② 字样。其余的，连同三名患晚期肺结核的，都宣布为体格健康，可以服兵役。

---

① 德语，意思是"天哪"。
② 德语，意思是"健康无恙"。

幽 默 滑 稽*

林语堂

幽默是一种心理状态。进而言之是一种观点,一种对人生的看法。一个民族在其发展过程中,只要才能与理智横溢到足以痛斥自己的理想,幽默之花就会盛开,因为所谓幽默只是才能对自我进行的鞭挞而已。历史上的任何时期,人类一旦能够认识到自己的无能与渺小、愚蠢与矛盾,就会有幽默者产生。比如中国的庄子,波斯的奥玛·开阳②,希腊的阿里斯托芬③。没有阿里斯托芬,雅典人精神上当贫乏得多;没有庄子,中国人聪明才智的遗产也会逊色不少。

然而由于有了庄子及其著作,中国所有的政治家和土匪强盗都成了幽默大家,因为在他们的思想里直接或间接地渗透着庄子的人生观。老子在庄子之前已经发出过尖细的狂笑。他的一生肯定孤身未婚,否则他就不会笑得那么调皮。反正有关他的婚姻状况、有无后裔等等,史籍中无从查考。老子最后的几声咳嗽和大笑被庄子接了过去。庄子较为年轻,音色也比老

---

* 林语堂(1895—1976),现代作家,著有《吾国与吾民》等。本文选自其《中国人》,杭州:浙江人民出版社 1988 年版。

② 奥玛·开阳(Omar Khayyam,约 1025—1123):波斯诗人及天文学家。

③ 阿里斯托芬(Aristophanes,约公元前 448—前 385):雅典诗人和喜剧作家。

子丰富得多,世世代代都能听到他的笑声。我们一旦有机会总是忍俊不禁。不过我时常感到我们的玩笑开过了头,笑得有点儿不是时候。

外国人对中国与中国人的无知给人以很深的印象,尤为奇怪的是他们竟会问出这样的问题:"中国人有幽默感吗?"这个问题无异于阿拉伯商队问人:"撒哈拉沙漠里有沙子吗?"真奇怪,一个人对一个国家竟如此不甚了了。至少从理论上讲,中国人应该有幽默感,因为幽默产生于现实主义,而中国则是个异常现实的民族;幽默产生于庸见,而中国人对生活的庸见数不胜数。亚洲人的幽默,尤其是知足与悠闲的产物,而中国人的知足悠闲程度是无与伦比的。一个幽默家通常是个失败主义者,喜欢诉说自己的挫折与窘迫,中国人则常常是清醒冷静的失败主义者。幽默常常对罪恶采取宽容的态度,不是去谴责罪恶,而是看着罪恶发笑,人们总认为中国人具备宽容罪恶的度量。宽容有好坏两面,中国人兼而有之。如果说我们刚才所讨论的中华民族的特点——具有庸见、宽容、知足常乐和超脱老猾——确实存在的话,那么在中国就不会没有幽默。

然而中国人的幽默多见于行为,少见于口头。中国人对各种幽默有不同的称呼,最常见的是"滑稽",我想其意为"逗乐",道学家们隐姓埋名的著作中常对此津津乐道,这些著作仅仅是略微松弛一下过于严肃的古典文学传统。这样的幽默过去在文学中并无合适位置,至少人们从没公开承认过它在文学中的价值和作用。幽默在中国小说中确实俯拾皆是,但小说以往从未被经典作家们视为"文学"。

在《诗经》、《论语》、《韩非子》里,都有一流的幽默存在。然而用清教徒式的人生观培养起来的孔学家们却看不到孔夫子的生动有趣之处,他们也理解不了《诗经》中美妙温柔的爱情诗,却去作一些异想天开的解释,像西方神学家们解释《万歌之歌》一样。陶渊明的著作中也颇有一些微妙的幽默,以及一种平静悠闲的满足和精美舒适的自我克制。下面这首描写他那些不肖子孙的诗歌便是极好的一例:

> 白发被两鬓,肌肤不复实。
> 虽有五男儿,总不好纸笔。
> 阿舒已二八,懒惰故无匹。
> 阿宣行志学,而不爱文术。
> 雍端年十三,不识六与七。
> 通子垂九龄,但觅梨与栗。
> 天运苟如此,且进杯中物。

幽默也可见于杜甫和李白的诗篇。杜甫常使读者苦笑,李白则用一种浪漫主义者的满不在乎使人忍俊不禁,但我们绝不把这些称为"幽默"。对国教般的儒家学说的敬畏也限制了人们自由地抒发己见,并且视独到见解为禁忌,然而幽默却恰恰建立在对事物新颖独到的见解之上。显然在这样一种传统的束缚中,很难有幽默的文学产生。如果我们想编一个中国幽默的集子,就得到民歌、元曲和明代小说中搜寻例子,还可以到文人墨客(特别是宋明两代)的书信中去寻找,这些都是正统"文学"圈外的东西,其时他们会稍许放松一点警惕。

然而中国人仍有一种自己独特的幽默,他们总喜欢开开玩笑,这种狰狞的幽默建立在对生活的滑稽认识之上。中国人在自己的政论文中总是极端严肃,很少有幽默使人放松一下。但在另一些场合,他们对重要的变革和运动所采取的满不在乎的态度又常常使外国人惊奇不已,比如国民党的平均地权、三民主义、水旱灾救济、新生活运动和禁烟委员会等等。一位新近访问上海的美国教授在几所大学做了讲演,每当他正儿八经地谈到新生活运动,总引起学生的哄堂大笑,他颇感惊奇不解。我想如果他再郑重地提到禁烟委员会,学生们的笑声会更响。

如上所述,幽默是一种观点,一种对生活的看法。我们对这种看法或多或少总有些许了解。生活是一场大闹剧,个人不过是其中的玩偶。如果一个人严肃地对待人生,老老实实地按阅览室规章办事,或者仅仅因为一块木牌上写道"勿踏草坪"就真的不去践踏草坪,那么他总是会被人视为傻瓜,通常会受到年长一些同事的哄笑。由于笑具有传染性,这个人很快也就变成一个幽默家了。

这种闹剧性的幽默,结果使中国人对任何事情都严肃不起来,无论是最为严肃的政治改革运动,还是一条狗的葬礼。中国人葬礼的滑稽颇具典型意义,中国中上层阶级铺张的丧葬仪仗中,常可看到一批污垢满面、身着各色绣花袍子的流浪儿窜来窜去,还有一个铜管乐队在前面高奏《前进,基督的士兵们》。这些事实常被欧洲人引为中国人缺乏幽默感的口实。然而,中国人的送葬礼仪恰恰是中国式幽默的绝妙象征。只有欧洲人才会那么认真地对待葬礼,使之显得庄严肃穆。严肃的葬礼在中国人心目中是不可思议的。欧洲人的错误在于他们以自己先验的成见认为葬礼必应严肃。葬礼有如婚礼,只应喧哗铺张,没有理由认为非严肃不可。肃穆的成分在浮夸的衣袍里已有蕴含,其余皆为形式——闹剧。我至今分辨不出葬礼与婚礼仪仗之不同,直到我看到一口棺材或一顶花轿。

极富闹剧性质的葬礼仪仗是中国式幽默的象征,其实质是只求外部形式而全然不顾其实际内容。能够欣赏中国式幽默的人势必也能够正确理解中国的政治方案。政治方案和官方宣言也只是一种形式,大多由那些精通模棱两可而言过其实的术语的书记员们起草,正如有专门的商店出租葬礼仪仗用的行头一样,没有一个聪明的中国人会一本正经地对待它们。如果外国记者牢记葬礼上所穿袍子的象征意义,就会少一些误解,也就不复把中国人看作独一无二、难以理解的民族了。

  这种对人生的滑稽认识以及处理形式与内容的方式,也同样表现在其他许多方面。几年前,应国民党中央的要求,国民政府下令禁止其下属机关在上海的分部把办事机构设在外国租界内。这条命令倘若真的贯彻下去,会给那些在上海拥有公馆的部长们带来很大不便,并会使许多人失业。南京的部长们对南京政府的命令既不公开反抗,也不请求撤销(如实陈述该命令所造成的不便和不切实际等等)。没有一个职业书记员会聪明到起草出这样一个呈文,同时又不与中央的形式相背。因为那就意味着中国官员们希望住在外国租界内,而这是不爱国的表现。他们最后想出了一个比它不知聪明多少倍的主意,他们只是把驻沪办事处的门牌换成贸易管理局。一块门牌大约不过二十美元,却没人丢掉饭碗,也没人丢脸。这种连小孩子都会玩的把戏不仅使南京政府的部长们感到满意,而且也取悦了发布命令的南京政府。我们的部长们的确是了不起的幽默家。我们的强盗们、军阀们也都是幽默大家。有关中国内战的幽默,上文已经谈及。

  与此相对,我们可以举教会学校的例子来说明西方人是如何地缺乏幽默。几年前,当局要求他们注册登记,并要求他们取消圣经课,并在会议大厅悬挂孙中山像,每周星期一还要举行一次纪念会,这使得教会学校顿时惊慌失措。中国当局不理解如此简单易行的规定竟不能遵守,另一方面传教士们也不知如何接受这些条件,于是事情陷入僵局。一些传教士甚至开始打算关闭学校。比如有一位校长,问题本不难解决,但他却坚持自己那愚蠢的诚实,拒绝将学校章程中那句声明传授宗教思想为办校目的之一的话去掉。这位洋校长要求开诚布公地声明传授宗教思想确为主要办学目的。于是时至今日,这个学校还没能注册登记上。如此这般,就不可能有任何妥协产生。其实这个教会学校应该做的不过是模仿南京部长们的所作所为,遵守官方的一切规定,挂一幅孙中山像,其余事情均照中国方式办理。不过我总不禁想到,以这种愚蠢的诚实为宗旨的学校肯定是所真正的学校。

  这就是中国人滑稽的人生观。汉语中充满了把人生看作演戏的比喻:中国官员的就职离职被说成"上台"、"下台",某人提出一项略有夸张的计划会被称为"唱高调"。我们确实把生活看作了舞台,我们喜欢的戏剧多为高级喜剧,不管是新宪法草案、民权草案、禁烟委员会,还是讨论人员遣散的会议。我总觉得这些喜剧津津有味。但我希望我们的人民有时也该严肃一些。幽默正在毁掉中国,它的破坏作用是无以复加的。人们那种响亮的笑声未免有点儿过分,因为那仍是超脱老猾者的笑,任何热情与理想之花,一旦碰到这种笑声,都会凋谢枯死。

文明与反讽[*]

王小波

据说在基督教早期，有位传教士（死后被封为圣徒）被一帮野蛮的异教徒逮住，穿在烤架上用文火烤着，准备拿他做一道菜。该圣徒看到自己身体的下半截被烤得嗞嗞冒泡，上半截还纹丝未动，就说：喂！下面已经烤好了，该翻翻个了。烤肉比厨师还关心烹调过程，听上去很有点讽刺的味道。那些野蛮人也没办他的大不敬罪——这倒不是因为他们宽容。人都在烤着了，还能拿他怎么办。如果用棍子去打，拿鞭子去抽，都是和自己的午餐过不去。烤肉还没断气，一棍子打下去，将来吃起来就是一块淤血疙瘩，很不好吃。这个例子说明的是：只要你不怕做烤肉，就没有什么阻止你说俏皮话。但那些野蛮人听了多半是不笑的：总得有一定程度的文明，才能理解这种幽默——所以，幽默的圣徒就这样被没滋没味的人吃掉了。

本文的主旨不是拿人做烤肉，而是想谈谈反讽——照我看，任何一个文明都该容许反讽的存在，这是一种解毒剂，可以防止人把事情干到没滋没味的程度。谁知动笔一写，竟写出件烧烤活人的事，我也不知道是为什么。让我们进入正题，且说维多利亚女王时期，英国的风气极是假正经。上等人说

---

[*] 王小波（1952—1997），当代作家。本文选自其《沉默的大多数》，北京：中国青年出版社 1997 年版。

话都不提到腰以下的部位,连裤子这个字眼都不说,更不要说屁股和大腿。为了免得引起不良的联想,连钢琴腿都用布遮了起来。还有桩怪事,在餐桌上,鸡胸脯不叫鸡胸脯,叫作白肉,鸡大腿不叫鸡大腿,叫作黑肉——不分公鸡母鸡都是这么叫。这么称呼鸡肉,简直是脑子有点毛病。照我看,人若是连鸡的胸脯、大腿都不敢面对,就该去吃块砖头。问题不在于该不该禁欲,而在于这么搞实在是没劲透了。英国人就这么没滋没味地活着,结果是出了件怪事情:就在维多利亚时期,英国出现了一大批匿名出版的地下小说,通通是匪夷所思的色情读物。直到今天,你在美国逛书店,假如看到书架上钉块牌子,上书"维多利亚时期",架子上放的准不是假正经,而是真色情……

坦白地说,维多利亚时期的地下小说我读了不少——你爱说我什么就说什么好了。我不爱看色情书,但喜欢这种逆潮流而动的事——看了一些就开始觉得没劲。这些小说和时下书摊上署名"黑松林"的下流小册子还是有区别的,可以看出作者都是有文化的人。其中有一些书,还能称得上是种文学现象。有一本还有剑桥文学教授作的序,要是没有品,教授也不会给它写序。我觉得一部分作者是律师或者商人,还有几位是贵族。这是从内容推测出来的。至于书里写到的事,当然是不敢恭维。看来起初的一些作者还怀有反讽的动机,一面捧腹大笑,一面胡写乱写,搞到后来就开始变得没滋没味,把性都写到了荒诞不经的程度。所以,问题还不在于该不该写性,而在于不该写得没劲。

过了一个世纪,英国的风气又是一变。无论是机场还是车站,附近都有个书店,布置得怪模怪样,霓虹灯乱闪,写着小孩不准入内,有的进门还要收点钱。就这么一惊一乍的,里面有点啥?还是维多利亚时期的小说以及它们的现代翻写本,这回简直是在犯贫。终于,福尔斯先生朝这种现象开了火。这位大文豪的作品中国人并不陌生,《法国中尉的女人》、《石屋藏娇》,国内都有译本。特别是后一本书,假如你读过维多利亚时期的原本,才能觉出逗来。有本维多利亚时期的地下小说,写一个光棍汉绑架了一个小姑娘,经过一段时间,那女孩爱上他了——这个故事被些无聊的家伙翻写来翻写去,翻到彻底没了劲。福尔斯先生的小说也写了这么个故事,只是那姑娘被关在地下室里,先是感冒了,后来得了肺炎,然后就死了。当然,福尔斯对女孩没有恶意,他只是在反对犯贫。总而言之,当一种现象(不管是社会现象还是文学现象)开始贫了的时候,就该兜头给它一瓢凉水。要不然它还会贫下去,就如美国人说的,散发出屁眼气味——我是福尔斯先生热烈的拥护者。我总觉得文学的使命就是制止整个社会变得无趣……当然,你要说福尔斯是反色情的义士,我也没什么可说的。你有权利把任何有趣的事往无趣处理解。但我总觉得福尔斯要是生活在维多利亚时期,恐怕也不会满足于把鸡腿叫作黑肉,他总要闹点事,写地下小说或者还不至于,但可能像王尔德一样,给自己招惹些麻烦。我觉得福尔斯是个反无趣的义士。

假如我是福尔斯那样的人,现在该写点啥?我总禁不住想向《红楼梦》开火。其实我还有更大的题目,但又不想作死——早几年兴文化衫,有人在胸口印了几个字:"活着没劲",觉得自己有了点幽默感,但所有写应景文章的人都要和这个人玩命,说他颓废——反讽别的就算了吧,这回只谈文学。曹雪芹本人不贫,但写各种"后梦"的人可是真够贫的。然后又闹了小一个世纪的红学。我觉得全中国无聊的男人都以为自己是贾宝玉,以为自己不是贾宝玉的,还算不上是个无聊的男人。看来我得把《红楼梦》反着写一下——当然,这本书不会印出来的:刚到主编的手里,他就要把我烤了。罪名是现成的:亵渎文化遗产,民族虚无主义。那位圣徒被烤的故事在我们这里,也不能那样讲,只能改作:该圣徒在烤架上不断高呼"我主基督万岁"、"圣母玛利亚万岁"、"打倒异教徒",直至完全烤熟。连这个故事也变得很没劲了。

本章词语

1. **笑**：该笑则笑，不要故意崩着脸。

2. **可笑**：当觉得事情可笑时，它就不那么咄咄逼人了。

3. **反讽**：将自己也当作可笑的对象，体现了一种民主的精神，即一视同仁的精神。

链　　接

1. 克维多等：《西班牙流浪汉小说选》，北京：人民文学出版社 1997 年版。

2. 拉伯雷：《巨人传》，成钰亭译，上海：上海译文出版社 1990 年版。

3. 劳伦斯·斯特恩：《多情客游记》，石永礼译，北京：人民文学出版社 1990 年版。

4. 哈谢克：《好兵帅克》，萧乾译，南京：译林出版社 1991 年版。

5. 达里奥·福：《不付钱，不付钱》，黄文捷译，桂林：漓江出版社 2000 年版。

6. 辛格：《扫烟囱工人黑雅什》，选自《辛格短篇小说集》，诸葛霖译，北京：外国文学出版社 1980 年版。

7. 王小波：《黄金时代》，广州：花城出版社 1997 年版。

8. 博·赫拉巴尔：《我是谁》，星灿、劳白译，北京：中国青年出版社 2004 年版。

9. 刘信今、刘晓娟编：《中国名人打油诗三百首趣谈》，北京：中国文联出版公司 2002 年版。

编者的话

意大利小说家艾柯在小说《玫瑰之名》里，描述了中世纪意大利北部一个修道院里发生的系列凶杀案。短短七天之内，有人死于下冰雹的暴风雪之夜，有人被倒插在猪血桶中，有人死在浸满水的浴缸里，有人在药房里被浑天仪砸死……。后来发现，这些死法和《圣经·启示录》中七个喇叭手所预言的世界末日景象有暗合之处，凶手一定是个不一般的人。结果查明，所有这一切都是该修道院80岁的已双目失明的图书馆馆长约尔格干下的，他是为了保护一本当时的禁书不被外传，最后他自己把这本书的一半生吞了下去，在一场大火中与这个最大的基督教图书馆同归于尽。这本书便是亚里士多德的《诗学·卷二》，关于喜剧的那些部分。在约尔格看来，所有阅读过这本书的人，都应该死去。由此可见，"笑"这个东西的厉害！人一旦开口笑，他就不那么虔诚了；在善笑者面前，权威也不那么拥有威胁性了。

在某种意义上，一个社会中的平民是这个社会中喜剧精神的来源，而不是统治者。大人物们觉得自己正在代表着现存秩序，对于这个秩序的漏洞自然是百般掩饰，装得一本正经。作为平民就不一样了，处在一个较低位置上，他正好可以看出上面的那些东西的断裂与荒谬可笑之处。这就是捷克小说家哈谢克经久不衰的小说《好兵帅克》的不朽魅力所在。在帅克荒诞不经的遭遇中，揭示了奥匈帝国这个大厦在其最后的日子里，从秩序、习俗到人们的行为习惯，一切莫不颠倒是非、黑白混淆。

按照林语堂先生的说法，中国文化中幽默的传统开始得相当早，以庄子作为标志。"对自我进行的鞭挞"，林语堂同样抓住了幽默的要害。但是所谓"鞭挞"不应该是无限制的，如果某种鞭挞不是针对陋习，而是针对理想的东西，那就得不偿失了。林语堂以娓娓道来的轻松口吻谈及的"闹剧式的幽默"，包括对于公共事务抱一种根本无所谓的"幽默"态度，在某种意义上，触及到了中国文化中的某些要害：该严肃的时候并不能严肃，甚至反过来把缺乏严肃当作一种人生智慧。

除了社会批判的维度，作为平民的喜剧精神的另一特色在于，不仅是讽刺他人，那种刺人的东西也可针对自身，能发出笑声的本人并没得到赦免，于是，嘲弄变成了自嘲，讥讽变成了反讽。这对自身就有了一种较健康的距离，有了较健康的自我意识，而不是找出各种理由将自己凌驾于其他同胞之上，而且只能上不能下。中国作家王小波在这方面做得尤为出色：《黄金时代》各篇中身份不一的王二，除了能捉弄别人，而且也善于发掘自己的短处，同样把自己放在被审视、被检验的位置上。

钱钟书先生是中国的文人大家。站在捍卫文明的立场上，他慧眼指出了"幽默"与"笑"的分别。"幽默"不一定发出笑声，而"笑声"里未必有真正的幽默。有人恰恰借笑声来掩饰自己的缺乏幽默。而如果到了"卖笑"、"劝笑"的地步，则是完全抛弃了幽默真正的精髓，成为一桩粗俗以及霸道的行为了。从这个角度看过去，中国文人的打油诗，则是体现了一种典雅节制的"反躬自笑"——经常是在逆境中，以自我解嘲来获取一种平衡，哀而不伤、溃而不败，同样体现了一种健康的自我意识。

（崔卫平）

诗意地栖居

艺文小品八则

广 陵 散[*]

无名氏

　　嵇康灯下弹琴,忽有一人,长丈余,著黑单衣,革带,康熟视之,乃吹火灭之曰:"耻与魑魅争光。"尝行,去路数十里,有亭名月华,投此亭,由来杀人,中散心神萧散,了无惧意。至一更操琴,先作诸弄。雅声逸奏,空中称善。中散抚琴而呼之:"君是何人?"答云:"身是故人①,幽没于此。闻君弹琴,音曲清和。昔所好,故来听耳。身不幸非理就终,形体残毁,不宜接见君子。然爱君之琴,要当相见,君勿怪恶之。君可更作数曲。"中散复为抚琴击节,曰:"夜已久,何不来也?形骸之间,复何足计?"乃手挈其头曰②:"闻君奏琴,不觉心开神悟,恍若暂生。"遂与共论音声之趣,辞甚清辩。谓中散曰:"君试以琴见与。"乃弹《广陵散》,便从受之③,果悉得。中散先所受引④,殊不及。与中散誓,不得教人,天明,语中散:"相与虽一遇于今夕,可以远同千载,于此长绝,能不怅然?"

---

* 选自《太平广记》卷三百一十七《灵鬼志》,北京:中华书局1961年版。

〔注释〕

① 故人：死去的人。

② 手挈其头：自己提着自己的头。

③ 受之：将曲子教授给嵇康。

④ 先所受引：原先所学到的曲子。

圣　　画*

张　读

云花寺有圣画殿，长安中谓之七圣画。

初，殿宇既制，寺僧召画工，将命施彩饰；会贵其直①，不合寺僧所酬，亦竟去。后数日，有二少年诣寺来谒曰："某善画者也。今闻此寺将命画工，某不敢利其价，愿输工可乎？"寺僧欲先阅其迹②。少年曰："某兄弟凡七人，未尝画于长安中，宁有迹乎？"寺僧以为妄，稍难之。少年曰："某既不纳师之直，苟不可师意，即命污其壁，未为晚也。"寺僧利其无直，遂许之。

后一日，七人果至，各挈彩绘，将入其殿，且与僧约曰："从此去七日，慎勿启吾之门，亦不劳饮食，盖以畏风日所侵铄也。可以泥锢吾门，无使有纤隙；不然，则不能施其妙矣。"僧从其语，如是凡六日，无有闻。僧相语曰："此必他怪也。且不可果其约③。"遂相与发其封。户既启，有七鸽翩翩，望空飞去，其殿中彩绘俨若，四隅唯西北墉未尽其饰焉。

后画工来见之，大惊曰："真神妙之笔也。"于是无敢继其色者。

〔注释〕

① 贵其直：画工要价太贵。

② 迹：这里指在其他地方的画稿或作品。

③ 不可果其约：不可始终守约。

---

* 张读（834 或 835—?），字圣用，一作圣明。唐代小说家，著有《宣室志》等。本文选自《宣室志》卷一，张永钦、侯志明校点，北京：中华书局 1983 年版。

绝　唱

洪　迈

　　韦应物在滁州,以酒寄全椒山中道士,作诗曰:"今朝郡斋冷,忽念山中客。涧底束荆薪,归来煮白石。欲持一樽酒,远慰风雨夕,落叶满空山,何处寻行迹?"①其为高妙超诣,固不容夸说,而结尾两句,非复语言思索可到。东坡在惠州,依其韵作诗寄罗浮邓道士曰:"一杯罗浮春,远饷采薇客。遥知独酌罢,醉卧松下石。幽人不可见,清啸闻月夕。聊戏庵中人,空飞本无迹。"②刘梦得"山围故国周遭在,潮打空城寂寞回"之句③,白乐天以为后之诗人,无复措词。坡公仿之曰:"山围故国城空在,潮打西陵意未平。"坡公天才,出语惊世。如追和陶诗,真与之齐驱,独此二者,比之韦、刘为不侔,岂非绝唱寡和,理自应尔邪。

〔注释〕

　　① 韦应物:《寄全椒山中道士》。
　　② 苏轼:《寄邓道士》。
　　③ 刘禹锡:《石头城》。

练 熟 还 生

张　岱

　　昨听松江何鸣台、王本吾二人弹琴,何鸣台不能化板为活,其蔽也实;王本吾不能练熟为生,其蔽也油。二者皆是大病,而本吾为甚。何者?弹琴者,初学入手,患不能熟;及至一熟,患不能生。夫生,非涩勒离歧遗忘断续之谓也。古人弹琴,揉掉注,得手应心。其间勾留之巧,穿度之奇,呼应之灵,顿挫之妙,真有非指非弦,非勾非剔,一种生鲜之气,人不及知,己不及觉者。非十分纯熟,十分淘洗,十分脱化,必不能到此地步。盖此练熟还生之法,自弹琴拨阮,蹴吹箫,唱曲演戏,描画写字,作文做诗,凡百诸项,皆藉此一口生气。得此生气者,自致清虚;失此生气者,终成渣秽。吾辈弹琴,亦唯

---

　*　洪迈(1123—1202),字景庐,号容斋,别号野处。宋代史学家、文学家,著有《钦京实录》、《四朝国史》等。本文选自《容斋随笔》,上海:上海古籍出版社 1978 年版。
　**　张岱(1597—1684 或 1689),字宗子、石公,号陶庵、蝶庵。明代诗人,著有《陶庵梦忆》等。本文选自《琅文集》,云告点校,长沙:岳麓书社 1985 年版。

取此一段生气已矣。今苏下之人弹琴者,一字音绝,方出一声,停搁既久,脉络既断,生气全无。此是死法,吾辈不学之可也。吾兄素以钟期自任,其以弟言为然否?

看　戏[*]

梁章钜

　　吾乡龚海峰先生,官平凉时,其哲嗣四人,皆随侍署斋读书。一日,偶以音觞召客,斋中四人者,皆跃跃作看戏之想。先生饬之曰:"试问读书好乎,看戏好乎?可各以意对。"其少子文季观察瑞,遽答曰:"看戏好。"先生艴然斥之退。长子端伯郡丞式,对曰:"自然是读书好。"先生笑曰:"此老生常谈也,谁不会说。"次子益仲孝廉受,对曰:"书也须读,戏也须看。"先生曰:"此调停两可之说,恰似汝之为人。"三子小峰邑侯,对曰:"读书即是看戏,看戏即是读书。"先生掀髯大笑曰:"得之矣。"闻其时甘肃有谭半仙者颇能知未来事,先生延致署中数月,临行手画四扇,一作老梅数枝,略缀疏蕊,以赠端伯;一作古柏一树,旁无他物,以赠益仲;一作牡丹数本,以赠小峰;一作芦苇丛丛,以赠文季,且语先生曰:"将来四公子所成就,大略视此矣。"由今观之,则与所答看戏之言,亦隐隐相应也。

櫂　歌^{**}

戴延年

　　櫂歌以吴江第一^①,大约不出男女相慕悦之词,而发情止义,好色不淫,颇得风人之旨。夜程水驿,月落蓬窗,每与柔橹一声相间,动人乡思,凄其欲绝。

〔注释〕

　　① 櫂歌:船歌。吴江:县名。在苏州东南,滨太湖。

---

* 梁章钜(1775—1849),字闳中,又字林,晚号退庵。近代文学家,著有《藤花吟馆诗钞》、《浪迹丛谈》等。本文选自《浪迹丛谈·续谈·三谈》,陈铁民校点,北京:中华书局1981年版。

** 本文选自《吴语》,作者生卒年不详。

兴　趣[*]

严　羽

夫诗有别材①,非关书也。诗有别趣,非关理也。然非多读书、多穷理,则不能极其至。所谓不涉理路、不落言筌者,上也。诗者,吟咏情性也。盛唐诸人唯在兴趣,羚羊挂角②,无迹可求。故其妙处透彻玲珑,不可凑泊,如空中之音,相中之色,水中之月,镜中之象,言有尽而意无穷。近代诸公乃作奇特解会③,遂以文字为诗,以才学为诗,以议论为诗。夫岂不工,终非古人之诗也,盖于一唱三叹之音,有所歉焉。

〔注释〕

① 别材:另外的材料。

② 羚羊挂角:羚羊晚上睡觉时,将角挂在树上,以免遭攻击。喻诗无理路的痕迹。

③ "近代"句:批评宋代江西诗派的末流,对诗作奇怪的理解,将诗作为文字游戏或学问道理的载体。

诗　兴^{**}

马一浮

人心若无私系,直是活泼泼地,拨着便转,触着便行,所谓感而遂通,才闻彼,即晓此,何等俊快,此便是兴。若一有私系,便如隔十重障,听人言语,木木然不能晓了,只是心地昧略,决不会兴起,虽圣人亦无如之何。须是如迷忽觉,如梦忽醒,如仆者之起,如病者之苏,方是兴也。

---

* 严羽(1192—约1245),字仪卿,又字丹丘,自号沧浪逋客。宋代诗论家,著有《沧浪诗话》等。本文选自《沧浪诗话校释》,郭绍虞校释,北京:人民文学出版社1961年版。

** 马一浮(1883—1967),名浮,号湛翁,别署蠲戏老人。现代学者、诗人、书法家,著有《马一浮集》。本文选自《复性书院讲录》,见《马一浮集》第一册,杭州:浙江古籍出版社1996年版。

月雪印象九章

访 戴*

刘义庆

王子猷居山阴。夜大雪,眠觉,开室命酌酒。四望皎然,因起彷徨,咏左思《招隐诗》,忽忆戴安道。时戴在剡,即便夜乘小船就之。经宿方至,造门不前而返。人问其故,王曰:"吾本乘兴而行,兴尽而返,何必见戴?"

吴兴印渚**

刘义庆

王司州至吴兴印渚中看①,叹曰:非唯使人心情开涤,亦觉日月清朗。

〔注释〕

① 王司州:王胡之。字修龄,历吴兴太守等。吴兴印渚:《吴兴记》:"于潜县东七十里,有印渚,渚傍有白石山,峻壁四十丈。印渚盖众溪之下游也。水道无险,故行旅集焉。"

---

* 刘义庆(403—444),南朝宋小说家,著有《世说新语》等。本文选自《世说新语·任诞》,余嘉锡笺疏,北京:中华书局1994年版。

** 本文选自《世说新语·言语》,北京:中华书局1994年版。

华亭船子和尚偈

德 诚

千尺丝纶直下垂,一波才动万波随。
夜静水寒鱼不食,满船空载月明归。

山中与裴秀才迪书

王 维

近腊月下①,景气和畅,故山殊可过②。足下方温经③,猥不敢相烦④。辄便往山中,憩感配寺⑤,与山僧饭讫而去。北涉玄灞⑥,清月映郭。夜登华子冈⑦,辋水沦涟⑧,与月上下,寒山远火,明灭林外。深巷寒犬,吠声如豹。村墟夜舂,复与疏钟相间。此时独坐,僮仆静默。多思曩昔携手赋诗,步仄径,临清流也。当待春中,草木蔓发,春山可望,轻鯈出水,白鸥矫翼,露湿青皋,麦陇朝雊⑨。斯之不远,傥能从我游乎?非子天机清妙者,岂能以此不急之务相邀?然是中有深趣矣。无忽⑩。因驮黄檗人往⑪,不一。山中人王维白。

〔注释〕

① "近腊"句:接近农历十二月的下旬。

② 故山:旧居之山,此指陕西蓝田山。

③ 温经:温习经书。

④ 猥:鄙。自谦之词。

⑤ 感配寺:即感化寺,一作化感寺。

⑥ 玄灞:深青色的灞水。灞水在长安附近。

⑦ 华子冈:王维隐居的辋川别业二十景之一。

⑧ 辋水:即辋川,在蓝田南二十里,向北流入灞河。

⑨ 雊(gòu):清晨野鸡的叫声。

⑩ 无忽:不要忘记。

⑪ "因驮"句:托驮黄檗入城的药农前去捎信。

---

* 德诚,生卒年不详。唐代僧人、词人,人称船子和尚。著有《拨棹子》三十九首。本文选自《冷斋夜话》卷七,《丛书集成初编》,据《津逮秘书》影本。

** 王维(约692—761),字摩诘,世称王右丞。唐代诗人、画家,著有《王右丞集》。本文选自《王右丞集笺注》,赵殿成注,上海:中华书局上海编辑所1961年版。

记承天寺夜游*

苏 轼

元丰六年十月十二日①,夜,解衣欲睡。月色入户,欣然起行,念无与乐者。遂至承天寺寻张怀民②,亦未寝。相与步于中庭。庭下如积水空明,水中藻荇交横③,盖竹柏影也。何夜无月,何处无竹,但少闲人如吾两人耳。

〔注释〕

① 元丰六年:公元1083年。
② 承天寺:故址在今湖北黄冈县南。张怀民:张梦得,作者友人,当时亦贬居黄州。
③ 藻、荇:两种水草。

月能移世界**

张大复

邵茂齐有言:"天上月色,能移世界。"果然!故夫山石泉涧、梵刹园亭,屋庐竹树,种种常见之物,月照之则深,蒙之则静,金碧之彩,披之则醇;惨悴之容,承之则奇;浅深浓淡之色,按之望之则屡易而不可了,以至河山大地,邈若皇古,犬吠松涛,远于岩谷。草生木长,闲如坐卧,人在月下,亦尝忘我之为我也。今夜严叔向置酒破山僧舍,起步庭中,幽华可爱,旦视之,酱盎纷然,瓦石布地而已。戏书此以信茂齐之语,时十月十六日,万历丙午三十四年也,同游者朱白民、邵茂齐、顾僧孺、茂齐之弟仲范、严叔向、沈云父、予子桐、侄槚。

---

* 苏轼(1037—1101),字子瞻,一字仲和,号东坡居士。宋代文学家、书画家,著有《东坡全集》等。本文选自《苏轼文集》,孔凡礼校点,北京:中华书局1986年版。

** 张大复(1554—1630),字元长,号病居士。明代诗文家,著有《梅花草堂全集》。本文选自《梅花草堂笔谈》,上海:上海古籍出版社影印本1986年版。

湖心亭看雪*

张　岱

　　崇祯五年十二月,余住西湖,大雪三日,湖中人鸟声俱绝。是日更定矣,余拿一小舟,拥毳衣炉火,独往湖心亭看雪。雾凇沆砀①,天与云、与山、与水,上下一白,湖上影子,唯长堤一痕、湖心亭一点、与余舟一芥、舟中人两三粒而已。到亭上,有两人铺毡对坐,一童子烧酒,炉正沸。见余大喜,曰:"湖中焉得更有此人?"拉余同饮,余强饮三大白而别。问其姓氏,是金陵人,客此。及下船,舟子喃喃曰:"莫说相公痴,更有痴似相公者!"

〔注释〕

　　① 雾凇沆(hàng)砀(dàng 荡):乳白色的大雾笼罩一切。凇,寒气结成的冰花。沆砀,犹荡漾。

走　月　亮**

顾　禄

　　妇女盛妆出游,互相往还,或随喜尼庵①,鸡声喔喔,犹婆娑月下②,谓之"走月亮"。蔡云《吴》云:"木犀球压鬓丝香③,两两三三姊妹行。行冷不嫌罗袖薄,路遥翻恨绣裙长。"

〔注释〕

　　① 随喜:游览佛寺。原谓佛家以行善布施可生欢喜心,随人为善称为随喜。
　　② 婆娑:流连盘桓,姿影舒婉。宋玉《神女赋》:"既于幽静兮,又婆娑乎人间。"注:"婆娑,犹盘姗也。"
　　③ 木犀:桂花别称,以木材纹理如犀而名,有浓香。

---

　　* 本文选自《陶庵梦忆》,马兴荣校点。上海:上海古籍出版社1982年版。
　　** 顾禄,生卒年不详。字总之,一字铁卿,自号茶磨山人。著有《颐素堂诗钞》、《清嘉录》等。本文选自《清嘉录》,来新夏点校,上海:上海古籍出版社1986年版。

汉上琴台之铭并序*

汪 中

　　自汉阳北出二里①,有丘焉,其广十亩②。东对大别③,左界汉水。石堤亘其前,月湖周其外。方志以为伯牙鼓琴、钟期听之,盖在此云。居人筑馆其上,名之曰琴台④。通津直道,来止近郊;层轩累榭,迥出尘表。土多平旷,林木翳然;水至清浅,渔藻交映。可以栖迟、可以眺望、可以冶游。无寻幽陟远之劳、靡登高临深之惧,懿彼一丘,实具二美⑤。桃华渌水、秋月春风,都人冶游,曾无旷日⑥。夫以夔襄之技、温雪之交⑦,一挥五弦、爰擅千古⑧。深山穷谷之中,广厦细旃之上⑨,寻踪所寄,奚事刻舟⑩;胜地写心,谅符玄赏。余少好雅琴,恫诸操缦⑫,自奉简书,久忘在御。迕节夏口,假馆汉皋⑬,岘首同感⑭、桑下是恋⑯。於以濯足沧浪⑰、息阴乔木⑱。听渔父之鼓枻⑲、思游女之解佩⑳。亦足高谢尘缘、希风往哲。何必抚弦动曲,乃移我情㉑。铭曰:宛彼崇丘,于汉之阴。二子来游,爰迄于今㉒。广川人静,孤馆天沈。微风永夜,虚籁生林㉓。泠泠水际,时汛遗音㉔。三叹应节㉕,如彼赏心。朱弦已绝㉖,空桑虽抚㉗。海忆乘舟㉘,岩思避雨㉙。邈矣高台,岿然旧楚,譬操南音㉚,尚怀吾土㉛。白雪罢歌㉜,湘灵停鼓㉝。流水高山㉞,相望终古㉟。

〔注释〕

　　① 汉阳:今湖北武汉市汉阳城。

　　② 现占地约十五亩,掩映于湖光山色、疏林繁花之中。

　　③ 大别:龟山,又名大别山,在汉阳城北。

　　④ 琴台:据记载,此台始建于北宋,清嘉庆年间重修。

　　⑤ 懿:美也。意谓无陟远之劳与登高之惧。

　　⑥ "桃花"两句:《南史·循吏传序》:"都邑之盛,士女昌逸,歌声舞节,服华妆,桃花渌水之间,秋月春风之下,无往非适。"冶:艳也。晋《子夜春歌》:"冶游步春露,艳觅春心朗。"

　　⑦ 夔:舜时的乐官。襄:孔子曾学琴于师襄,鲁国乐官。《论语》谓之"击磬襄"。温雪:温伯雪子,《庄子》中的人物,孔子与之有"目击而道存"之神交。

　　⑧ 嵇康《赠秀才入军诗》:"手挥五弦、目送归鸿。"此两句谓钟期伯牙琴技之妙、相契之深,风期之高,洵为千古奇缘。

---

* 汪中(1745—1794),字容甫。清代文学家、学者,著有《述学》内外篇、《容甫先生遗诗》等。本文选自《骈文类纂》卷三十六,王先谦编,杭州:浙江古籍出版社影印本 1998 年版。

⑨《风俗通》:"君子所常御者,琴最亲密。虽在深山幽谷,犹不失琴。"《韩诗外传》:"天子居广厦之下,帷帐之内,旃茵之上。"

⑩"寻踪"两句:意谓君子之于琴也,庙堂也可,深山也可,唯心灵所寄,不必非于此琴台耳。

⑪"胜地"两句:此又意谓于此胜地而抒情写怀,亦是赏心乐事。

⑫《汉书·艺文志》有《雅琴》赵氏七篇、师氏八篇、龙氏九篇。操缦:调弦也。觕:粗,不精也。

⑬ 简书:指官书。题目原注:"代毕尚书作。"疑即谓受命作《铭》之书。在御,指琴。《诗·郑风》:"琴瑟在御。"

⑭《汉书·司马相如传》:"楚王弭节徘徊。"《韩诗外传》:"郑交甫将南适楚,遵彼汉皋台下。"夏口:今武昌;汉皋:山名,在今湖北襄阳县西北。意谓作者来到汉阳,游访琴台。

⑮ 岘首:岘首山,在今湖北襄阳县南。羊祜曾登此山而叹:由来贤达胜士,登此山者,皆湮灭无闻,使人悲伤,吾百岁以后,魂魄犹应登此也。

⑯《后汉书·襄楷传》:"浮屠不三宿桑下,不欲久生恩爱,精之至也。"章怀注:"言浮屠之寄桑下者,不经三宿,即便移去,示无恋爱之心也。"

⑰《孟子》:"沧浪之水浊兮,可以濯我足。"沧浪水,支流在荆州(今湖北江陵)。

⑱《诗·周南·汉广》:"南有乔木,不可休息。"

⑲《楚辞》:"渔父莞尔而笑,鼓枻而去。"

⑳《列仙传》:"江妃二女……逢郑交甫。(郑)不知其神人也,下请其佩,……受佩去,数十步视佩,空怀无佩,二女忽然不见。"上述典故,皆与楚地汉水相关。

㉑《琴苑要录》:"伯牙学琴于成连,三年而成,至于精神寂寞,情之专一,未能得也。成连曰:'吾学不能移人情,吾师有方子春,在东海中。乃粮从之,至蓬莱山,留伯牙曰:'吾将迎吾师,刺船而去,旬时不返,伯牙心悲,延颈四望,但闻海水汩没,山林冥,群鸟悲号,仰天叹曰:'先生将移我情,乃援琴作歌。'"此谓胜地风流人文,足以兴怀感动,不必与伯牙钟期事相关也。

㉒ 二子:即伯牙钟期。有此琴台,二子风流即传之不朽。

㉓《洛阳伽蓝记》:"至于高风永夜,宝铎和鸣。"谢庄《月赋》:"声林虚籁,沧池灭波。"意谓二子琴音,依稀在耳。

㉔《说文》:"汛,洒也。"《尔雅》:"大瑟谓之洒。"《经典释文》引孙炎云:"音多变出如洒也。古直《汪容甫文笺》案:"彼谓瑟音如水之洒,此谓水洒如琴之音。"上句谓于林木中生琴音,此句谓于湖水中聆遗音。

㉕《乐记》:"清庙之瑟,朱弦而疏越,一唱而三叹,有遗音者矣。"

㉖ 黄三谷诗:"朱弦已为佳人绝。"

㉗《汉书·礼乐志》颜师古注:"空桑出善木,可为琴瑟。"此句谓琴在人亡。

㉘ 见注㉑。

㉙《列子·汤问》：伯牙游于泰山，卒逢暴雨，止于岩下，心悲，乃援琴歌之，曲每奏，钟子期必穷其趣。

㉚《左传》：成公九年，楚囚钟仪，操南音而不忘旧土。

㉛ 王粲《登楼赋》："虽信美而非吾土。"此反用其语。

㉜ 宋玉《对楚王问》："客有歌于郢中者，其为阳春白雪，国中属而和者不过数十人。"

㉝《楚辞》："使湘灵鼓瑟兮。"

㉞ 伯牙鼓琴，志在登高山，钟子期曰：善哉，峨峨兮若泰山；志在流水，钟子期曰：善哉，洋洋兮若江河。"流水高山"为知音义。

㉟《离骚》："怀朕情而不发兮，余焉能忍此而终古。"

桃花诗文七篇

春夜宴游从弟桃花园序

李　白

　　夫天地者,万物之逆旅也①;光阴者,百代之过客也。而浮生若梦,为欢几何!古人秉烛夜游,良有以也②。况阳春召我以烟景,大块假我以文章③。会桃花之芳园,序天伦之乐事④,群季俊秀,皆为惠连⑤;吾人咏歌,独惭康乐⑥。幽赏未已,高谈转清。开琼筵以坐花,飞羽觞而醉月。不有佳作,何伸雅怀?如诗不成,罚依金谷酒数⑦。

〔注释〕

① 逆旅:客舍。
② "古人"两句:用曹丕《又与吴质书》成句。
③ 大块:大自然。《庄子·大宗师》:"夫大块载我以形,劳我以生。"
④ 序:通"叙"。
⑤ 群季:群弟。惠连,谢灵运族弟。
⑥ 康乐:谢灵运。这是自谦之辞。
⑦ 金谷:晋石崇园林。此泛指宴会。

----
* 本文选自《李太白集校注》,瞿蜕园、朱金城校注,上海:上海古籍出版社1980年版。

元和十一年自朗州承召
至京戏赠看花诸君子*

刘禹锡

紫陌红尘拂面来,无人不道看花回。
玄都观里桃千树,尽是刘郎去后栽。①

〔注释〕

① 刘郎去后:唐顺宗永贞元年(805),诗人因参与政治革新活动,被贬为朗州司马。

再游玄都观绝句并引

刘禹锡

余贞元二十一年为屯田员外郎时,此观未有花。是岁出牧连州,寻贬朗州司马①,居十年,召至京师。人人皆言:有道士手植仙桃,满观如红霞。遂有前篇,以志一时之事。旋又出牧,今十有四年,复为主客郎中,重游玄都,荡然无复一树。唯兔葵燕麦,动摇于春风耳。因再题二十八字,以俟后游。时大和二年三月。

百亩中庭半是苔,桃花净尽菜花开。
种桃道士归何处,前度刘郎今又来。

〔注释〕

① 此诗作于唐宪宗元和十年(815)春。当时刘禹锡由贬所朗州召回长安候命。

---

* 刘禹锡(772—842),字梦得。唐文学家,著有《刘宾客文集》。本文选自《刘梦得文集》卷二十四,《四部丛刊》本。

大林寺桃花*

白居易

人间四月芳菲尽,山寺桃花始盛开。①
长恨春归无觅处,不知转入此中来。

〔注释〕

① "山寺"句:白居易《游大林寺序》:"余与河南元集虚范阳张允南……凡十七人自遗爱草堂,历东西二林,抵化城,憩峰顶,登香炉峰,宿大林寺。大林穷远,人迹罕到,环寺多清流苍石,短松瘦竹。寺中唯板屋木器,其僧皆海东人。山高地深,时节绝晚于时。孟夏月如正二月天,梨桃始华,涧草犹短,人物风候,与平地聚落不同。初到恍然若别造一世界者,因口号绝句。"

人 面 桃 花**

孟 棨

博陵崔护,姿质甚美,而孤洁寡合。举进士下第,清明日独游都城南,得居人庄,一亩之宫,而花木丛萃,寂若无人。扣门久之,有女子自门隙窥之,问曰:"谁耶?"以姓字对,曰:"寻春独行,酒渴求饮。"女人以杯水至,开门设床命坐。独倚小桃斜柯伫立,而意属殊厚;妖姿媚态,绰有余妍。崔以言挑之,不对。目注者久之。崔辞去,送至门,如不胜情而入。崔亦盼而归。自后绝不复至。及来岁清明日,忽思之,情不可抑。径往寻之,门墙如故,而已锁扃之。因题诗于左扉,曰:"去年今日此门中,人面桃花相映红。人面只今何处去,桃花依旧笑春风。"后数日,偶至都城南,复往寻之,闻其中有哭声,扣门问之,有老父出,曰:"君非崔护邪?"曰:"是也。"又哭曰:"君杀吾女!"护惊起,莫知所答。老父曰:"吾女甫,知书,未适人。自去年以来,常恍惚若有所失。比日与之出入,归见左扉有字,读之,入门而病,遂绝食数日而死。吾老矣,一女所以不嫁者,将求君子以托吾身,今不幸而殒,得非君杀之耶?"又特大哭。崔亦感恸,请入哭之,尚俨然在床。崔举其首,枕其股,哭而祝曰:"某在斯!某在斯!"须臾开目,半日复活矣。父大喜,遂以女归之。

---

* 白居易(772—846),字乐天,晚号香山居士。唐文学家,有《白氏长庆集》七十五卷等。本文选自《白居易集》,顾学颉校点。北京:中华书局1979年版。

** 孟棨,字初中,生卒年不详。晚唐文学家,著有笔记《本事诗》。本文选自《本事诗·情感》,见《历代诗话续编》,丁福保辑,北京:中华书局1983年版。

桃 花*

欧阳修

石曼卿通判海州①,以山岭高峻,人路不通,略无花卉点缀照映,使人以泥裹桃核,抛掷于山岭上。不数年间,花发满山,烂如锦绣。②

〔注释〕

① 石曼卿:石延年(994—1041),字曼卿,一字安仁,北宋诗人。有《石曼卿诗集》一卷。

② 苏轼《和蔡景繁海州石室》:"芙蓉仙人旧游处,苍藤翠壁初无路。戏将桃核裹红泥,石间散掷如风雨。坐令空山出锦绣,倚天照海花无数。花间石室可容车,流苏宝盖窥灵宇……"即咏此事。

西湖八绝句(之一)**

柳如是

垂杨小院绣帘东,莺阁残枝蝶乘风①。
最是西陵寒食路,桃花得气美人中②。

〔注释〕

① "垂杨"两句:此诗作于崇祯十二年(1639)春,与陈子龙崇祯八年(1635)春作《寒食》有关。陈子龙《寒食》有"垂杨小院依花开,铃阁沉沉人未来"之句。

② "桃花"句:陈子龙《寒食》又有"应有江南寒食路,美人芳草一行归"之句。此句被当时诗人程嘉燧(孟阳)与钱谦益所激赏。钱氏《西湖杂感》:"杨柳长条人绰约,桃花得气句玲珑。"又姚叔祥过明发堂,共论近代词人,戏作《绝句十六首》第十二:"近日西陵夸柳隐,桃花得气美人中。"陈寅恪先生《柳如是别传》说:"可知河东君此诗实由卧子崇祯八年'寒食'绝句转变而来。河东君之诗作於崇祯十二年春,距卧子作诗时虽已五年,而犹眷念不忘卧子如此,斯甚可玩味者。牧斋深赏河东君此诗,恐当时亦尚未注意卧子之原作。后人复称道河东君此诗,自更不能知其所从来。故特写拈出之,视作情史文坛中一重公案可也。"

---

* 欧阳修(1007—1072),字永叔,号醉翁、六一居士。宋文学家、史学家,著有《欧阳文忠公集》一百五十三卷。本文选自宋陈景沂《全芳备祖前集》卷八,《四库全书》本。

** 柳如是(1618—1664),明末清初女诗人,著有《湖上草》等。本文选自《柳如是诗文集》,谷辉之辑,北京:全国图书馆文献缩微复制中心1996年版。

本章词语

1. 嵇康之死：据干宝《晋纪》记载：嵇康有一好友吕安,其妻许氏被庶兄吕巽奸污。丑迹败露后,吕巽倚仗司马氏势力,反诬吕安不孝,将其流放。吕安临行前留给嵇康书信一封(即《文选》卷四十三赵景真《与嵇茂齐书》,李善并列两说,干宝以为吕安作,《文选钞》以干宝为是),书中有云:"蹴昆仑使西倒,蹋泰山令东覆。平涤九区,恢维宇宙,斯亦吾之。"唐张铣注:"昆仑、泰山,喻权臣也。"权臣即司马氏。又因嵇康曾经慢待司马氏手下的权臣钟会,故遭嫉恨。钟会吕巽等人为铲除异己,便以此书信为谋反的确证,将吕、嵇两人杀害。

嵇康"谋反"的另一证据,是他曾在著名的《与山巨源绝交书》一文中提出过"非汤武而薄周孔"的政治见解,这大大触怒了当时一心篡权夺位的司马氏集团。因为,汤武和周孔,被主张"以孝治天下"的谋逆者当作夺取政权的符码。嵇康的否定和抨击,使司马氏失去了篡权易代最为冠冕堂皇的理由,无怪乎司马氏要迫不及待地除掉他了,而吕安书信一案恰恰为他们提供了机会。嵇康之死,乃是新旧两大政治集团尖锐斗争的必然结果。

嵇康之死的意义,是诗性高于政治之上,美高于历史之上。然而诗性与美,底子里有最真最诚的人性。

2. 广陵散：古代著名古琴曲之一,所描写的内容是战国时聂政复仇行刺的故事。早在嵇康之前,就已经流行。它不仅是一首琴曲,早被吸收为笙的曲调。嵇康死后,代代皆有弹奏者,而且发展成为合乐曲。经过多次的丰富发展,全曲达45段,曲体结构庞大,旋律丰富,技巧较复杂,曲调激昂慷慨。(参王世襄《古琴曲广陵散说明》)

《世说新语》记:"嵇中散临刑东市,神气不变,索琴弹之,奏广陵散。曲终曰:袁孝尼尝请学此散,吾靳(吝惜),固不与,广陵散于今绝矣。"又有一说,《广陵散》没有失传。《太平御览》引《世说》曰:"会稽贺思令善弹琴,常夜在月中坐,临风鸣弦。忽有一人,形貌甚伟,着械,有惨色,在中庭称善。便与共语。自云是嵇中散。谓贺云卿手下极快,但于古法未备。因授以《广陵散》,遂传之于今不绝。

3. 空：道家与佛教共有的观念,既是宗教的,也是审美的。空最重要的,就是不可说,超语言。一说就着了人为的痕迹。这就与诗歌的兴象有了联系。所以,空山、空城,诗歌里的这些境思,都是因为与兴象的"不可说"有关系才更美,而不仅仅是宣示了某种观念。

4. **生气**：老庄多说"法天贵真"。中国艺术思想深受道家熏陶，极重生气自然，所以过于完美的技术因素是品级不高的。要从人的艺术中，看出天心、天意、天趣。

5. **风人之旨**：又作"风人之义"、"风人之体"、"风之本旨"、"风人之什"、"风人之体"。在历代诗话及评论的使用中，略有三层含义：一是至性忠厚纯洁；二是有为而为，感时忧国的作品；三是发乎情止乎礼、温柔敦厚、蕴藉含蓄、一唱三叹，是诗三百以及盛唐诗言近旨远的传统。

6. **兴趣**：即兴象。汉魏盛唐诗的特有之美。略有三层含义：一是情景相融。二是言不尽意。三是自然真切。严羽的评论，是对于盛唐诗美学的最重要的表述。在清人王士禛那里更进而用"神韵"说来扩大影响，形成中国诗歌抒情传统中最典型的唐型诗风。

链　　接

1. 《庄子·养生主》"庖丁解牛"

    《庄子·徐无鬼》"温伯雪子"

    《庄子·外物》"任公子为大钓"

    《庄子·田子方》"列御寇为伯昏无人射"

    《庄子·秋水》"濠梁之上"、"惠子相梁"

    见《庄子集释》，郭庆藩辑，王孝鱼整理，北京：中华书局1961年版。

2. 《论语·先进》"侍坐"

    《论语·阳货》"天何言哉"

    见《论语译注》，杨伯峻注释，北京：中华书局1996年版。

3. 沈从文：《鸭窠围的夜》，见《湘行散记》，沈从文著，上海：商务印书馆1936年版。

4. 冯至：《工作而等待》，见《冯至学术论著自选集》，北京：北京师范大学出版社1992年版。

5. 巴乌斯托夫斯基：《一篮枞果》，见《巴乌斯托夫斯基选集》，非琴、赵蔚青等译，北京：人民文学出版社1983年版。

6. 博尔赫斯：《诗艺》，见《博尔赫斯选集》，陈东飚译，石家庄：河北教育出版社2003年版。

编者的话

诗意地栖居

孔子说"诗可以兴",这是关于诗意最古老而简明的一个说法。"兴"就是兴发感动,就是手舞足蹈。马一浮说如迷忽觉,如醉忽醒,如仆者之起,如病者之苏。所以,诗意即是兴发感动,从迷醉沉沦中站起,昂首做人,即是对生命的当下的肯定,如桃红、柳绿,总是一看就好。中国文化里头有着说不完的兴发感动。

就以桃花来说。桃花一群群的开,声音很响,样子很靓。像美少女,是最合群健康、无忧虑、生命跃动的神情动态。古时天台山的刘郎阮肇,要下山去了,桃花仙子也没有说一定要他们不思凡。就连陶潜隐居的桃花源,落英缤纷,也因为桃花而热闹,不像深山寺庙里印度莲花的寂寞。中国天上通明殿里的好东西,除了御酒、仙丹,就是吃了长生不老的蟠桃。孙悟空做蟠桃园园长的时候,偷桃吃得舒服,变成了桃树一枝,七仙女摘桃时拂了枝他才醒来。看悟空带了大蟠桃回到花果山,众猴儿"欢跃无任"。

中国文化中,桃花的诗意太多。"玄都观里桃千树,尽是刘郎去后栽。"诗人刘禹锡写他从贬谪之地班师回京,再展身手,说得那样的欢喜灿然;而"种桃道士今何在,前度刘郎今又来",饱受摧折之后,他又是何等的志气不衰。千年中国志士仁人笑傲江湖,尽是一波一波的"前度刘郎"。白乐天有"人间四月芳菲尽,山寺桃花始盛开。长恨春归无觅处,不知转入此中来",中国的历史人生,多少回长恨春归无觅处,却又总是峰回路转,总是灼灼其华,风景又转入此中来。小小的一首绝句,说尽一部二十五史由悲观转而乐观的大意境。这两首唐诗,一写人,一写景,写桃花而最得其兴发、最得其喜气,也最得中国诗性文化的真风景。宋诗中一个名典是欧阳修苏东坡都表彰过的:诗人石曼卿做海州通判时,山岭高峻,人路不通,植树不易。有一天忽发奇想,叫人将黄泥巴裹着桃核,一个个往山岭上扔。这一两年下来,竟然桃花满山,烂若锦绣。桃李不言,下自成蹊,接下来桃花树中间的大石室,可以停得大车,可以看得天宇。这真是中国文化中最喜气的一个诗典了。

孔子又说"诗可以观"。引申来说,观即观照。因为诗意又是花光水色,梦幻泡影,是生命的反观,是官知止而神欲行,是完整的人生意义的重要组成部分。有诗意的人生,就有情有义,有对于细微之处的静观,对于幽美之处的流连,有对于神行的推崇。一片神行的人生,就不现成化,不单一化,不僵硬化,而对于宇宙间万物有一种通透融化轻松之感。我们看无名氏对于一袭青丝的歆喜感动;王子猷乘兴而来,兴尽而返;李白的春夜宴歌;苏东坡的承天寺夜游;张岱的湖心亭看雪,以及张大复的月能移世界,都是中国诗意人生的著名典掌。从诗的意义上看,在楚国的善射者面前,白猿搏矢而笑,笑的是技术取向的人生。而另一更高明的射手养由基一抚弓,白猿即抱木而号,与庄子说的列御寇面对伯昏瞀人而"伏地汗流至踵"一样,是面对最高艺术人生的惊风雨而泣鬼神。我们都知道,庄子与淮南子说的只是寓言,并不是现实人生的现象。站在现实人生的立场,我们宁可老实地问一句:现实人生哪里有这样的"不射之射"?但是现实人生的现象,并不能等于人生的全部真义。如果生活没有这样的想象、诗意,人生就大大无味了。戕杀人的想象力,是戳瞎人的另一只眼睛。没有花光水色梦幻泡影的人生,至少是人生的不完整。人生苦短,光阴似水,唯一而又易逝的生命,正是我们热爱生命的根本理由。唯其如此,我们也才能真正了解中国古人从衣食住行,到精神意境,为什么竟然发展了那么精致而丰富的人生艺术。比较而言,现代人生有时是单面、粗糙,不够尊重生命本身了。

更何况,无论哪个时代,都有人生的不自由的一面。那些名缰利锁,那些蝇营狗苟,那些权力与权势的压迫、观念控制与以理杀人的传统,那些有形与无形的模式、框框和话语系统、规训条例,都或隐或显地侵害着人的自由。面对这些,诗意正是一付解毒剂。我们看温伯雪子所说:"中国之人,明乎礼义,而陋于知人心。"孔子见温伯雪子,无言,所谓神完气足,目击而道成。温伯雪子的美,直上直下,抖落种种概念道理规则礼法,通乎天地神明。古时那个任公子钓鱼,五十犗以为饵,投竿于东海,钓起来的大鱼,半个中国的人都吃不完。相比较那些每天到小河沟去找小毛鱼小虾米,生命格局就太可怜了。熊十力说庄子所写的是有道之士的气象,有道之士即任公子这样的人,即最富于诗意的人。庄子说的鹓雏,高蹈人间,非梧桐不止,非练食不食,非醴泉不饮,而地下的鸱以为鹓雏要来抢他的腐鼠,竟然紧抱腐鼠凶凶地"吓"她。庄子的这三个著名寓言故事,一个是对于功利人生的解脱,一个是对于规训人生的解脱,一个是对于权力人生的解脱,勘破三个套套,即是自由生命的舒展,即是对于人生中毒的解毒剂。

(胡晓明)

回归大自然

知 北 游 ※（节选）

庄 子

  知北于玄水之上①，登隐之丘而适遭无为谓焉②。知谓无为谓曰："予欲有问乎若③：何思何虑则知道④？何处何服则安道⑤？何从何道则得道？"三问而无为谓不答也，非不答，不知答也。

  知不得问，反于白水之南⑤，登狐阕之上⑥，而睹狂屈焉⑦。知以之言也问乎狂屈。狂屈曰："唉！予知之，将语若，中欲言而忘其所欲言。"

  知不得问，反于帝宫，见黄帝而问焉。黄帝曰："无思无虑始知道，无处无服始安道，无从无道始得道。"

  知问黄帝曰："我与若知之，彼与彼不知也，其孰是邪？"

  黄帝曰："彼无为谓真是也，狂屈似之；我与汝终不近也。夫知者不言，言者不知⑧，故圣人行不言之教⑨。道不可致，德不可至。仁可为也，义可亏也，礼相伪也。故曰：'失道而后德，失德而后仁，失仁而后义，失义而后礼。礼者，道之华而乱之首也⑩。'故曰：'为道者日损，损之又损之，以至于无为，无为而无不为也⑪。'今已为物也，欲复归根⑫，不亦难乎！其易也，其唯大人乎！"

※ 庄子（约公元前369—前286），先秦思想家，著有《庄子》。本文选自《庄子今注今译》，陈鼓应注释，北京：中华书局1983年版。

"生也死之徒⑬,死也生之始,孰知其纪⑭!人之生,气之聚也;聚则为生,散则为死。若死生为徒,吾又何患!故万物一也⑮,是其所美者为神奇,其所恶者为臭腐;臭腐复化为神奇,神奇复化为臭腐。故曰:'通天下一气耳。'圣人故贵一。"

知谓黄帝曰:"吾问无为谓,无为谓不应我,非不我应,不知应我也。吾问狂屈,狂屈中欲告我而不我告,非不我告,中欲告而忘之也。今予问乎若,若知之,奚故不近?"

黄帝曰:"彼其真是也,以其不知也;此其似之也,以其忘之也;予与若终不近也,以其知之也。"

狂屈闻之,以黄帝为知言。

〔注释〕

① 知(zhì):寓名。意指分别智。玄水:水名,寓言。玄:黑色,深奥的意思。
② 隐之丘:丘名寓托。:通"溢",谓满起。无为谓:假托的名字。
③ 若:汝。
④ 服:行。
⑤ 白水之南:水名寓托。"白"和"南"都是显明的意思。
⑥ 狐阕:丘名寓托。
⑦ 狂屈:寓托的人名。
⑧ "知者"两句:语见《老子》五十六章。
⑨ 不言之教:语见《老子》四十三章。
⑩ "失道"六句:出自《老子》三十八章。"礼者,道之华而乱之首也"句,《老子》作:"夫礼者,忠信之薄而乱之首。前识者,道之华而愚之始。"
⑪ "为道"三句:语见《老子》四十八章。
⑫ 复归根:《老子》十六章作:"复归其根"。
⑬ 死之徒:语见《老子》五十章与七十六章。
⑭ 纪:规律。
⑮ 万物一也:指万物有共通性、一体性。

天地有大美而不言,四时有明法而不议①,万物有成理而不说。圣人者,原天地之美而达万物之理,是故至人无为,大圣不作,观于天地之谓也。

合彼神明至精②,与彼百化③,物已死生方圆,莫知其根也,扁然而万物自古以固存④。六合为巨⑤,未离其内;秋豪为小,待之成体⑥。天下莫不沉浮⑦,终身不故⑧;阴阳四时运行,各得其序。然若亡而存⑨,油然不形而神⑩,万物畜而不知。此之谓本根,可以观于天矣。

〔注释〕

① 明法：明显的规律。

② 彼：天地。神明：喻天地大自然的灵妙（福永光司说）。

③ 彼：物。百化：百物之化。

④ 扁然：翩然。

⑤ 六合：天地。

⑥ 体：形体。

⑦ 沉浮：升降、往来；形容事物的变化。

⑧ 终身不故：终生没有不变的。故：同"固"，固定的意思。

⑨ 然：暗昧的样子。

⑩ 油然：形容内含生意。

智者乐水,仁者乐山*

刘 向

子贡问曰:"君子见大水必观焉,何也?"孔子曰:"夫水者君子比德焉,遍予而无私①,似德;所及者生,似仁;其流卑下句倨②,皆循其理,似义;浅者流行,深者不测,似智,其赴百仞之谷不疑,似勇;绰弱而微达③,似察,受恶不让,似包蒙;不清以入,鲜洁似出,似善化;主量必平④,似正,盈不求概⑤,似度;其万折必东,似志。是以君子见大水观焉尔也。"

夫智者何以乐水也?曰:泉源溃溃⑥,不释昼夜,其似力者;循理而行,不遗小间,其似持平者;动而之下,其似有礼者;赴千仞之壑而不疑,其似勇者;障防而清⑦,其似知命者;不清以入,鲜洁而出,其似善化者;众人取平⑧,品类以正,万物得之则生,失之则死,其似有德者;淑淑渊渊,深不可测,其似圣者。通润天地之间,国家以成,是知之所以乐水也。《诗》云:"思乐泮水,薄采其茆,鲁侯戾止,在泮饮酒。"乐水之谓也。夫仁者何以乐山也?曰:夫山巃嵸崫崔⑨,万民之所观仰。草木生焉,众物立焉,飞禽萃焉,走兽休焉,宝藏殖焉,奇夫息焉⑩,育群物而不倦焉,四方并取而不限焉。出云风,通气于天地之间,天地以成,国家以宁,是仁者所以乐山也。《诗》曰:"太山岩岩,鲁侯

---

* 刘向(约公元前77—前6),西汉目录学家、文学家,著有《新序》、《说苑》等。本文选自《说苑疏证》卷十七,赵善诒疏证,上海:华东师范大学出版社1985年版。

是瞻。"乐山之谓也。

〔注释〕

① 遍予：普遍地给予。

② 卑下：低下。句倨：句：即勾(gōu)；锐角形的叫句，钝角形的叫倨，合用指曲折。

③ 绰弱：《荀子・宥坐》、《孔子家语・三恕》均作"绰约"。

④ 主：原作"至"；主量：保持的总量。

⑤ 概：刮平，削平。

⑥ 溃溃：水流貌。

⑦ 障防：障：防，拦水之土坝；障防：防，即堤防。

⑧ 取平：取过后无高低凹凸。

⑨ 巃嵷崔崒(lóng sǒng leǐ zuì)：山势高峻貌。

⑩ 奇夫：奇异之士。

林中水滴(节选)

米·普里什文

树

树　根

太阳上山之前,但见明月悠悠,向西坠落——比昨天显得远多了,竟没有在化了冰的水面上倒映出来。

太阳时而露脸,时而被浮云遮住,你满以为:"要下雨了。"然而始终不下。天却暖和了起来。

昨日热烘烘的阳光还没有把新结的冰融化净尽,留下两条薄薄的晶莹的冰带,如同宽宽的饰绦,镶在河的两岸;碧绿的流水泛起涟漪,惹动着那薄冰,发出像孩子往上扔石子的声音,又像有大群鸟儿叽叽喳喳地横空飞过。

水面有几处昨天留下的薄冰,好似夏天的品藻,红嘴鸥游过,留下了痕迹,从岸上孩子手中逃脱的野鼠跑过,却无半点塌陷。

举目望那整片浸水的草地上的仅有的一棵小树——我窗前的那棵榆

---

* 米·普里什文(1873—1954),俄罗斯作家,著有《大自然的日历》、《大地的眼睛》等。本文选自《外国优秀散文选》,《世界文学》编辑部编,潘安荣译,天津:百花文艺出版社 1984 年版。

树,只见所有的候鸟都栖身在那上头,有苍头燕雀,金翅雀,红胸鸲,我就频频联想到又一棵树,当年行役天涯的我,在那棵树上停下来,从此和它融为一体,它的根也就成了我长入故土的根。在我像候鸟一般漂泊不定的生涯中,就是这样在自己的根上站立起来的。

蛇 麻 草

一棵欹斜在漩涡上头的参天云杉枯死了,连树皮上的绿苔的长须都发黑了,萎缩了,脱落了。蛇麻草却看中了这棵云杉,在它身上愈爬愈高——当它爬高了的时候,它从高处看到了什么呢?自然界发生了什么呢?

一条树皮上的生命

去年,为了使森林采伐迹地①上的一个地方便于辨认,我们砍折了一棵小白桦作为标记;那小白桦因此就靠了一条树皮危急地倒挂着。今年,我又寻到了那个所在,却教人惊讶不已:那棵小白桦居然还长得青青郁郁,看来是那条树皮在给倒悬的树枝输送液汁呢。

瑞 香

朋友刚离我而去,我环顾四周,目光落在一个被空的云杉球果穿满了孔的老树桩上。

啄木鸟在这儿操劳了一个冬天,树桩周围厚厚的一层云杉球果,都是它一冬中衔来,剥了壳吃了的。

从这层果壳下面,一支瑞香好容易钻到世界上来,争得了自由,盛开着小小的紫红花朵。这支春天最早开放的花儿的细茎,果然十分柔韧,不用小刀是几乎折不断的,不过也好像没有必要去折它;这种花远远闻去异香扑鼻,有如风信子,但移近鼻子,却有一股怪味,比狼的臊气还难闻。我望着它,心里好不奇怪,并从它身上想起了一些熟人:他们远远望去,丰姿英俊,近前一看,却同豺狼一般,其臭难闻。

---

① 迹地:采伐之后还没有重新种树的土地。

树桩——蚂蚁窝

　　森林中有些老树桩,像瑞士干酪似的浑身是小窟窿,却还牢牢地保持着原来的形状……但是如果坐到这种树桩上去,窟窿之间的平面一定会破碎,你在树桩上会感到稍稍陷落下去。当你感到有些陷下去了,就得赶快站起来,因为你身下这棵树桩的每一个窟窿中,会爬出成批成批的蚂蚁来,原来这虚有其表的多孔的树桩,却是个完整的蚂蚁窝。

森林的墓地

　　人们砍了一片树木去作柴禾,不知为什么没有全部运走,这里那里留得一堆一堆,有些地方的柴堆,已经完全消失在繁生着宽大而鲜绿的叶子的小白杨树丛中或茂密的云杉树丛中了。熟悉森林生活的人,对于这种采伐迹地是最感兴趣不过的,因为森林即是一部天书,而采伐迹地是书中打开的一页。原来松树被砍掉以后,阳光照射进来,野草欣然苗长,又密又高,使得松树和云杉的种子不能发育成长。大耳的小杨树居然把野草战胜了,不顾一切地长得蓊蓊郁郁。待它们压服了野草,喜阴的小云杉树却又在它们下面成长起来,而且竟超过了它们,于是,云杉便照例更替松树。不过,这个采伐迹地上的是混合的森林,而最主要的,这里有一片片泥泞的苔藓,——自从树林砍伐以后,那苔藓十分得意,生气勃勃哩。

　　就在这个采伐迹地上,现在可以看到森林的丰富多彩的全部生活:这里有结着天蓝色和红色果实的苔藓,有的苔藓是红的,有的是绿的,有像小星星一般的,也有大朵的,这里还有稀疏的点点的白地衣,并且夹有血红的越橘,还有矮矮的丛林……各处老树桩旁边,幼嫩的松树、云杉和白桦被树桩的暗黑的底色衬托出来,在阳光下显得耀眼生花。生活的蓬勃交替给人以愉快的希望。黑色的树桩,这些原先高入云霄的树木的裸露的坟墓,丝毫也不显得凄凉,哪里像人类墓地上的情景。

　　树木的死法各不相同。譬如白桦树,它是从内部腐烂的,你还一直把它的白树皮当作一棵树,其实里面早已是一堆朽物了。这种海绵似的本质,蓄满了水分,非常沉重:如果把这样的树推一下,一不小心,树梢倒下来,会打伤人,甚至砸死人。你常常可以看到白桦树桩如同一个花球:树皮依然是白的,树脂很多,还不曾腐烂,仿佛是一个白衬领,而当中的朽木上,却长满了花朵和新的小树苗。至于云杉和松树,死了以后,都先像脱衣服一般把全身树皮一截一截脱掉,做堆儿归在树下,然后树梢坠落,树枝也断了,最后连树桩都要烂完。

如果有心细察锦毯一般的大地,无论哪个树桩的废墟都显得那么美丽如画,着实不亚于富丽堂皇的宫廷和宝塔的废墟。数不尽的花儿、蘑菇和蕨草匆匆地来弥补一度高大的树木的消殒。但是最先还是那大树在紧挨树桩的边上发出一棵小树来。鲜绿的、星斗一般的、带有密密麻麻褐色小锤子①的苔藓,急着去掩盖那从前曾把整棵树木支撑起来、现在却一截截横陈在地下的光秃的朽木;在那片苔藓上,常常有又大又红、状如碟子的蘑菇。而浅绿的蕨草、红色的草莓、越橘和淡蓝的黑莓,把废墟团团围了起来。酸果的藤蔓也是常见的,它们不知为什么老要爬过树桩去;你看那长着小巧的叶儿的细藤上,挂了好些红艳艳的果子,给树桩的废墟平添了许多诗情画意。

水

涅 尔 河

涅尔河在沼泽上流过;只在蚊子还没有喧闹以前,这儿才是个得天独厚、令人流连忘返的去处。涅尔河的支流库布里亚是一条活泼的夜莺之河。河的一边陡岸上是野生的森林,和涅尔河上的一样,另一边是耕地。涅尔河上赤杨和稠李夹岸丛生,你在河面荡桨漫游的时候,头上仿佛是绿色的拱门。这儿夜莺多极了,有如黑土区的庄园里的大花园。

我们泛舟悠悠前行,只见黄花,那没有穿上绿装的树木的花,争妍斗丽,密密麻麻,在前面空中形成了一顶网子,那里头有赤杨的黄花,有早春柳树嫩黄的幼芽儿,还有稠李的百样蓓蕾和硕大的已经半开的花儿。这些没有穿上绿装的树木的枝条,真是俏丽多姿而又腼腆动人,似乎比羞答答的女郎更觉可爱!

在姗姗来迟的春天里,没有穿上绿装的森林中的一切,都是抬头可见的:无论是各种鸟儿的巢穴,也无论是各种正在鸣啭的鸟儿本身,喉咙里发出咕嘟声的夜莺、苍头燕雀、歌鸫、林鸽。连杜鹃在咕咕叫的时候也看得见,还有那野乌鸡,在枝头走来走去,发出咯咯声,呼唤着异性。

---

① 指状如小锤子、戴有藓帽的子囊体。——译者

有些地方的赤杨和稠李,全身被蛇麻草缠住,只有一根绿枝从去岁的老蛇麻草下面透露出来,真像毒蛇缠身的拉奥孔①。

前面水上有四只雄鸭,一面游着,一面嘎嘎地叫。待我们划近前去,正要用步枪打时,三只扑棱棱飞走,第四只原来是打断了一只翅膀的。我们让这只缺翅的鸟儿摆脱了痛苦的残生,拿来放在船头上,作为拍摄河上风景时的前景。

倒　　影

我摄下了森林中美丽的最后的白色小径("碎瓷片")。有时小径会中断,会从它底下露出绿水盈盈、树木倒映的车辙来;有时白色的小径会被小水塘挡住去路,只好全然伸入水中,再从那深处隐隐约约在巨大的倒映的森林间显露出来。穿着我脚上的靴子,要想走到这海洋的彼岸去是不行的,而且也不能走近那大森林,不过我却走到了那倒影旁边,居然还能把它照了下来。够了!完全用不着飞机,用不着让发动机震聋我的耳朵,我却能站在清澈见底的融水的水塘前面,欣赏我脚下的小朵浮云。

---

① 拉奥孔(Laokoon):1506 年在罗马发掘出来的一座雕像。描绘老人拉奥孔和他的两个儿子被两条大蛇绞住时苦痛挣扎的情状。据希腊传说,拉奥孔是特洛伊国日神庙的司祭。特洛伊王子帕里斯带着希腊美人海伦王后私奔回国,希腊人远征特洛伊。当特洛伊人把木马移入城时,拉奥孔曾极力劝阻,触怒了偏爱希腊人的海神,海神于是遣两条大蛇把他和他的两个儿子一起绞死。

山水·田园诗七首

和郭主簿(之一)*

陶渊明

蔼蔼堂前林①,中夏贮清阴②。
凯风因时来③,回飙开我襟④。
息交游闲业⑤,卧起弄书琴。
园蔬有余滋⑥,旧谷犹储今。
营己良有极,过足非所钦⑦。
春秫作美酒⑧,酒熟吾自斟。
弱子戏我侧,学语未成音。
此事真复乐,聊用忘华簪⑨。
遥遥望白云,怀古一何深。

---

* 陶渊明(365—427),一名潜,字元亮,私谥"靖节",东晋文学家。代表作有《归去来辞》、《桃花源记》等,有《靖节先生集》十卷、《陶渊明集》等传世。本文选自《陶渊明集》,逯钦立校注,北京:中华书局1979年版。

〔注释〕

① 蔼蔼:茂盛貌。
② 中夏:正夏天。
③ "凯风"句:南风在正夏天依时而来。凯风:南风;因时:按照时令。
④ 回飙:回风。
⑤ "息交"句:停止交游在家中抚玩书琴。息交:停止交游;游:心驰其间的意思;闲业:指弹琴、读书等。
⑥ "园蔬"句:园中的蔬菜采摘不完。滋:繁茂而众多。
⑦ "营己"两句:谋求一己的生活所需要的实在有限,过多的东西不是我所羡慕的。营己:谋求自己的生活;良:诚然、实在;极:限度;钦:羡慕;过足:过分的充足,意谓自足即可,不作过分的要求。
⑧ 秫:一种有黏性的谷物,可作酒。
⑨ "此事"两句:这样的生活真使我快乐,用它来忘却人世的高官厚禄。华簪:用以连接冠与发的华贵饰物,这里指称仕宦富贵。

游 南 亭*①

谢灵运

时竟夕澄霁②,云归日西驰。
密林含余清,远峰隐半规③。
久痗昏垫苦④,旅馆眺郊歧。
泽兰渐被径,芙蓉始发池。
未厌青春好,已睹朱明移⑤。
戚戚感物叹,星星白发垂。
药饵情所止⑥,衰疾忽在斯。
逝将候秋水,息景偃旧崖⑦。
我志谁与亮⑧,赏心唯良知⑨。

〔注释〕

① 南亭:亭名,在今浙江温州附近。
② 时竟:一年四季中的一季之终,在此指暮春。
③ 半规:半个太阳。

---

* 谢灵运(385—433),南朝宋文学家,后人辑有《谢康乐集》二卷、《谢康乐诗注》。本文选自《古代十大诗歌流派》第一卷,王水照主编,长沙:湖南文艺出版社1997年版。

④ 昏垫：陷溺，迷惘无所适从，用于指气候潮湿，弥漫瘴厉之气。

⑤ 朱明：夏日。

⑥ 药饵：药，当作乐。《老子》："乐与饵，过客止。"意谓有了音乐与美食，可以使过客止步不前。

⑦ "逝将"两句：等到秋水来临，将顺流而归，隐居休息在旧崖边。景：同"影"，指形体；偃：卧。

⑧ 亮：相信与了解。

⑨ 良知：知心朋友。

上浔阳还都道中作*①

鲍 照

昨夜宿南陵②，今旦入芦洲③。
客行惜日月，崩波不可留④。
侵星赶早路⑤，毕景逐前俦⑥。
鳞鳞夕云起，猎猎晚风遒。
腾沙郁黄雾，翻浪扬白鸥。
登舻眺淮甸⑦，掩泣望荆流⑧。
绝目尽平原，时见远烟浮。
倏忽坐还合，俄思甚兼秋⑨。
未尝违户庭⑩，安能千里游？
谁令乏古节，贻此越乡忧⑪？

〔注释〕

① 浔阳：今江西九江。

② 南陵：今安徽南陵县，毗邻繁昌县。

③ 芦洲：遍生芦苇的沙洲。

④ 崩波：汹涌向前的波浪。

⑤ 侵星：披着星星。

⑥ 前俦：指前面的船只。

⑦ 淮甸：繁昌以下一带地方。

⑧ 荆流：荆：春秋楚国的古称。长江从楚地流来，故称荆流。

---

* 鲍照（约414—466），南朝宋文学家，著有《鲍参军集》。本文选自《古代十大诗歌流派》第一卷，王水照主编，长沙：湖南文艺出版社1997年版。

⑨"俄思"句：只那么一会儿，凉意就比深秋还要厉害了。
⑩"未尝"句：过去从来没有离开过家。
⑪"谁令"两句：谁叫我缺乏古人慎于外出的操守呢，留下了离井背乡的忧愁。

观 朝 雨*

谢 朓

朔风吹飞雨，萧条江上来①。
既洒百常观②，复集九成台③。
空蒙如薄雾，散漫似轻埃。
平明振衣坐④，重门犹未开⑤。
耳目暂无扰，怀古信悠哉。
戢翼希骧首⑥，乘流畏曝鳃⑦。
动息无兼遂⑧，岐路多徘徊。
方同战胜者，去剪北山莱⑨。

〔注释〕

① 萧条：萧瑟。

② 百常观：汉楼台名，这里泛指眼前楼台。

③ 九成台：古台名，这里泛指一般楼台。

④ 平明：一大早。

⑤ 重门：宫门。

⑥ "戢翼"句：戢（jí）翼：收起翅膀，喻隐居；骧首：抬起马首，喻做官。此句意谓：隐居时想做官，做官时又想隐居。

⑦ 曝鳃：传说黄河里的大鱼如能游过龙门则成龙，不然就得被曝晒。此喻仕途艰险，不可把握。

⑧ 动息：出仕与归隐。

⑨ "方同"两句：战胜：战胜自己的欲望；北山莱：《诗经·小雅·南山有台》中"南山有莱"句，莱：即藜，一种植物，嫩叶可吃。两句意谓：战胜自己的入世欲望，到山中去隐居。

---

* 谢朓（464—499），南朝齐诗人，今传《谢宣城集》五卷。本文选自《古代十大诗歌流派》第一卷，王水照主编，长沙：湖南文艺出版社1997年版。

裴司士、员司户见寻*①

孟浩然

府僚能枉驾②，家酝复新开。落日池上酌，清风松下来。厨人具鸡黍，稚子摘杨梅。谁道山公醉？犹能骑马回③。

〔注释〕

① 司士：官名，即司士参军。掌管河津营造桥梁、廨宇之事。司户：官名，即户曹参军。掌户口、籍账、婚姻、田宅、杂徭、道路之事。

② 府僚：州府之僚属，指司士、司户。枉驾：屈驾。

③ "谁道"句：山公：指名士山简，任荆州刺史常出饮酒，当地人有歌："山公时一醉，径造高阳池。日暮倒载归，酩酊无所知。复能骑骏马，倒著白接篱。举手问葛强，何如并州儿？"高阳池：襄阳名胜；接篱：一种头巾；葛强：山简的爱将，并州人（见《世说新语·任诞》）。

终 南 别 业**①

王 维

中岁颇好道②，晚家南山陲③。兴来每独往，胜事空自知④。行到水穷处，坐看云起时。偶然植林叟，谈笑无还期。

〔注释〕

① 终南别业：指作者的隐居之处辋川别墅。别业，别墅。

② 中岁：中年。好道：好佛理。

③ 晚家：晚年安家于。

④ 胜事：快意的事。

---

* 孟浩然(689—740)，唐代诗人，著有《孟浩然集》。本文选自《增订注释全唐诗》(第一册)，陈贻主编，北京：文化艺术出版社 2001 年版。

** 王维(701—761)，唐代诗人、画家，著有《王右丞集》。本文选自《增订注释全唐诗》(第一册)，陈贻主编，北京：文化艺术出版社 2001 年版。

牧　童　词*①

储光羲

不言牧田远，不道牧陂深①。所念牛驯扰，不乱牧童心。圆笠覆我首，长簑披我襟②。方将忧暑雨，亦以惧寒阴。大牛隐层坂，小牛穿近林。同类相鼓舞，触物成讴吟③。取乐须臾间，宁问声与音④！

〔注释〕

① 陂：指池塘。
② 长簑：簑衣。古时用草编织的雨披。
③ 讴吟：歌唱。
④ "取乐"句：唱歌以自乐，故不问声音之准确、美好。

---

* 储光羲(707—约760)，唐代诗人，著有《储光羲集》。本文选自《增订注释全唐诗》(第一册)，陈贻焮主编，北京：文化艺术出版社2001年版。

本章词语

1. **比德**：中国先秦时代就形成的一种美学思想。比德是说把自然现象与人类的精神活动、伦理道德观念联系在一起，从而达到通过自然现象来表现人类的伦理道德思想的目的。比德是自然物的人格化、道德化及人的思想情感的自然化、客观化。"仁者乐山，智者乐水"，就是通过山水的不同特性来比拟仁者与智者的不同思想个性。中国画家喜画松、竹、兰、菊，是在这些自然物上寄托中国人的道德情感。

2. **寓言**：常常是用一个夸张或变形的故事来比喻或象征地表现与这个故事的性质相类似的事情，也可用于表现抽象的人生哲理，能够增加文章的形象性、说服力和感染力。

3. **随物赋形**：北宋苏轼在《文说》中主张："吾文如万斛泉涌，不择地可出，在平地滔滔汩汩，虽一日千里无难。及其与山石曲折、随物赋形而不可知也。"这是强调客观事物本来是什么样子，就应该描写成什么样子，写出事物的千姿百态，自然而不造作。

4. **人类中心主义**：一种以人类为万物中心的思想学说，它认为人拥有最高的道德价值，因此在人与自然的关系上，人的利益是最高的利益，满足人的需要成为价值判断的准则。哈姆雷特曾说过："人是万物的灵长，宇宙的中心。"非人类中心主义者认为：人与万事万物具有同等的道德地位，一只狗、一只猫、一棵树、一根草，拥有同样的生存权利，人不得剥夺之。

链　　接

1. 郁达夫：《山水及自然景物的欣赏》，见《郁达夫全集》第六卷，杭州：浙江文艺出版社1992年版。

2. 德富芦花：《自然与人生》，周平译，上海：上海文化出版社1998年版。

3. 泰戈尔：《美》，白开元译，见《外国散文经典100篇》，苏福元选编，北京：人民文学出版社2003年版。

4. 勒·克莱齐奥：《大地之未知者》（节选），景文译，见《法国经典散文》，郑克鲁主编，上海：上海文艺出版社2004年版。

5. 塞尔日·莫斯科维奇：《还自然之魅——对生态运动的思考》，庄晨燕、邱寅晨译，北京：三联书店2005年版。

6. 莱维林：《我的山谷曾如此绿》，周美琪译，见《人与自然》，狄特富尔特编，北京：三联书店1993年版。

7. 刘勰：《物色》，见《文心雕龙解说》，祖保泉著，合肥：安徽教育出版社1993年版。

编者的话

自然是什么？它是天地万物。人作为天地万物之一种，也是自然的一部分。从一开始，人类与自然的关系就是天然的却又难免矛盾重重。人类要从自然取食，自然满足了人的愿望。她日出日落，播洒阳光雨露；人类春播秋收，繁衍生息，代代不已。可自然也会发生地震、洪水、干旱……"往古之时，四极废，九州裂，天不兼复，地不周载。火火监炎而不灭，水浩洋而不息。"（《淮南子：览冥训》）女娲炼石以补苍天，拯救生活在水深火热中的人类。2004年末发生在东南亚的大海啸，一霎时就夺去20多万人的生命。是的，人类为了生存，展开了对于自然的斗争。在中国，有"人定胜天"的思想；在西方，有"自然人化"的观念，在人与自然的关系中突出人的地位，强调人对自然的征服与驯化。"人是宇宙的中心，万物的灵长"，莎士比亚的哈姆莱特喊出的这句话，其实是"人类中心主义"的宣言。结果，人对自然的过度开发与索取，没有充分尊重自然的权利，自然以各种方式惩罚人类。森林在减少，草原在沙化，水源在干涸，气候在变暖，地球上的物种正以极快的速度在衰亡，人类的生存环境已经全面恶化。自然曾是人类的慈母，可如今，她却俨然成为人类的继母。是人类挑起了人与自然的战争，在破坏自然的安宁与和谐的同时，也将人类带进了一个动荡与破碎化存在的状态。我们应该重新审视人类关于自然的理念及其行为。

德国作家歌德曾告诉我们：自然是神秘莫测的永恒，这才构成了人类生存的基础。"她有无数的儿女。无论对谁她都不会吝啬。"但歌德也在告诫人类：破坏自然的，必将受到自然的报复；追随自然的，必将受到自然的宠爱。美国学者爱默生曾认为：成年人是"眼"看自然，儿童是"心"看自然，"眼"看自然是看自然的表面，只有"心"看自然才能看到自然的诗意。去除人的世俗功利性，是恢复人与自然亲密关系的唯一途径。所以，"凝望群星"，"天体显示出来的亘古不变的崇高气象"，唤起的正是人的一种独特的崇敬感与无限的欣喜。歌德与爱默生的观点是：人应当像自然对人一样，从爱与接受的角度出发,才能建立人与自然的亲密关系。违背自然的意愿,就是违背人的意愿,并将迫使自然抛弃她的创造物——人。

刘向的《智者乐山,仁者乐水》则以中国式的智慧陈述了自然与人类之间的那种直觉化的审美感应。智者乐水,是水显示的千姿百态,表现了智者的持平、有礼、知命、善化、有德、似圣等品格与性情。仁者乐山,是山所显示的巨大包容与取用不竭,体现了仁者思想上的丰富性与创造性。用山水来象征人的智慧与精神特征,说明人与山水本为一体,山水用形貌启示人的思想与行为,人用思想与行为来呼应山水的召唤。人只有具备了感知自然的能力,并能充分领略自然美,才拥有一个高尚的精神世界。

中国的山水田园诗派出现于魏晋时代,模塑了中国人的审美意识。陶渊明的"营己良有极,过足非所钦",谢灵运的"逝将候秋水,息景偃旧崖"、鲍照的"绝目尽平原,时见远烟浮",谢朓的"方同战胜者,去剪北山莱"、孟浩然的"落日池上酌,清风松下来"、王维的"行到水穷处,坐看云起时"、储光羲的"不言牧田远,不道牧陂深",或写山水,或写田园,却又分不出山水与田园,感觉细腻,体验入微,写出了山水田园的欣欣然,也写出了生命的欣欣然,徜徉于山水田园的审美愉悦没有疲劳。

俄国作家米·普里什文的《林中水滴》写蛇麻草、瑞香、树桩与蚂蚁窝……,将精细的观察与精细的刻画结合在一起,把自然界的动植物写得活灵活现,极富人情味。这是将生命的快乐落实在自然的细部,又将自然的细部带入粗糙的生活,生命当然地就在这样的一来一往中被审美化了。

比较中西对于自然的审美表现略有不同。中国诗人重视对于自然山水的整体印象与把握,面对自然时抒情感叹多于实事实物的描写。西方作家重视对于动植物的精确观察,在一种近乎写真的状态中表现自然的细部美,像手中拿着放大镜,要放大自然的美丽,自然呈现得丰富多彩。

尽管有着诗人的呵护,当人类社会从农业文明向工业文明急速过渡后,自然在人类的强大攻势面前,节节败退。反思人类的破坏自然,终而成为一个巨大的社会与文化思潮,诞生了生态运动。先驱者有:美国学者梭罗、法国学者史怀泽、美国"现代环保之父"利奥波德、美国海洋生物学家卡逊等人。英国作家R·莱维林深情回忆"我的山谷曾如此绿",这是挽歌,唱出了对往昔的向往。过去那里有触手可摸到的鱼,啾啾鸣叫的小鸟,苍翠的草坪,棕色的农田,现在那里铺满煤渣,并且正在快速延伸与增高,将埋葬人们的住房。这里运用对比,将过去与现在、充满活力与死气沉沉、满怀希望与毫无出路并置一起,意在唤醒人们关心生态,鼓励绿色,善待自然。如帕斯卡尔所说的那样,人在自然中是有限的,只是一些东西,不是一切,更不是一切的主宰。从整体的角度去思考人,将会限制人的狂妄自大的行为。利奥波德主张"像山那样思考",其实就是像山默许在它的周围聚集各种动物与生长各种植物,这些动植物构成一个生态圈,缺一不可,环环相扣,这才能够保持山的繁盛,实现动植物之间的平衡。因此,当梭罗主张过一种"孤寂"的生活,是期望通过这种质朴、节俭、没有奢望的生活,来减缓人与自然的紧张对立,从而也为人类找到快乐的真正源泉。我们已经淡忘了自然,在我们的思想与身体中排斥了自然,今天,我们应当在自己的大脑中重新唤起对于自然的记忆与想象,重建人的自然感性。对自然,我们不必俯首称臣,但也不必趾高气扬。我们是自然之子,只有在自然的怀抱中才能活得元气酣畅,堂堂正正,其乐融融。

为此应做到三点:其一,敬畏自然,自然像人一样有生命,善待自然就是善待人的生命。其二,走进自然,慢慢走,欣赏啊,在自然中领略人生的局限与欢乐。其三,判断社会的发展、人类的利益,首先要问是否符合自然尺度,违反自然尺度,就违反了人的根本发展之道。

庄子说:"天地有大美而不言,四时有明法而不议,万物有成理而不说。"(《庄子·知北游》)我们就用不言、不议、不说的方式去追踪这种美、法与理。这就是老子所说:"人法地,地法天,天法道,道法自然。"(《老子·第二十一章》)我们就用法自然的方式去建立我们的一切生活,这才是自然的生活,绿色的生活,人的生活。

(刘锋杰)